古典文獻研究輯刊

十五編

潘美月・杜潔祥 主編

第23冊

《毘尼母經》中的「摩呾理迦」之研究

釋 行 解 著

國家圖書館出版品預行編目資料

《毘尼母經》中的「摩呾理迦」之研究／釋行解 著—初版—
新北市：花木蘭文化出版社，2012〔民 101〕
目 8+224 面；19×26 公分
（古典文獻研究輯刊 十五編；第 23 冊）
ISBN：978-986-322-006-0（精裝）
1. 律藏
011.08   101015071

ISBN-978-986-322-006-0

9 789863 220060

古典文獻研究輯刊
十五編　第二三冊   ISBN：978-986-322-006-0

《毘尼母經》中的「摩呾理迦」之研究

作　　　者	釋行解
主　　　編	潘美月　杜潔祥
總 編 輯	杜潔祥
企劃出版	北京大學文化資源研究中心
出　　　版	花木蘭文化出版社
發 行 所	花木蘭文化出版社
發 行 人	高小娟
聯絡地址	新北市永和區中正路五九五號七樓
	電話：02-2923-1455／傳真：02-2923-1452
網　　　址	http://www.huamulan.tw 信箱 sut81518@gmail.com
印　　　刷	普羅文化出版廣告事業
初　　　版	2012 年 9 月
定　　　價	十五編 26 冊（精裝）新台幣 42,000 元

《毘尼母經》中的「摩呾理迦」之研究

釋行解　著

作者簡介

釋行解，俗名黎氏垂莊，1976 年生於越南順化市。

高中畢業後在越南 - 順化市 - 香山寺出了家，當年是 1994 年。

自從 1996-2000 年在越南順化師範大學中文系上大學。

2001-2005 年在順化的越南佛教學院學了四年，畢業獲得佛學學士。

2007-2010 年來到台灣 - 華梵大學 - 東方人文思想研究所就讀碩士。

2010 年一月畢業回到常住寺院住了八個月。

後來 2010 年九月再一次出國留學，在中國 - 上海 - 華東師範大學 - 古籍研究所就讀博士。

提　　要

　　《毘尼母經》是「上座部」之「雪山部」的律論，乃「上座部」及「說一切有部」之根本傳承。又作《毘尼母論》，或《毘尼母》，略稱《母經》、《母論》。是注釋《律藏》的〈犍度品〉的典籍。為什麼稱為「母經」？《毘尼母經》中已經定義：「此經能滅憍慢解煩惱縛；能使眾生諸苦際畢竟涅槃，故名母經」。〔註 1〕如何叫毘尼？「毘尼者，名滅滅諸惡法，故名毘尼」。〔註 2〕因為此經之功德所以被稱為「母經」。

　　「摩咀理迦」一字，梵文 mât□ka，巴利文則是 mâtika。因此，從梵文 mât□ka 而來的音譯，應該是「摩窒里迦」、「摩咀履迦」或「摩得勒迦」。而從巴利文 mâtika 而來的音譯則是「目得迦」、「摩夷」等。中文的義譯為「母親」，或「本母」、「智母」、「行母」等等，而我們現今所使用的一般翻譯，都是譯為「本母」。

　　筆者在《毘尼母經》的「摩咀理迦」238 項目中選擇同類的「摩咀理迦」集合在同一個章節，如：與「羯磨」、「受具」、「布薩、說戒」、「安居」、「自恣」、「破僧」、「滅罪」、「衣」、「藥」、「僧眾生活」有關的「摩咀理迦」分別詮釋其「羯磨」的儀式以及「受具」的分類與儀式以及「布薩、說戒」的緣起與儀式以及「安居」「自恣」的緣起與意義以及「破僧」的緣起與類別以及「滅罪」的處罰法以及僧眾的用具法與僧眾的諸項雜事。

　　藉此研究解析論述《毘尼母經》的戒律思想，期望得以彌補原始佛教《八十誦律》失傳之遺憾並提供研究戒律者一重要之參考。

　　〔註 1〕《毘尼母經》第一卷，大正藏 24，頁 801a。
　　〔註 2〕《毘尼母經》第一卷，大正藏 24，頁 801a。

謝　誌

　　當碩士論文寫到此頁，則代表我的碩士生涯即將結束，馬上就要走入人生另一個旅程。兩年半的研究所時光看似漫長，實則如過眼雲煙轉瞬即逝。回首兩年半來的點點滴滴，一路走來覺得自己能擁有師長、學長姐、同學、學弟妹熱情地關懷，像一個溫馨的小家庭，令我人生中最珍貴、難忘的回憶。

　　身為一個外籍生，以中文來撰寫一本論文，是一件非常吃力的事情，所以這本論文，光靠我一個人的力量是不能完成的。由於，手上握著這本剛出爐的論文心中第一個念頭就是「感謝」。首先要感謝恩師黃俊威教授。感謝老師讓我的論文一步一步從荒蕪到結實，終於得以順利完成。再特地感謝老師這二年半來對我的悉心指導與鼓勵，不僅在學術研究方面給予許多寶貴見解外，在生活方面更溫馨關懷支持，教導我許多圓融的待人處事。口試期間，釋澈定老師和陳娟珠老師在百忙之中能抽空指導並給了寶貴的意見，讓學生在完成這本論文時，能更臻完善，在此至上無限謝忱。

　　在台灣華梵求學的過程，我非常喜歡華梵校園的環境，能夠有這麼好的學習環境我深深地感謝華梵大學創辦人——曉雲導師以及東研所的各位教授、陸助教這幾年來，對我生活及學業上各方面的幫助。也感謝親愛的同學們、學長姐、學弟妹及所上助教的鼓勵與關心，因為你們，研究所生活才會如此精采豐富！因為你們的鼓勵與協助才會有今日的成果！

　　最後，謹以此本論文獻給我最敬重的剃度恩師已圓寂之上明下本法師及已往生的親愛母親，感恩他們對我無怨無悔的養育以及栽培，給予我心靈上無限的力量。願一切功德回向恩師與母親蒙佛慈恩接引他們！

2009 年 12 月

黎氏垂莊（釋行解）謹誌

華梵大學東方人文思想研究所

目
次

第一章　緒　論

第一節　問題意識與研究動機

一、問題意識

　　一直以來，很多學者對佛教史的研究有非常濃厚之興趣，其中他們對源頭的問題提出了許多探討與見地。譬如：是否有一個所謂的原始佛教，或原始佛教的教理為何？所謂歷史上佛陀生平的真相為何？佛陀時代佛教所用的語言是甚麼？哪些是屬於最早的經典？這些經典又是用甚麼語言記載的？它們是如何被記錄和傳播的？等等。最後一點又包括許多佛教經典史方面重要的事跡，如各次經典結集的事實、《尼柯耶》〔註1〕或《阿含經》的成立、經典傳承史等等。這些事跡的釐清，除了靠後代的記載或傳說之外，有時也得仰賴考古學方面的發現。然而，這兩方面的先天限制是，它們所提供的證據往往比可能發生的歷史事實晚上好幾個世紀，因此其資訊的可信度需要更進一步的考證。為了繼續弄清楚以上所提出的問題，學者們通常將重心擺在較接近佛陀時代、又是佛教研究中心的早期佛教聖典——《尼柯耶》或《阿含經》。一般的共識是，對這批經典的內容形式有必要作更多更基礎性的研究，

〔註1〕　《尼柯耶》：梵語 nikāya，又稱尼迦耶。意譯為眾、聚、眾會、部、類、部類、種類。如巴利語之長部、中部、相應部、增支部、小部等五部，可稱巴利語五尼柯耶，各部則可稱長尼柯耶（巴 dīgha-nikāya）、中尼柯耶（巴 Majjhima-nikāya）等。（荻原雲來編纂，《漢譯對照梵和大辭典》上，新文豐出版公司，1988，頁671。）

才能夠進一步爲其他如教義和教史等專題研究打下更可靠的信用度，進而得到接近歷史眞相的推論。換言之，在研究大問題之前，必需先將經典文本本身的性質弄清楚。

佛經文本之特性中一個重要的問題是，現在我們所看到的經典皆爲書寫下來的版本，然而在早期，佛典是以口口相傳的，甚至於其創作、集成過程都是屬於口述的，並且透過口授傳誦。學界一般認爲，佛典一開始時是以口傳文獻的形式存在的，因此口傳文獻的特性便成爲研究早期佛典傳承史重要的內容。

在開始探討口傳文獻時，首先要問的問題是：甚麼是口傳？口傳的過程爲何？口傳文獻是怎麼形成的？這些問題雖然非常根本，同時也是難以一語道盡者，甚至是一直具有爭議性的論題。

所謂「佛經的口傳時期」，就是指原始佛教時代，佛陀爲眾生說法所留下來的經典，其實都是屬於口傳版本，稱爲「阿含」或「阿笈摩」（āgama），唐玄奘在《瑜伽師地論》卷 85 譯爲「傳來」，姚秦僧肇〈長阿含序〉：「法歸」。〔註2〕

在“Encyclopedia of Buddhism”一書中所說：“āgama has the basic meaning of（received）tradition, canonial text, and（scriptural）authority”〔註3〕（《阿含經》的基本教義是原始佛教之根本傳承）。按梵文 āgama 的原來字根（root）是 √gam，是「去」的意思，而在 √gam 後加上 a（√gam+a=gama），便是「去」的字幹（stem），而前面的 ā 則代表了「不斷地」意思。因此，āgama（ā「不斷地」＋√gam＋a「去」）的眞正意思是指：「不斷地去」。這一種「不斷地去」的情況，正代表了當時佛經的傳播，的確是以口傳親授作爲基礎。〔註4〕換言之，佛典「經」與「律」由口傳保存的，根據各部派共同的說法，當佛陀般涅槃後，其生平教義尌由佛弟子們憑著記憶敘述曾經聽過的佛法，並經由在場的其他佛弟子們印證，確認無誤後才結集成一套體系，再由口述背誦的方式傳承下去。

最早口傳的形式是「法數」（「增一法」）。依《中阿含經》的〈算數目犍連經〉〔註5〕說，有一位名叫算數目犍連（Ganaka-Moggallana）的人，是一位

〔註2〕 楊郁文著，《阿含要略》，法鼓文化，1993，頁 01。
〔註3〕 Robert E. Buswell, Jr., *Encyclopedia of Buddhism*, Volume One, the United States of America, 2003，10。
〔註4〕 黃俊威，《早期部派佛教阿毘達磨思想起源的研究》，初稿，1999，頁 15。
〔註5〕 《中阿含經》第 144，《算數目犍連經》，大正藏 01，頁 652a。

數學家。他向釋尊說：就如同鹿子母講堂〔註6〕那樣，從一階一階次第蓋好後，要進去的人，就是一階一階地進入，而他教導學生，就是「始教一一數」，然後是二二、三三、十、百、千、萬，這樣的次第增上，那麼請問釋尊是如何次第教導弟子？

針對他的問題，釋尊提到自己教導弟子的一些次第。在這部經裡，雖然看不到佛教法數的觀念（印度的數字觀念，起源很早，可以肯定當時已有專業的數學家），但在討論佛教的內容時，經常出現帶有數字的名相。釋尊初轉法輪時說的教法，就是四聖諦與八正道，後來的教法也都帶有一個數字。

依漢譯《雜阿含經》第 388 經〔註7〕所說，如果比丘對四聖諦，能夠已知、已解、已斷、已修、已證，這就叫「斷五支，成六分，守護於一，依猗於四」，是一種「上士」比丘。本來，對四聖諦的知解修證斷，是修證有成就的狀態，這段經文加上這樣的形容詞，到底是指什麼？漢譯《增一阿含經》〔註8〕則傳述：如果某比丘是諸根完具，捨五、成六、護一、降四；那麼布施這樣的比丘，可以得大福。此處就對「捨五成六護一降四」有大略的解說。從經文的解說看來，這是指「十賢聖居」前四項的變型。〔註9〕

單從內容上來說，「捨五成六護一降四」涉及許多概念，如果能用一個簡單的「口訣」，的確易於記憶。例如說到「捨五」（或「斷五」），也就是五種應該要斷捨的，若只記得四項，也很容易知道有一項忘記了。

法數的功能，當然不限於此。在《雜阿含經》第 574 經〔註10〕就傳述，外道尼犍若提子嘗試說服質多羅長者改變信仰，但質多羅長者不為所動；質多羅長者對尼犍若提子提出多項質疑，其中包括：你是否有「一問一說一記論」，乃至「十問十說十記論」。不過，經文本身對「一問一說一記論」，並沒有解釋內容是什麼。在漢譯《增一阿含經》，〔註11〕則說到「一論一議一演」，

〔註6〕 「鹿子母講堂」，梵名 mṛgāra-mātṛ-prāsāda，巴利名 migāra-māta-pāsādā。音譯蜜利伽羅麽多跋羅娑馱。又作東園鹿子母講堂。位於中印度舍衛國，係鹿母毘舍佉嫁與彌伽羅之子時，施捨價值九億錢之嫁衣，為佛所造之大講堂。此堂由目犍連監工建造，經九個月完成，有上下二層，各有五百室。佛即於此為鹿子母演說《中阿含》卷五十五，〈持齋經〉。（佛光大辭典，頁 4846）。

〔註7〕 《雜阿含經》第 388 經，大正藏 02，頁 105a。

〔註8〕 《增一阿含經》，大正藏 02，頁 827a。

〔註9〕 參看《十上經》，大正藏 01，頁 57a-b；《增一阿含經》，大正藏 02，頁 775c-776a。

〔註10〕 《雜阿含經》第 574 經，大正藏 02，頁 152c。

〔註11〕 《增一阿含經》，大正藏 02，頁 778b-780a。

以至於「十論十議十演」，同樣也是針對外道而作的論述。

這幾項傳述，都是針對外道而來的說明。而《長阿含經》第9《眾集經》開頭，更提到：波婆城的尼乾子死後，他的弟子分成二部。為了避免佛教也發生相同的情況，所以「我等今者，宜集法、律，以防諍訟，使梵行久立，多所饒益，天人獲安」〔註12〕這才由舍利弗說出《眾集經》。透過《眾集經》的傳說，我們了解到舍利弗便建議提前編集佛教經典內的「法數」，以為防護。而當時經典的法數編集，主要是以增一編次的方式進行，從一到十，按照數字排列的方式，編為十種不同的「法數」。

總之，這幾部佛典的概述，得知佛教是以這樣方式保存教法，同時確保佛弟子對教法有一致的見解。事實上，當時經典專用的名詞還有另外一種稱為「本母」（mātṛkā：摩呾理迦）。

依漢譯《長阿含經》的《增一經》、《三聚經》等幾部經，也都是這類的方式，從一法、二法，漸次累積，把教法彙整在一起，等同於一張或一本佛教法數的清單。其實，這些內容就是按照《雜阿含經》內部的佛學名詞或「本母」，以增一法編次後所形成的「法數」內容。

因此，《眾集經》的形成，也可以說是代表了《雜阿含經》的「本母」，經過「法數分別」之後的所得到的結果。

同時，律典裡，《四分律》也有「毘尼增一」（卷57-60），《毘尼母經》有「增一」、《十誦律》有「增一法」（卷 48-51）、南傳律典也有「增一法」。這是把佛教中，與戒律或是僧團日常生活的種種相關規定，嘗試以數法的觀念，彙整在一起。〔註13〕

以法數（或「增一法」）來彙集釋尊的教法與戒規，只是佛教知識管理的方法之一。在早期佛典裡，佛弟子或釋尊自己，就已經在進行這樣的工作。

總之說，在佛教史上的第一次結集，不可能就是以文字結集的方式去編纂「四阿含」〔註14〕與一些部律，而是以口傳背誦的方式來結集。這些口傳背誦方式上面所講的就是「經」與「律」的「摩呾理迦」。換言之，「摩呾理迦」正是原始佛教最早的口傳方式。因此，想研究原始佛教時代的一些方面

〔註12〕《長阿含經》卷八，〈眾集經〉，大正藏02，頁49c。
〔註13〕參考印順法師，《原始佛教聖典之集成》，正聞出版社，1971年，頁440～441。
〔註14〕「四阿含」：指北傳漢譯之四部阿含經典，亦為原始佛教之根本經典。即：《長阿含經》（梵 dīrghāgama）、《雜阿含經》（梵 saṃyuktāgama）、《中阿含經》（梵 madhyamāgama）、《增一阿含經》（梵 ekottarikāgama）。

就必要透過研究「摩呾理迦」的內容來了解其意義。

二、研究動機

　　以上的諸多問題，引起了筆者研究此問題。特別筆著研究這個問題有下面兩個目的：

　　第一、佛陀入滅後，大迦葉尊者召集五百位阿羅漢在七葉窟舉行的第一次結集，是由阿難尊者誦出「四阿含」爲《經藏》；由優波離尊者，昇座八十次而誦山《毘奈耶》爲《律藏》。經大眾印証、認可後，這部律成爲最初的根本《律藏》，全名《八十誦律大毘尼藏》。此爲一切戒律的根本。《八十誦律》是由八大部分組成，合併稱爲「五篇」。這些戒條是佛陀根據當時僧團所發生的具體過犯而制定。如果想研究佛陀時代的那些戒條，最好的就研究《八十誦律》的那一部律。不過當時的結集只有口傳方式誦出、心記下來，並沒有文字留下，所以現在這部律已失佚，這問題對研究原始佛教戒律的學者是一大遺憾。不過，在《原始佛教聖典之集成》印順法師有記載：『《毘尼母經》作「五百比丘集法藏」』。〔註15〕第一次結集還叫作「五百比丘」結集，而當時結集誦出根本律就是《八十誦律》。因此筆者認爲《毘尼母經》是《八十誦律》的異本。這個問題給筆者很人的興趣。因爲在學習與修行過程中筆者的目的想研究佛陀時代之僧團的戒律規則，而《八十誦律》已失傳，幸好有《毘尼母經》被認爲是《八十誦律》的異本，所以筆者就拿《毘尼母經》爲主來研究問題。

　　第二、筆者選擇研究「戒律」的目的，不只在於欲求些有關之眞實知識、理論方面，而更是在自身方面希望「盡無窮之生死，截無邊之業非，破無始之昏惑，證無上之法身。」〔註16〕也是學佛者最高的目的。

　　佛陀爲什麼要制戒呢？佛陀是否給予弟子們一種束縛？想回答這個問題我們先看這段文字：

> 比丘乃至未得利養，故未生有漏法。若得利養，便生有漏法。若有漏法生，世尊乃爲諸比丘結戒，欲使彼斷有漏法故。舍利弗，比丘未生有漏法者，以未有名稱爲人所識，多聞多財業故。若比丘得名稱乃至多財業，便生有漏法。若有漏法生，然後世尊當爲結戒，欲

〔註15〕印順法師，《原始佛教聖典之集成》，正聞出版社，1971，頁 31。
〔註16〕《四分律行事鈔資持記》第 2 卷，大正藏 40，頁 267a。

使彼斷有漏法故。〔註17〕

由此可知，戒律的制定，是針對僧團中有惡行為發生而設立的，若是僧團眾沒有惡行為，就沒有制戒的必要。因此，佛陀成道後的第十二年才制立學處〔註18〕（戒條）。因為佛陀成道的十二年之前僧團清淨，比丘們過著簡單的生活，心無旁騖，一意向道，整體非常單純。隨著僧團在社會的影響日益擴大，供養逐漸豐厚，有漏的不善行也將隨之出現，佛陀才開始為僧團制戒。佛陀制戒屬於案例法，有一件不善行發生，才制定一條相應的戒律，所以戒律是帶著「隨犯隨制」的精神。

因此，該知道佛教戒律的制定，不是佛陀對於弟子們的一種束縛，而是為斷滅煩惱，趨於佛弟子修持的目的——涅槃。佛子若無戒律作為生活規律的依准，了脫生死是很難做到的；佛教如無戒律作為統攝教化的綱領，佛教的狀態，就像一盤散沙，也將烏煙瘴氣。

總之，戒律在早期佛教的教法，並不是一種學說，而是修行實證真理的方法。因為佛法不只是一套理論，最終的目標是落實為身心的淨化，所以，在明白解脫後的心境，更重要是依循著一定的步驟，達到心靈的超越。否則，聽一大堆道理，只不過是「畫餅充飢」，無濟於事。實踐佛法以斷盡漏惑，得到解脫為目標。但想達到這個目標大部份由智慧為關鍵。在「三學」之中，「戒學」是防非止惡，為實踐佛道之基礎，所有定學、慧共稱三學。學佛不守戒律，即談不上修行，當然也到不了彼岸。換言之，不可能離開戒學而有定、慧，乃至解脫可言，因為依戒才能生定，依定才能發慧，得到解脫，直至覺悟成佛。因此，筆者想研究這個問題希望對自身的修行路上有更大的幫助，而有更深的覺悟。

第二節　研究範圍與研究方法

一、研究範圍

1、本文主要以《毘尼母經》（大正藏 24）一書內容作為主要依據，來分析探究原始佛教時之律的「摩呾理迦」，同時去了解佛陀時代的僧團

〔註17〕《四分律》卷1，大正藏22，頁569c。
〔註18〕依《四分僧戒本》，大正藏22，頁1030b。

生活規則。

2、其他原始文獻包括：《四分律》、《五分律》、《十誦律》、《摩訶僧祇律》、《重治毘尼事義集要》……、四部《阿含經》與《瑜伽師地論》等相關原始文獻。

3、現代學者（含印度、中國、越南乃至歐美學者）所著有關本文的問題，作為本文依據研究範圍。

一、研究方法

原始佛教時代，佛陀的教法由僧伽中一代又一代的弟子口耳傳誦下來。因此佛典一開始時是以口傳方式為主，也就是說佛典的傳本在早期並不是「文本」，而是靠佛教徒以口口相傳的方式傳誦下來的。佛陀入滅之後，僧伽中尊貴的阿羅漢比丘誦出並結集佛陀所有的教法，方便佛法的弘揚，並避免後人誤解、扭曲和修改佛法。

結集的意義是合誦，誦出「法」（經）與「律」。當時主持結集經法的是阿難（Ānanda）尊者；主持結集戒律的是優波離（Upāli）尊者，在一夏九旬的時期內，分作八十次誦出，所以就叫做「八十誦律」而成為三藏中之律藏，以與經藏、論藏相鼎立，所以這部律為最初的根本《律藏》，全名《八十誦律人毘尼藏》。如今此根本律法之《八十誦律》已名存實無！這是非常遺憾的問題！我們了解到《毘尼母經》是《八十誦律》的異本。

本文側重於探究《毘尼母經》的「摩呾理迦」思想形成的意義詮釋，及其思想的體系內涵。針對 238 項目的內容予以層層解析與說明進行論述，嘗試以詮釋的方法闡明原始佛教的戒律思想，並從其戒律思想形成的時代的背景的影響等歷史因素的洄溯進行了解，以究明其思想的立基點及詮釋的基本進路，理解《八十誦律》思想的內容結構與主張。證明原始佛教僧眾的律則已在《八十誦律》中所闡述。

第三節　研究回顧

關於本論文的題目前人還沒有人研究過，不過跟本文的題目有一點關係尚有兩本：

（1）印順法師，《原始佛教聖典之集成》，正聞出版社，民國 83 年。

（2）郭忠生，〈略論佛教知識體系與主題詞〉，佛教圖書館館訊，第 33
　　　期，民國 92 年 3 月。

　　印順法師在《原始佛教聖典之集成》第五章──〈摩得勒伽與犍度〉中
只概括到「摩呾理迦」以及提到《毘尼母經》的摩呾理迦的項目而沒有進一
步分析。

　　郭忠生先生於〈略論佛教知識體系與主題詞〉中只分析「摩呾理迦」的
兩種類而沒有具體分析《毘尼母經》的摩呾理迦，說明漢語專書有關《毘尼
母經》的「摩呾理迦」並不多。

第四節　論文架構

　　根據《原始佛教聖典之集成》〔註 19〕印順法師所講《毘尼母經》的「摩
呾理迦」有 238 項目分成三分：

　　※第一分，119 項目

　　1、受具足；2、得受具；3、不得受具；4、可得受具；5、不（可）得
受具；6、業（羯磨）；7、應止羯磨；8、不應止羯磨；9、擯出羯磨；10、
聽入僧羯磨；11、呵責羯磨；12、諫法；13、緣事；14、調伏；15、舍摩陀
（止滅）；16、捨戒；17、不捨戒；18、戒羸；19、戒羸事；20、說戒法；
21、不說戒；22、宿食大界內食（內宿內熟）；23、共宿食殘宿食（內熟自
熟）；24、殘食法（受・不受）；25、菓；26、池菓；27、畜鉢法；28、畜衣
法；29、應說；30、非法說；31、不應說；32、失性羯磨；33、捨；34、施
所墮；35、羯磨；36、非羯磨；37、毘尼；38、入僧法；39、白；40、白羯
磨；41、白二羯磨；42、白四羯磨（呵責等）；43、別住；44、本事；45、
摩那埵；46、阿浮呵那；47、犯；48、不犯；49、輕犯；50、重犯；51、殘；
52、無殘；53、麤惡；54、濁重；55、非麤惡濁重；56、須羯磨；57、不須
羯磨；58、集犯；59、諫法；60、憶念；61、諫時；62、受諫；63、止語；
64、止說戒；65、止自恣；66、波羅提木叉；67、布薩；8、自恣；69、內
宿；70、內熟；71、自手作；72、自取；73、殘食法；74、根食；75、受迦
絺那衣；76、不受；77、捨迦絺那衣；78、不捨；79、可分物；80、不可分
物；81、重衣物；82、糞掃衣；83、亡比丘衣物；84、養生具；85、非養生

〔註19〕印順法師，《原始佛教聖典之集成》，正聞出版社，1971，頁 273～279。

具；86、與得取；87、不與不得取；88、應畜物；89、不應畜物；90、剃髮法；91、淨肉；92、故作受用（食）；93、合毘尼；94、不合毘尼；95、人養生具；96、非人養生具；97、食果（淨法）；98、五百結集；99、七百結集；100、毘尼緣；101、大廣說；102、和合；103、不和合；104、盡形受藥；105、寺中應可作；106、寺中應畜物；107、應入林；108、有瘡聽；109、大小行處；110、房房中所作事；111、應二指作法；112、共作法；113、略問；114、應受不應受；115、處所；116、方；117、隨國應作；118、受迦絺那衣利；119、嚼法。

※第二分，55 項目

120、夏安居法；121、白恣法；122、與自恣欲；123、取自恣欲；124、波羅提木叉法；125、取布薩欲；126、物；127、諫；128、可分不可分；129、破僧；130、房舍；131、敷具；132、敷具處所；133、營事；134、相恭敬法；135、蘇毘羅漿；136、散；137、香；138、雜香澡豆；139、藥；140、漿；141、不中飲酒；142、屐；143、革屣；144、皮；145、應畜不應畜；146、杖；147、絡囊；148、食蒜；149、剃刀；150、藏刀處；151、乘；152、金扇；153、拂；154、扇；155、蓋；156、鏡；157、眼藥；158、眼藥箆；159、莊飾 160、歌舞；161、花鬘瓔珞；162、香；163、坐；164、臥具；165、禪帶；166、帶；167、衣鉤紐；168、擘抄衣；169、稚弩；170、地法；171、樹；172、鬥諍言訟；173、破（僧）；174、和合。

※第三分，65 項目

175、去；176、去上座；177、非時入聚落；178、非時集；179、非時上座集法；180、法會；181、法會上座；182、說法者；183、說者眾上座；184、語法 185、不語法；186、養徒眾法；187、入大眾法；188、眾主法；189、眾中說法上座法；190、說戒；191、布薩；192、受安居時籌量法；193、受安居法；194、安居中上座法；195、安居竟事；196、眾；197、入僧法；198、入僧中坐法；199、上座法；200、中座法；201、下座法；202、一切僧所應行法；203、浴室法；204、入浴室洗法；205、浴室上座所作法；206、共行弟子共宿弟子奉事和尚阿闍梨法；207、和尚阿闍梨畜弟子法；208、沙彌法；209、前行比丘法；210、後行比丘法；211、為檀越師；212、入檀越舍；213、入坐法；214、入家中上座法；215、語言法；216、道行中息；217、失依止；218、捨法；219、經行；220、經行舍；221、然火；222、小便處；

223、洗足器；224、熏缽爐；225、虛空；226、出氣；227、掃地法；228、食粥法；229、上廁法；230、廁籌法；231、上廁用水法；232、嚼楊枝法；233、涕唾法；234、摘齒法；235、却耳垢法；236、刮舌法；237、小便法；238、行法非行法。

筆者在 238 項目中選擇同類的「摩呾理迦」集合在同一個章節，這樣除了緒論與結論兩章，全部內容分成八章分析。於是，本文的架構如下：

第一章緒論，內容包括問題意義與研究動機、研究範圍與研究方法、前人研究成果與研究限制、論文架構。

第二章是本論文要研究的內容開始，標題為《毘尼母經》中的「摩呾理迦」，內容分成兩節：第一節：「摩呾理迦」在佛教的論書中，介紹佛教論書與「摩呾理迦」在佛教論書中的地位。第二節《毘尼母經》與各部派的律藏，介紹部派的《律藏》與《毘尼母經》和《八十誦律》的關係。

第三章：對「羯磨」有關的「摩呾理迦」。第一節：僧團概念。第二節：「業」與「羯磨」。本節要分別「業」與「羯磨」的同異，「羯磨」的儀式。第三節：對羯磨有關的「摩呾理迦」，總共有二十項目跟羯磨有關。

第四章：關於「受具」的「摩呾理迦」。第一節：佛陀制定「戒」與「律」的由來。第二節：受具的「摩呾理迦」包括受具的分類、不得受具與得受具、傳戒人的資格、得戒與不得戒、捨戒與不捨戒。

第五章：對「布薩、說戒」有關的「摩呾理迦」。第一節：布薩。本節論述布薩的起源與意義。第二節：布薩、說戒的「摩呾理迦」，總有九項目跟布薩、說戒有關。

第六章：關於「安居」與「自恣」的「摩呾理迦」。第一節：安居。本節介紹安居起源與意義、夏安居法包括安居的限期，安居的羯磨，受安居法和出外界與破安居的種種跟安居有關。第二節：自恣。本節介紹自恣起源與意義、自恣羯磨總有自恣法、與自恣欲、取自恣欲、止自恣。

第七章：對「破僧」、「滅罪」有關的「摩呾理迦」。第一節：破僧。本節所講的內容是跟破僧有關的一些「摩呾理迦」如破僧的起源、破僧的種類欲其比較。第二節：滅罪。本節所講是各種罪相與其懺悔法和十一項目跟滅罪有關的「摩呾理迦」。

第八章：關於衣、藥的「摩呾理迦」。第一節：衣。本節介紹三衣、糞掃衣、迦絺那衣、重衣的意義。第二節：藥。本節所講是藥類與其用法。

第九章：關於僧眾生活的「摩呾理迦」。第一節：僧眾的用具法。本節總介紹二十項目對僧眾的用具有關。第二節：雜事。本節介紹七十七項目樹與雜事的。

第十章：結論。就是概括本文論述研究的結果，並總結出《毘尼母經》對修行者的價值。

第二章 《毘尼母經》中的「摩呾理迦」

第一節 「摩呾理迦」在佛教的論書中

一、佛教的論書

佛陀的教法，經過弟子數度結集，分為經、律、論三藏。論藏約成立於西元紀年前後，此時佛教已由原始佛教進入部派佛教，並隨著部派的分裂，對教理和戒律產生種種的異說和爭論，各個有力的部派都成立各自的論典，於是在二、三百年間，分初、中、後三期，完成了阿毘達磨論典七部。部派佛教完成論藏，三藏典籍至此完全成立，這是部派佛教的一大特徵。

原始佛教所結集的經藏中，實際上已含有不少能歸入論藏的經典，只是最初僅為簡單歸納一些佛教名詞，後來逐漸演成解釋、論義的形式，也就是藉著往復問答以顯揚教義的「論議」。論藏原本是對經典所說的要義加以分別、整理或解說，後來隨著僧團的紛爭日起以及外道邪說猖狂，論藏於是負起摧伏外道，破邪顯正的任務。一般論書，古來有摩呾理迦、優波提舍、阿毘達磨──三名。下面我們秩序了解它們的緊密關係。

（一）「摩呾理迦」（Mātṛkā；mātika）

「摩呾理迦」一字，梵文 mātṛkā，巴利文則是 mātikā。因此，從梵文 mātṛkā 而來的音譯，應該是「摩窒里迦」、「摩呾履迦」或「摩得勒迦」。而從巴利文 mātikā 而來的音譯則是「目得迦」、「摩夷」等。中文的義譯為「母親」，或「本母」、「智母」、「行母」等等，而我們現今所使用的一般翻譯，都是譯為「本

母」。事實上，梵文的 mātṛkā，主要是從 mātṛ（母親）+ka（者）而來〔mātṛ＋ka＝mātṛkā〕，因此，梵文 mātṛkā 一字，其實就含藏有「母親者」或「此名，從 māt（母）而來，有「根本而從此引生」的意思。〔註 1〕《中阿含經》卷五十二第 196〈大品〉《周那經》所說：「阿難，相近住者，於中若有比丘持經、持律、持母者，此比丘共往至彼，說此諍事」。〔註 2〕由此可知：與當時在座談論比丘當中，即有分為「持經者」（sūtra-dhāraka）；或稱「持法者」（dharma-dhāraka）、「持律者」（vinaya-dhāraka）和「持母者」（mātṛkā-dhāraka）的一派。而這裡所說的「持母者」其實就是「持摩呾理迦者」。「經」、「律」與「摩呾理迦」，鼎足而三，那麼，「摩呾理迦」應該是在經典、律典之外，另外存在的「東西」。說明在傳說的聖典結集中，雖然沒有說到「摩呾理迦」，但「摩呾理迦」成為部類並不太遲的。

> 摩呾理迦的體裁，是標目作釋。標目如母；從標起釋，如母所生。依標作釋，能使意義決定明了。以法——契經來說：契經是非常眾多的，經義每是應機而出沒不定的。集取佛說的聖道項目，稱為摩呾理迦。給予明確肯定的解說，成為佛法的準繩，修持的定律。有「決了定義」的摩呾理迦，就可依此而決了一切經義。在古代經律集成（決了真偽）的過程中，摩呾理迦是重要的南針。〔註 3〕

由此看來，「摩呾理迦」的體裁，首先是「標目」，然後「依標作釋」。「標目」其實就是首先標出經中的「本母」，然後再根據這一個「本母」來作出解釋，這種形式，便是「優婆提舍」。〔註 4〕因此，「本母」猶如母親，能生出「優婆提舍」這一個兒子來。所以，這一種依標作釋的方法，便能使經中「本母」的意義獲得了更充分清晰的理解了。

依現有的資料來看，「摩呾理迦」有二類：屬於毘奈耶（律）的，屬於達磨（法）的，而其方式是標目、作釋，作用是在確定其文義。因為「摩呾理迦」具有這種特性，因此在佛教的知識管理上，早就有很重要地位，而且其本身也有不同程度的發展。

〔註 1〕 印順法師，《說一切有部為主的論書與論師之研究》，正聞出版社，1992，頁 28。
〔註 2〕 《中阿含經》第 52 卷，大正藏 1，頁 755a。
〔註 3〕 印順法師，《說一切有部為主的論書與論師之研究》，正聞出版社，1992，頁 30。
〔註 4〕 黃俊威，《早期部派佛教阿毘達磨思想起源的研究》，初稿，1999，頁 125。

1、法的「摩呾理迦」（Dharma-mātṛkā）

至於達磨（法）的摩呾理迦，依《根本說一切有部毘奈耶雜事》的傳說：

> 摩室里迦……所謂四念處，四正勤，四神足，五根，五力，七菩提
> 分，八聖道分，四無畏，四無礙解，四沙門果，四法句，無諍，願
> 智，及邊際定，空，無相，無願，雜修諸定，正入現觀，及世俗智，
> 苦摩他，毘舍那，法集，法蘊，如是總名摩室里迦。〔註5〕

「雜事」所說，與「阿育王傳」〔註6〕、「阿育王經」〔註7〕相合。四念處等，都是定慧修持，有關於聖道的項目。佛的正法，本是以聖道爲中心，悟入緣起、寂滅（或說爲四諦）而得解脫的。佛法的中心論題，就是四念處等——聖道的實踐。以四念處爲例來說：四念處經的解說，四念處的定義，四念處的觀境，四念處的修持方法及次第，四念處與其他道品的關聯等，都在四念處的標目作釋下，得到明確的決了。以聖道爲中心的理解，貫通一切契經。達摩——法的「摩呾理迦」，總持聖道的修持項目，對阿毘達磨論來說，關係最爲深切。〔註8〕

此處所列出的四念處等等，主要是佛教的實踐方法，以及修行的所證境界，這是因爲佛法是以聖道爲中心。在相當範圍裡，佛法的「法」，是針對這一方面來說的。此傳說，是把四念處等看成是「摩呾理迦」，也就是標舉實踐佛法的項目，然後予予過當的解說。

2、律的「摩呾理迦」（Vinaya-mātṛkā）

根據印順法師的記載：「屬於毘奈耶的，如《毘尼母經》，《十誦律》的「毘尼誦」等。這都是本於同一的摩呾理迦，各部又多少增減不同。毘奈耶的摩呾理迦，是僧伽規制的綱目。凡受戒，布薩，安居，以及一切日常生活，都隨類編次。每事標舉簡要的名目（總合起來，成爲總頌）。僧伽的規制，極爲繁廣，如標舉項目，隨標作釋，就能憶持內容，不容易忘失。這些毘奈耶的「摩呾理迦」，不在本書論列之內」。〔註9〕依印順法師的話來說，這類型的摩得勒迦是僧伽規制的綱目。可以認爲現存的律典〈犍度篇〉是由「摩呾理迦」

〔註5〕　《根本說一切有部毘奈耶雜事》卷40，大正藏24，頁408b。

〔註6〕　《阿育王傳》卷四，大正藏50，頁113c。

〔註7〕　《阿育王經》卷六，大正藏50，頁152a。

〔註8〕　印順法師，《說一切有部爲主的論書與論師之研究》，正聞出版社，1992，頁29。

〔註9〕　印順法師，《說一切有部爲主的論書與論師之研究》，正聞出版社，1992，頁28。

漸次集成的。大體說來，這是因爲僧伽的各種生活起居、行事作務的相關規定，相當複雜，如果能給予適當的分類，標舉項目，給它一個專門術語，接著隨標作釋，在適用上相當方便，也容易保存，不會忘失。

在律典集出與發展的過程中，律的「摩呾理迦」原本只是列舉項目，附在波羅提木叉的後面。但一方面前後體例不合，又因「摩呾理迦」本身太過簡略，有時會發生適用上的疑問。因此在標舉項目之外，很自然的，再加上敘明解說的部分。

在現存漢譯律典中，可以看出此一發展的過程。關於摩呾理迦的數目，《僧祇律》有 210 項（有一說 209 項），《毘尼母經》238 項，《毘尼摩得勒迦》312 項，《十誦律》318 項，這麼多的項目，逐漸發展而成爲現存律典的〈犍度〉。從各律典「摩呾理迦」與解說的內容，還可以看出諸部〈犍度〉的發展階段。〔註 10〕

（二）優婆提舍（upadeśa）

上文所講「本母」猶如母親，能生出「優婆提舍」這一個兒子來。事實上「優婆提舍」的產生，就是依「摩呾理迦」而有，因爲它就是針對「摩呾理迦」依標作釋的一種表達形式。

「優婆提舍」的梵文是 upadeśa，音譯爲「優婆提舍」或「鄔波第鑠」，是十二分教（十二部經）的一分，是古代對於佛法，從形式與內容而作的分類。意譯作指示、教訓、顯示、宣說、論議、論議注解章句經。一般人都喜歡譯爲「論議」。即对佛陀所說之教法，加以注解或衍義，使其意義更加顯明，亦即經中問答論議之一類。他的性質，《大毘婆沙論》重在論議；《大智度論》重在解義；《瑜伽師地論》作爲一切論書的通稱。〔註 11〕

《大毘婆沙論》卷一二六〔註 12〕說：

> 論議（upadeśa）云何？謂諸經中，決判默說（非佛說）、大說（佛說）等教。

> 又如佛一時略說經已，便入靜室，宴默多時。諸大聲聞共集一處，各以種種異文句義，解說佛語。

〔註 10〕印順法師，《原始佛教聖典之集成》，正聞出版社，1971，頁 288、296～298、313～329。

〔註 11〕印順法師，《說一切有部爲主的論書與論師之研究》，正聞出版社，1992，頁 23。

〔註 12〕《大毘婆沙論》第 126 卷（大正 27，頁 660b）。

　　換言之，所謂的「優婆提舍」（upadeśa），其實就是一種用以判別口傳經典到底是「佛說」或「非佛說」的方法。而這裡所說的「默說」，即是「黑說」，也就是指「非佛說」；而「大說」則是指「廣說」或「白說」，也就是「佛說」的意思。如同樣是屬於說一切有部的《薩婆多部毘尼摩得勒伽》卷六〔註13〕所說：

> 何以故名「摩訶漚波提舍」（mahā updeśa）？
>
> 答：大清白說。聖人所說依法故，不違法相故，弟子無畏故，斷伏非法故，攝受正法故：名摩訶漚波提舍。
>
> 與此相違，名迦盧（kāla：黑）漚波提舍（updeśa）。

而說一切有部的「黑白說」，也見於據傳是雪山部〔註14〕的《毘尼母經》當中，如《毘尼母經》卷四〔註15〕所說：

> 尊者薩婆多說曰：有四白廣說，有四黑廣說。
>
> 以何義故名爲「廣說」（updeśa；優婆提舍）？
>
> 以此經故，知此是佛語，此非佛語。

由此可見：說一切有部所說的「優婆提舍」，其實就是一種決判「人說」（白說或佛說）及「黑說」（默說或非佛說）的方法。所以，《阿毘達磨大毘婆沙論》所說的「決判默說（非佛說）、大說（佛說）等教」，「默說」（非佛說）顯然就是「黑說」的異譯；而「大說」則是「大廣說」或「白廣說」的異譯。如《毘尼母經》卷四所說：

> 經所言大廣說者。所說事多，故名廣說。我今教授大法，故名爲大。
>
> 我今說大法、大毘尼，是故名大廣說。大人所說法，名之爲大。
>
> 何者大人？
>
> 諸佛世尊。名爲大人此大人說故名爲大人。
>
> 又，言廣者。有大德比丘略說經，若眾多比丘前；若四、三、二、一比丘前，說其所解經：我親從佛邊聞如此說。上座有德知見者，應取

〔註13〕《薩婆多部毘尼摩得勒伽》卷6，大正藏23，頁598a。
〔註14〕「雪山部」，梵名 Haimavata，音譯醯摩跋多。本部係於佛滅後三百年初，因上座部產生說一切有部的新部。跟本之上座部，乃轉移於雪山之中，而被稱爲雪山部。（張曼濤主編，《律宗概述及其成立與發展》，大乘文化出版社，1978，頁52。）
〔註15〕《毘尼母經》第四卷，大正藏24，頁820a。

其所說思惟此理。若與三藏相應者，應語言：大德所說甚善。若有後學者，應以此法教之。若不與三藏相應者，語言：大德莫行此法，亦莫教人行此法也。是故名爲廣說。說大調伏現前。故名廣說。

若有一人，聰哲高才，自備此德，捉其所解，與如來所說法競。如人捉僞金，與眞金並。若眞僞難別者，以火燒之，眞僞自現。若以僞法，言是如來說者，與三藏經並之，知其眞僞也。〔註16〕

在這裡，「優婆提舍」之所以被稱爲「大廣說」，主要是指佛的大弟子們，大家共集一處，對於佛的略說，各各表示自己的意見。事實上，這就是一種「論阿毘達磨論」的討論場合，也就是爲何「優婆提舍」又被稱爲「大廣說」的主要原因。

因此，所謂「有大德比丘略說經，若眾多比丘前；若四、三、二、一比丘前，說其所解經：我親從佛邊聞如此說。上座有德知見者，應取其所說思惟此理。若與三藏相應者，應語言：大德所說甚善。」，就是指對於這一些口傳經典作出判別「佛說、非佛說」的情形的眞實寫照。

《大智度論》對於優波提舍的解說，有次第的三說，如「論」卷三三〔註17〕所說：

論議經者，答諸問者，釋其所以。又復廣說諸義，如佛說四諦，何等是四？……如是等問答廣解其義，是名優波提舍」。復次，佛所說論議經，及摩訶迦旃延所解修多羅，乃至像法凡夫如法說者，亦名優波提舍。

《瑜伽師地論》對優波提舍的解說，近於《大智度論》的第三說，而範圍更廣。如《瑜伽師地論》卷二五〔註18〕說：

云何論議？一切摩呾理迦，阿毘達磨，研究甚深素怛纜藏，宣暢一切契經宗要，名爲論議。

總之，這種「論議」的方式，大概可上溯至佛陀時代，而爲初期口傳佛教經（sūtra）、律（vinaya）編集的實際情形。因此，這一種經過集體論議所編成的「優波提舍」。所以，有了這種口訣傳式的「摩呾理迦」，然後再透過「優波提舍」的充份解釋，則一切口傳經典內容的眞僞判準（佛說、非佛說）問題，便可迎刃而解了。

〔註16〕《毘尼母經》第四卷，大正藏24，頁818c。
〔註17〕《大智度論》第33卷，大正藏25，頁308a。
〔註18〕《瑜伽師地論》第25卷，大正藏30，頁418b。

（三）阿毘達磨（abhidharma）

「阿毘達磨」的產生，其實是跟舍利弗、大目犍連和大迦旃延等的「持母者」之流。因為，上文所講，有了「摩呾理迦」的存在，自然便必須要有人去誦持這些「摩呾理迦」就是「持母者」，然後依這些「摩呾理迦」去判別一切經義，那些去判別經義的人當時是舍利弗、大目犍連和大迦旃延等之流了。

阿毘達磨，舊譯為阿毘曇，或簡稱毘曇，為三藏中論藏的名稱。阿毘達磨的譯義為大法、無比法、對法、向法、勝法等。原指有關教法的研究，例如研究律藏者，稱為阿毘奈耶，後來廣至對經、律二藏的論述，乃至以論解論者，都稱為阿毘達磨。在佛法的開展中，阿毘達磨成為論藏的通稱。在論書中，這是數量最多，最值得重視的。

聖典的原始結集，只是經與律，阿毘達磨的成為大藏，是後起的論藏約成立於西元紀年前後，此時佛教已由原始佛教進入部派佛教，並隨著部派的分裂，對教理和戒律產生種種的異說和爭論，各個有力的部派都成立各自的論典，於是在二、三百年間，分初、中、後三期，完成了阿毘達磨論典七部。部派佛教完成論藏，三藏典籍至此完全成立，這是部派佛教的一大特徵。

論藏原本是對經典所說的要義加以分別、整理或解說，後來隨著僧團的紛爭日起以及外道邪說猖狂，論藏於是負起摧伏外道，破邪顯正的任務。例如：佛陀入滅後八百餘年，外道紛然，異端競起，邪辯逼真，殆亂正道，提婆菩薩於是作《百論》用以防止閑非，彰明宗義。

論到「阿毘達磨」的原始意義在阿含經中已用來表達聖法的深妙，沒有什麼東西比得上它，逐漸它的意義由各部派的論師而被轉變。毘婆沙師叫阿毘達磨為「伏法」因為它降伏一切外道的邪說；化地部稱為「照法」因為它可以照明一切法的性相；正理師稱為「通法」因為它可以通達一切契經；脅尊者〔註19〕就稱為「究竟慧」；決斷慧……到世親稱為「對法」就是「對向」與「對觀」的兩個意義。

從論師所作的種種解釋，而歸納他的主要意義，不外乎兩點：

一、明了分別義：如聲論者說「毘謂抉擇」，抉擇有明辨分別的意義。

如毘婆沙師與世友說的抉擇、覺了，虎尊者說的決斷，化地部說的

〔註19〕 脅：梵名 lārśva 音譯作波栗溼縛，又作波奢。意譯為難生。為印度小乘說一切有部之論師，付法藏之第九祖，禪宗傳法之第十祖，精進修行，未曾脅臥人，故時人稱之為脅尊者、脅比丘、脅羅漢、長老脅、勤比丘。

照法，妙音約觀行的分別說，大德約文句的分別說，及毘婆沙師的數數分別，都是。

二、覿面呈義：毘婆沙師說的現觀，世友說的現觀與現證，都是。這就是玄奘所譯的「對法」。毘婆沙師說的顯發，佛護說的現前，也與此相近。「阿毘」是現，是直接的（古譯為無間），當前的，顯現的。綜合這二項意義，阿毘達磨是直觀的，現證的，是徹證甚深法（緣起、法性、寂滅等）的無漏慧。這是最可稱歎的，超勝的，甚深廣大的，無比的，究竟徹證的。阿毘達磨，就是這樣的（勝義）阿毘達磨。但在阿毘達磨的修證中，依於分別觀察，所以抉擇，覺了，分別，通於有漏的觀察慧。依此而分別解說，就引申為：毘婆沙師說的所說不違法性，伏法；世友說的抉擇經法，數數分別法；大德的名句分別法了。

阿毘達磨，本為深入法性的現觀──佛法的最深處。修證的方法次第等傳承下來，成為名句的分別安立（論書）。學者依著去分別了解，經聞、思、修而進入於現證。從證出教，又由教而趣證，該括了阿毘達磨的一切。〔註20〕

1、阿毘達磨發展的過程

第一時期：論書還存契經形式。佛陀入滅一百年後，佛法還沒分成經論，因此原始的一些經存著論的形態如：《增一阿含》，《雜阿含》，在《長阿含》中的《世記經》，《中部》中的《分別部》，《長部》中的《眾集經》。

第二時期：論書解釋經的意義。從經中的文字定義、分類、然後多一點解釋那些文字而還沒發揮自己的獨立特色，如：佛音的《無礙道論》，《摩訶尼律沙》漢譯《法蘊足論》，《集異門足論》。

第三時期：論書已經獨立。這個時期論書不再解釋經意，而選擇經題然後詳細分類，它們的內容對經律完全獨立。如南傳佛教的七部論，有部的大毘婆沙論，經部的《成實論》。

第四時期：這是綱要論書的時期。阿毘達磨的論書發展之後就數量太多，讀者難以研究，因此要有各論書的撮要。最早的論書撮要是法勝（達磨尸羅）的《阿毘曇心論》然後繼續有法救的《阿毘曇心論》；世親的《俱舍論》；佛音的《清淨道論》；阿耨樓陀的《阿毘達磨義集律》。

〔註20〕印順法師，《說一切有部為主的論書與論師之研究》，正聞出版社，1992，頁39。

2、上座部的論書

第一：《法聚論》（Dhammasaṅgaṇī）

第二：《分別論》（Vibhaṅga）

第三：《界說論》（Dhātukathā）

第四：《人施設論》（Puggalapaññatti）

第五：《雙對論》（Yamaka）

第六：《法智論》（Paṭṭhāna）

第七：《論事》（Kathāvatthu）

除了這基本七篇的論書以外還有：

佛音的《清淨道論》（Visuddhimagga）公元前五世紀，它的價值相當佛教的百科全書。

《長集經注疏》（Sumangala Vilasini），解釋《長部經》。

《五書術義》（Pañcapakaraṇa-aṭṭhakathā）：五本書注疏《對法藏》。

佛音之後還有很多作品被造成，其中最有價值是集《阿毘達磨義論》（Abhidhammattha Saṅgaha）由阿耨樓陀（Anuruddha）撰於公元前八世紀。

3、有部的論書〔註21〕

第一：《阿毘達磨法蘊足論》（Abhidharma-dharma-skandha-pāda）：十二卷，出大目犍連（Mahāmaudgalyāyāna）撰，唐玄奘譯。

第二：《阿毘達磨集異門足論》（Abhidharma-saṃgti-paryāya-pāda）：二十卷，由舍利弗（Śāriputra）撰，唐玄奘譯。

第三：施設足論（Prajñapti-pāda）：七卷，作者缺名，宋法護等譯。

第四：《阿毘達磨識身足論》（Abhidharma-vijñāna-kāya-pāda）：十六卷，由提婆設摩（Devaśarman）撰，唐玄奘譯。

第五：《阿毘達磨品類足論》（Abhidharma-prakaraṇa-pāda）：十八卷，由世友（Vasumitra）撰，唐玄奘譯。

第六：《阿毘達磨界身足論》（Abhidharma-dhātu-kāya-pāda）：三卷由世友造，唐玄奘譯。

第七：《阿毘達磨發智論》（Abhidharma-jñāna-prasthāna-śāstra），二十卷由迦多衍尼子造，唐玄奘譯。

〔註21〕印順法師，《說一切有部爲主的論書與論師之研究》，正聞出版社，1992，頁117。

二、阿毘達磨與「摩咀理迦」

　　摩咀理迦與阿毘達磨的差別以及是否佛說，佛滅七八世紀間，成為一時的論題。一切有部中，持經的譬喻師、瑜伽師，不滿毘婆沙論師的專重發智論，漸次獨立成部。根本否認阿毘達磨論為佛說，以佛說摩咀理迦，替代論藏的阿毘達磨。

　　如在《瑜伽師地論》裡，顯揚聖教論，即表示這一見地，就可以看到好幾個用例，表現出「摩得勒迦」的多樣性意義。

　　（一）本論在〈聞所成地〉說：「三種事，總攝一切諸佛言教：一、素咀纜事；二、毘奈耶事；三、摩怛履迦事。如是三事，〈攝事分〉中當廣分別」。〔註22〕

　　形式上，似乎可以指經典、律典與論典，也就是一般所說的三藏。而《瑜伽師地論》〈聲聞地〉在解說十二分教時，確實也有這樣的說法。首先，十二分教的「論議」，是「所謂一切摩怛履迦、阿毘達磨，研究甚深素咀纜義，宣暢一切契經宗要，是名論議」，這樣的理解，把摩怛履迦與阿毘達磨併列，是兩種不同的東西，但緊接著用三藏的觀念來判攝十二分教，又說「若說論議，是名阿毘達磨藏。是故如是十二分教，三藏所攝」。〔註23〕

　　但《瑜伽師地論》在〈攝事分〉對「論議」（upadeśa，優波提舍）的解說，顯然複雜許多：

> 論議者，謂諸經典，循環研竅摩咀理迦。且如一切了義經，皆名摩咀理迦，謂於是處，世尊自廣分別諸法體相。又於是處諸聖弟子，已見諦跡，依自所證，無倒分別諸法體相，此亦名為摩咀理迦。即此摩咀理迦，亦名阿毘達磨，猶如世間一切書算詩論等，皆有摩咀理迦。當知經中循環研竅諸法體相，亦復如是。又如諸字，若無摩咀理迦，即不明了；如是契經等十二分聖教，若不建立諸法體相，即不明了。若建立已，即得明了。又，無雜亂宣說法相，是故即此摩咀理迦，亦名阿毘達磨。又，即依此摩咀理迦，所餘解釋諸經義者，亦名論義。〔註24〕

基於這樣的理解，「了義經」可以說就是摩咀理迦，因為釋尊或弟子在經典中，

〔註22〕 《瑜伽師地論》卷13，大正藏30，頁345a。
〔註23〕 《瑜伽師地論》卷25，大正藏30，頁418b。
〔註24〕 《瑜伽師地論》卷81，大正藏30，頁753b。

已經把諸法體相，講清楚，說明白。至於十二分教，還需要有摩呾理迦，才能明了，這意味著，摩呾理迦是十二分教以外的部類。而「無雜亂宣說法相」的摩呾理迦，又是阿毘達磨，甚至依據摩呾理迦來解釋經義的，就是十二分教中的「論議」。在這可以具體分別同樣的經中的「了義經」但由佛陀來說就稱為摩呾理迦，反而由聖弟子來說就變成阿毘達磨。

在《瑜伽師地論》裡，可以看到好幾種摩呾理迦的用例，代表此一用語的不同面相。

（二）〈聞所成地〉說要在〈攝事分〉分別「素呾纜事」、「毘奈耶事」與「摩呾履迦事」的意義，那麼〈攝事分〉怎麼解說呢？首先：

> 當說『契經摩呾理迦』，為欲決擇如來所說，如來所稱、所讚、所美，先聖契經，譬如無本母，字義不明了；如是本母所不攝經，其義隱昧，義不明了；與此相違，義即明了，是故說名摩呾理迦。〔註25〕

「契經摩呾理迦」顯示除了「摩呾理迦」本身之外，還涉及「契經」，以它作為論述的「底本」，這可說是帶有解說經文意義的論述。依印順法師的解說，〔註26〕這是部派裡的經部，因為不信阿毘達磨為佛說，而別說為「摩呾理迦」。《瑜伽師地論》〈攝事分〉所說的「契經摩呾理迦」恰好是《雜阿含經》的「本母」，前輩學者呂澂就是根據此一資料，推論《雜阿含經》的原型。基本上，這種摩呾理迦是本著經文來討論、分別「雜阿含經」的經義，可說是「釋經論」，因而與經文有相當程度的牽涉關係，但在論述時，表現貫通，甚至是超出經文的進一步論述。

（三）〈攝事分〉緊接下來是〈毘奈耶事摩呾理迦〉，〔註27〕這可說是佛教戒律思想總論或通論，也不是《戒經》的文義解說或戒相分別。形式上，〈毘奈耶事摩呾理迦〉雖然是以《戒經》為基礎，但二者的牽連性不大。

（四）再接下來就是〈摩呾理迦事〉。論文說：「若〈素呾纜摩呾理迦〉，若〈毘奈耶摩呾理迦〉，總略名一摩呾理迦，雖更無別摩呾理迦。然為略攝流轉還滅、雜染清淨雜說法故，我今復說〈分別法相摩呾理迦〉」。〔註28〕

換句話說，〈素呾纜摩呾理迦〉與〈毘奈耶摩呾理迦〉，本來已經是「摩

〔註25〕《瑜伽師地論》卷85，大正藏30，頁773a。

〔註26〕印順法師，《說一切有部為主的論書與論師之研究》，正聞出版社，1992，頁30。

〔註27〕《瑜伽師地論》卷99，大正藏30，頁868c-878a。

〔註28〕《瑜伽師地論》卷100，大正30，頁878a-b。

怛理迦」的全部，但是爲了要簡介（略攝）流轉還滅、雜染清淨的教法，才又列出〈分別法相摩怛理迦〉。這一種，其實是造論說法的格式，所以「若有諸法應爲他說，要以餘門，先總標舉；復以餘門，後別解釋。

總之，首先大家都認爲經的了義是摩呾理迦，也同名叫阿毘達磨。因此，我們知道早期還沒明白分別哪個是摩呾理迦，哪個是阿毘達磨。凡是經中的解釋意義都叫摩呾理迦。但後來有了分別。

再說，別解脫戒經的定義與分別，古代也必初有摩呾理迦；其後才擴充爲繁廣的經分別。毘尼摩得勒伽，凡二十九類，也是從戒序、四波羅夷說起的。一般公認熟知的，如毘尼母，即是犍度的初型，其後才擴編爲犍度的。這種展轉傳來的毘奈耶摩呾理迦，顯然爲結集以後的編集。分別法相—阿毘達磨，既不是佛說，所以也不會有抉了佛說的摩呾理迦。但也方便說，大體依阿毘曇心論。這樣，經師所傳的摩呾理迦，怎麼會是佛說？後代的摩呾理迦與阿毘達磨，實同樣的爲學者間的一家之學。

第二節　《毘尼母經》與各部派的律藏

一、部派的《律藏》

佛陀入滅不久，大迦葉尊者爲了正法永續，在阿闍世王的外護下，於七葉窟（Saptaparna-guhā）召開了五百長老的編輯會，「律」由優婆離、「經」則由阿難擔任主席。其他的長老對二人誦出的經律加以檢討審核，如無問題則通過，這次結集叫作第一結集或者五百結集。

佛陀涅槃百年之後，佛教僧團舉行第二次結集，出現了首次的分裂，分成二部，名爲「根本分裂」。分裂的原因，有教團組織分派的內部因素，也有社會變遷的外在因素，二者互相影響。這次的結集，參加的長老比丘共有七百人因此叫作「七百結集」。「七百結集」爭論的問題，各個部派律中記載不同。根據南傳佛教的說法，是因爲僧眾對於戒律產生嚴重的爭執，而致引發分歧。印度東部的跋耆族比丘，首先提出與原始教團相違的十條新戒律，受到東部僧團的普遍遵行。當時有印度西部波利族的長老耶舍，遊化到東方毘舍離城，對於跋耆族比丘乞受金銀的情況感到震驚，認爲此舉不合戒律，立即邀請西方的長老比丘來到毘舍離城結集，宣佈包含乞受金銀在內的「十事

非法」，據《俱舍論疏》記載：

> 佛陀涅槃後一百一十歲，毘耶離國十事出，是十事非法非善，遠離
> 佛法。不入修妒路、不入毘尼、亦破法相。是十事，毘耶離國諸比
> 丘，用是法行是法，言是法清淨，如是受持。何等十事？一者鹽淨；
> 二者指淨；三者近聚落淨；四者生和合淨；五者如是淨；六者證知
> 淨；七者貧住處淨；八者行法淨；九者縷邊不益尼師檀淨；十者金
> 銀寶物淨。〔註29〕

這「十事非法」沒有受到跋耆族比丘僧團的認同，他們另外大規模召集一萬名
比丘僧伽進行結集傳誦大會，以示反對，因此導致佛教教團第一次的分裂。此
後，波利族長老一派，稱作「上座部」；跋耆族一派人眾較多，名爲「大眾部」。

　　根據「北傳佛教」〔註30〕的說法，第一次分裂是由於對修行果位的看法

〔註29〕《俱舍論疏》第一卷，（大正藏41，頁458b）。

〔註30〕「北傳佛教」：總稱自北印度經中亞傳入中國、韓國、日本之佛教，及由尼泊
爾、西藏傳入蒙古一帶之佛教。又稱北方佛教。十九世紀，開始研究佛教之
歐洲學者，稱以錫蘭巴利語系統佛典流行之緬甸、泰國、高棉等國之佛教爲
南方佛教，故對此風格迥異，且多流行梵語佛典及其翻譯作品之上述地區佛
教，因自印度向北傳布，故稱北方佛教、北傳佛教。
西漢哀帝元壽元年（2 B.C.），佛教自印度經西域傳入中國內地，東漢末年佛
教典籍陸續譯出，佛教教義開始與我國傳統思想文化相結合，深入民間。魏
晉南北朝時期復與玄學揉合，於佛教經文翻譯、教義研究、寺院經濟等亦皆
有所發展，至隋唐而臻於鼎盛，形成天台、華嚴、法相、律、淨土、禪等宗
派。凡此，均係與我國本有文化融會而產生之大乘佛教。宋代以後，佛教漸
與儒、道融合。在西藏地區，佛教於七世紀傳入後，逐漸形成西藏佛教（俗
稱喇嘛教），後又傳至蒙古及西伯利亞等地區。
朝鮮於四世紀後期傳入中國佛教，七世紀以後更派遣僧人至我國求法，將我
國主要佛教傳入朝鮮，形成朝鮮禪宗派別曹溪宗之流行。
日本於六世紀前半葉自中國與朝鮮傳入佛教，迅即發展爲日本主要之宗教。
奈良時期（710～794）之佛教六宗：三論宗、法相宗、成實宗、俱舍宗、律
宗、華嚴宗等，均自中國傳入。九世紀又傳入天台宗、真言宗。十三世紀興
起淨土宗、淨土真宗、日蓮宗，並又傳入禪宗。宗派龐雜，以大乘爲主，間
雜有小乘。越南佛教主要於二世紀自中國傳入，後又傳入中國之佛教宗派，
以禪宗、淨土宗爲主，主要禪宗派別有滅喜禪派、無言通禪派、草堂禪派、
竹林禪派、了觀禪派、蓮宗派。
就整體而言，南方佛教保存較濃厚之印度原始佛教色彩，然並非僅有小乘；
北方佛教則多與傳承地之固有文化融合，以大乘爲主，但亦非只限於大乘。
然而，巴利語或梵語佛典本均源於中印度，故不論錫蘭或尼泊爾，均僅爲其
傳承地而已，若再擴大而包括上述地區，則以南、北二分佛教似不適當，亦
非確實之分類法。又一般北方佛教翻譯之經論浩如煙海，有梵文聖典、西藏

不同而引起。原始佛教主張阿羅漢是修行的最高果位，經過身心重重考驗的阿羅漢，已經斷盡一切生死煩惱，解脫輪迴。然而當時卻有一位大天比丘對此提出異議，認為阿羅漢並非圓滿果位，仍有五種侷限，他以偈誦表達：「餘所誘無知，猶豫他令入，道因聲故起，是名真佛教。」

然而，大天的主張立即遭到上座比丘們的反對，為此，雙方展開激烈的辯論。最後，贊成大天的多數比丘組成「大眾部」，反對大天的少數上座比丘組成「上座部」，而且被迫離開華氏城，遷移到印度西北的迦顯彌羅。

根本分裂之後，隨著教義、學說和戒律上的日漸分歧，經過一段時間，大約是佛涅槃一百年到二百年之間，二部逐漸形成十八部派。二百年到三百年的時候，就已擴大到二十部派了。

這些部派中，由大眾部分出的有：大眾部（Mahāsāṃghika）、一說部（Ekavyavahārika）、說出世部（Lokottaravādin）、雞胤部（Kukkuṭika）、多聞部（Bahuśrutīya）、說假部（Prajñaptivādin）、制多山部（Caitya）、西山住部（Aparaśaila）、北山住部（Uttaraśaila）等八部。由上座部分出的有：說一切有部（Sarvāstivadin）、雪山部（Haimavata）、犢子部（Vātsīputrīya）、法上部（Dharmottarīya）、賢冑部（Bhadrayānīya）、正量部（Saṃmatīya）、密林山部（Ṣaṇṇagarika）、化地部（Mahīśāsaka）、法藏部（Dharmaguptaka）、飲光部（Kāśyapya）、經量部（Sautrāntika）等十二部。〔註31〕

當佛滅一百年餘教團內出現種種問題，首先是戒律表面化的爭端，也表示部派的分化，兩次結集都跟律藏有關係。如第一結集（五百結集）是跋耆族的比丘們，依「大眾部」所傳五種法藏，崇尚自由生活，在戒律上過著較為寬弛的生活，為「上座部」的長老們所發現，乃有因議論大天造「大天五事」（北傳），及有糾正大眾部的「十種非法」（南傳）。最先因戒律而引起、糾彈的結果，這不但成為教團戒律表面化的爭論，亦演變為教團的分化。本來自「王舍城」〔註32〕五百結集以後，優婆離傳「八十誦律」，為正統的戒律。

譯、漢譯、蒙古譯、滿洲譯、日譯等，此外高僧祖師之著作甚豐，為南方佛教所不及。（佛光大辭典，頁1586）。

〔註31〕依《異部宗輪論》。

〔註32〕「王舍城」：王舍，梵名 rājagṛha，巴利名 rājagaha，音譯曷羅闍姞利呬四、羅閱祇。或譯王舍國。中印度摩羯陀國之都城。舊址位於恆河中游巴特那市（Patna）南側比哈爾（Behar）地方之拉查基爾（Rajgir）。頻婆娑羅王時，由上茅宮城（梵 Kuśāgrapura，音譯矩奢揭羅補羅，又稱舊王舍城、山城）遷至今地，為頻婆娑羅王、阿闍世王、韋提希夫人等在位時之都城。此城為佛陀傳教中心

當佛涅槃百年，異執逐漸興起，當時五師當中的第五師「優波毱多」有弟子五人：一、曇無德；二、薩婆多；三、迦葉遺；四、彌沙塞；五、婆麤富羅，對戒律各持異見，於是在律藏上分為五派：〔註33〕

曇無德部（Dharmagupta）：義譯作法密。所傳廣律為《四分律》六十卷，戒本為《四分僧戒本》一卷、《四分律比丘戒本》一卷、《四分比丘尼戒本》一卷。（姚秦佛陀耶舍譯）

薩婆多部（Sarvāstivāda）：義譯作「一切有」所傳廣律為《十誦律》六十一卷（姚秦弗若多羅、曇摩流支譯），戒本為《十誦比丘波羅提木叉戒本》一卷（姚秦鳩摩羅什譯）、《十誦比丘尼波羅提木叉戒本》一卷（劉宋法顯集出）、《根本說一切有部戒經》一卷（唐代義淨譯）、《根本說一切有部苾芻尼戒經》一卷（唐代義淨譯）。

彌沙塞部（Mahisāsska）：彌沙塞，意譯為不著有無觀。所傳廣律為《五分律》三十卷（劉宋佛陀什等譯），戒本為《彌沙塞五分戒本》一卷（劉宋佛陀什等譯）、《五分比丘尼戒本》一卷（梁朝明徽集）。

迦葉遺部（Kāśyapiya）：迦葉遺，意譯為重空觀。所傳廣律為《解脫律》，戒本為《解脫戒經》一卷（元魏般若流支譯）。

婆麤富羅部（Vātsuputrīya）：義譯作有行，也叫作犢子。此部所傳廣律為《摩訶僧祇律》四十卷（東晉法顯、佛馱跋陀羅譯），戒本為《摩訶僧祇律大比丘戒本》一卷（東晉佛陀跋陀羅譯）、《摩訶僧祇比丘尼戒本》一卷（東晉法顯、覺賢譯）。其律已經失傳。

各部派都認為自己的律藏最能保持原貌、最合乎傳統。要判斷何者為是，就要由相關的原始資料下手。今日存於大藏經中的聲聞律藏的資料，分成廣律、戒經及律論三大類。〔註34〕

現存的廣律如下：

（一）聖大眾部與聖犢子部：有《摩訶僧祇律》。

（二）聖說有部：有《十誦律》及《根本說一切有部毘奈耶》。

（三）聖上座部：有化地部的《五分律》，銅鍱部的《銅鍱律》。

地之一，附近有著名之釋尊說法地：迦蘭陀竹園、靈鷲山等。相傳佛陀入滅後第一次經典結集在此舉行。其後，阿育王將摩羯陀國首都遷至華氏城。（佛光大辭典，頁1511）。

〔註33〕張曼濤主編，《律宗概述及其成立與發展》，大乘文化出版社，1978，頁14～15。

〔註34〕林崇安著，《印度佛教的探討》，慧炬出版社，1995，頁143～144。

現存的戒經（波羅提木叉經、別解脫戒經）如下：
  （一）聖大眾部與聖犢子部：有《摩訶僧祇律大比丘戒本》及《摩訶僧
     祇比丘尼戒本》。
  （二）聖說有部：有根本說一切有部的《十誦戒本》及《根本說一切有
     部戒經》、《十誦比丘尼戒本》、《根本說一切有部苾芻尼戒經》。飲
     光部的《解脫戒經》。
  （三）聖上座部：有化地部的《彌沙塞五分戒本》、《五分比丘尼戒本》。
     法藏部的《四分戒本》、《四分僧戒本》、《四分比丘尼戒本》。銅鍱
     部的《比丘波羅提木叉》、《比丘尼波羅提木叉。》

現存的律論如下：
  （一）聖大眾部與聖犢子部：有《舍利弗問經》（爲二部共通）、《佛阿毘
     曇經》、《律二十二明了論》（後二本屬聖犢子部的律論）。
  （二）聖說有部：有《戒因緣經》、《薩婆多毗尼毗婆沙》、《根本薩婆多
     部律攝》、《優波離問佛經》。
  （三）聖上座部：有雪山部的《毘尼母經》、銅鍱部的《善見律毗婆沙》
     及巴利文律論。

二、《毘尼母經》與《八十誦律》的關係

　　根據上面所說《毘尼母經》是「上座部」之「雪山部」的律論。依《原
始佛教聖典之集成》印順法師說：

> 《毘尼母經》，八卷，「失譯人名，今附秦錄」。「毘尼母」，是「毘尼
> 摩得勒伽」Vinaya-mātṛkā 的義譯，爲『毘尼摩得勒伽』的另一傳本。
> 這是屬於雪山部 Haimavata，也就是先上座部 Pūrvasthavira 所傳承
> 的。先上座部爲說一切有部 Sarvāstivādin 的根源，所以這部『毘尼
> 母經』，在解說上，雖然廣略不同，意義也大有出入，但所解說的論
> 題（「律母」），與說一切有部本，尤其是『毘尼摩得勒伽』本，極爲
> 接近！〔註35〕

由此可見，《毘尼母經》乃「上座部」及「說一切有部」之根本傳承。又作
《毘尼母論》，或《毘尼母》，略稱《母經》、《母論》。是注釋《律藏》的〈犍

〔註35〕印順法師，《原始佛教聖典之集成》，正聞出版社，1971，頁 273。

度〔註36〕品〉的典籍。本書內容如下：

（1）卷一，先釋經名，其次說明善來比丘受具、三語受具，乃至建立善法上受具、不受具等諸種受戒法。

（2）卷二，說明單白、白二、白四羯磨，乃至訶責羯磨等各種羯磨法，及諫法、調伏法、舍戒、說戒、食法、別住、比丘尼法等事項。

（3）卷三，說明犯戒、迦絺那衣法、養生具等僧物，及五百結集等事項。

（4）卷四，內含七百結集、藥草、草蓆、病比丘法、自恣、說戒、出園法、破僧、住處、營事、治病法等事項。

（5）卷五，說明比丘所需之藥、酒，及不應畜諸物等之相關事項。

（6）卷六，說明出房、集會、安居、自恣、入僧、浴室、入白衣舍、家中法、經行、食法、嚼楊枝、涕唾、小便等法。

（7）卷七，說明犯罪之緣、和制、重制等。

（8）卷八，敘述相應不相應法、斷煩惱毗尼、比丘毗尼、比丘尼毗尼、少分毗尼等事項。

為什麼稱為「母經」？《毘尼母經》中已經定義：「此經能滅憍慢解煩惱縛；能使眾生諸苦際畢竟涅槃，故名母經」。〔註37〕如何叫毘尼？「毘尼者，名滅滅諸惡法，故名毘尼」。〔註38〕因為此經所有這些功能，所造成許多功德所以被稱為「母經」。

《毘尼母經》有頌：「母義今當說，汝等善聽之。是中文雖略，廣攝毗尼義，依初事演說。智慧者當知，一切經要藏，皆總在此中。律藏外諸義，母經中可得。」〔註39〕

因此，所謂「毘尼母」乃指毘尼之母。亦即律藏之摩呾理迦，指有關律藏的論。又卷六記載：「尊者迦葉惟說曰，得用石用瓦，疊無德不聽也。」〔註40〕因此，認為不如將此經看作是《四分律》的注解。但是，其犍度的分類又與《四

〔註36〕「犍度」：梵語 skandha，巴利語 khandhaka 之音譯。又作揵度、建陀、建圖、乾度、塞建陀、娑揵圖。意指蘊、聚、眾、分段。即分類編集，而將同類之法聚集一處之謂。相當於品或節。係有關受戒、布薩、安居等僧團內之儀式作法，與日常生活之規定條文，經由分類整理而成者。(佛光大辭典，頁 5520)。

〔註37〕《毘尼母經》第一卷，大正藏 24，頁 801a。
〔註38〕《毘尼母經》第一卷，大正藏 24，頁 801a。
〔註39〕《毘尼母經》第一卷，大正藏 24，頁 801a。
〔註40〕《毘尼母經》第六卷，大正藏 24，頁 838b。

分律》有所不合。

還有，《毘尼母經》與《八十誦律》有甚麼關係？

依佛教史上的第一次結集，一切「經藏」與「律藏」是用口傳方式來誦的。由阿難尊者誦出「四阿含」爲「經藏」；由優波離尊者，昇座八十次而誦出《毘奈耶》爲「律藏」，經過大眾印証、認可後，成爲最初的根本「律藏」，全名《八十誦律大毘尼藏》。這是一切戒律的根本。《八十誦律》是由八大部分組成，合併稱爲「五篇」。這些戒條是佛陀根據當時僧團所發生的具體過犯而制定。《四分律》、《五分律》的出現也是後世學者依此根本律，再推演發展出。不過，因爲當時的結集只有口誦、心記，並没有付諸于文字，所以這部律今已失佚。

上面所講，《毘尼母經》被推定爲於先上座部（Sthavira）而轉名的雪山部（Haimavata）。此部派把這部經看成自己的根本律。而上面所講《毘尼母經》被認爲是《八十誦律》的異本。

關於本經的翻譯，《開元釋教錄》卷十三記載：

> 其《毘尼母經》，《大周錄》云：「東晉太安年符蘭譯，出法上錄。」謹按帝王代錄，於東晉代無太安年，其太安年乃在西晉惠帝代。其法上錄尋之未獲。年代既錯，未可依憑。又檢文中有翻梵語處皆曰秦言。故是秦時譯也。今爲失譯，編于秦錄。〔註41〕

三、《毘尼母經》中的「摩呾理迦」

上面所說摩呾理迦是犍度的雛型。因此，早期摩呾理迦對佛弟子非常重要。學佛法者要摩呾理迦而去了解經、律的意義。一般來說，每個初出家的人，都要從摩呾理迦背熟。這樣學習的方式也就是早期的一種「經分別」（就是弟子們問佛陀回答）。譬如問「謂何佛？」，佛就回答：「所謂佛……」、「謂何法？」，「所謂法……」「謂何羯磨？」、「謂何安居？」等等。其後屬於律的摩呾理迦才擴編爲犍度。根據印順法師已講《毘尼母經》的摩呾理迦有 238 項，而在本文的結構，筆者已選同類的摩呾理迦集合成幾個內容而分析，具體的內容請往下看。

〔註41〕《開元釋教錄》卷 13，大正 55，頁 620a。

第三節　小　結

　　本章主要提到原始佛教之「經」與「律」的傳誦是以口傳方式爲主。雖然有三個方式，不過，特地使用「摩呾理迦」爲主要。「摩呾理迦」有兩種就是法和律，而《毘尼母經》的「摩呾理迦」屬於律的「摩呾理迦」。此經總有238項「摩呾理迦」就是僧伽規制的綱目如受戒，布薩，安居、自恣，以及一切日常生活。可以說，當時「摩呾理迦」就是僧眾學律主要的方式。

第三章　對「羯磨」有關的「摩呾理迦」

第一節　僧　團

一、僧團的概念

「僧」的梵語是 saṃgha，是「僧伽」的簡稱。「僧伽」一詞，在佛教興起以前，早在古印度的社會中普遍使用。當時由於工商業的蓬勃發展，富人們於是依職業性質組織許多不同的團體，有如同現代的同業公會似的，這樣的團體，即名爲「僧伽」；乃至當時所有的政治體制，也都稱爲「僧伽」。〔註1〕這些在社會上通用的名稱，後來被宗教團體吸收、引用。因此，不論是佛教、耆那教或波羅門教的各宗教團體也都稱爲「僧伽」。本來，所謂「僧」的本意不只限制於「出家人」，而且指在家人信徒集體的總稱，只要有共同團體、共同生活在一起都稱爲「僧」，所以「僧」含有「群眾」或「聚」的意思。由此可知，原來的「皈依僧」的意義是「皈依團體」而不只是皈依「出家人」的意義。

後來「僧」那個詞被佛教團體專用指於「出家眾」〔註2〕而已。如《中阿含經》的〈教化病經〉載：「有若干姓異名異族，剃除鬚髮，著袈裟衣，至信捨家、無家，從佛學道，是名爲眾。」〔註3〕另《大智度論》卷三載：「僧伽，

〔註1〕　于凌波著，《釋迦牟尼與原始佛教》，東大圖書公司出版社，1993，頁145。
〔註2〕　佛陀初轉法輪時，皆以男眾爲中心，教團裡只有了比丘，還沒有比丘尼、優婆塞、優婆夷等佛門弟子。所以，在一定地區，人數至少四位比丘以上，才被承認是「僧伽」。
〔註3〕　《中阿含經》第六卷，大正藏01，頁459c。

秦言眾，多比丘一處和合是名僧伽。譬如大樹叢聚，是名為林，一一樹不名為林，除一一樹亦無林；如是一一比丘不名為僧，除一一比丘亦無僧，諸比丘和合故僧名生」。〔註4〕

　　僧伽在其他團體使用時，指的是整個團體而言。而在世尊的教團中，以後在使用上有了些變化。也就是說，如果是指教團全體而言，自然是稱僧伽，但如果是指一部分，不是指全體而言時，則至少要有二十位以上比丘，才可稱是僧。到後來，因為邊地出家人少，所以四位比丘以上，就被承認是僧了。

　　釋尊初轉法輪時，僧伽是以比丘為主，但到後來教團裡有了女眾出家當比丘尼，「僧」從此被專用指「二部僧」就是「比丘僧」與「比丘尼僧」兩部。

　　另外，經典裡面常記載：「四眾同修」，那麼「四眾」是指什麼？「四眾」梵語 catasraḥ parṣadaḥ，巴利語 catasso parisā，指構成佛教教團之四種弟子眾。又稱四輩、四部眾、四部弟子，即比丘、比丘尼、優婆塞（upāsaka：即在家親近奉事三寶、受三歸、持五戒之男居士）、優婆夷（upāsikā：即親近三寶、受三歸、持五戒、施行善法之女眾）。因此當時「四眾」也帶著「僧伽」的意義。

　　總之，根據後來這個意義，就是佛教中以四位以上的出家人在一起辦道，而且是有組織、有系統、有紀律的修行團體，則稱為「僧」。

　　從這個意義來說「僧」，意譯為「和合眾」，即指信奉佛陀教義，修行佛陀教法的出家人，亦指奉行二種條件：「理和」〔註5〕與「事和」〔註6〕的僧團。

　　「僧伽」又名「僧侶」〔註7〕或「海眾」〔註8〕等。

　　因此，「僧伽」的和合精神不是那些共同目的的人生活在一起；更不是為了共同一個權利的一個團體結合起來而鬥爭保護權利。所以，如果一個國家的全民團結成為一個團體，共同分享利益與本分，都有共同的理想……也不能稱為「僧伽」。

　　由此可見，佛陀的出家眾在一起生活要同有「理和」與「事和」才能成

〔註4〕　《大智度論》第三卷，大正藏25，頁80a。

〔註5〕　「理和」：即遵循佛教教義，以涅槃解脫為目的。

〔註6〕　「事和」：即「六和敬」：戒和同修、見和同解、身和同住、利和同均、口和無諍、意和同悅。

〔註7〕　「僧侶」：《大乘義章》，卷十（大正44，頁656a）載：「住聖菩薩，單一無侶，只不成僧。」此說明僧為伴侶之意，亦即與「眾」同義。

〔註8〕　「海眾」：眾僧和合如海水一味，故以海為喻，而稱「海眾」。

爲「僧」。如果佛陀的出家弟子團結、和合，但那個和合的精神不反映佛陀的基本教義，那這個團體也不能稱爲「僧」。換言之，根據律藏所規定，如果比丘的生活不遵守羯磨的原則，那麼不管有和合也是非法和合，這樣就不能成就「僧」的本體。

二、僧的成分

　　原始與基本的「僧伽」是各位已受比丘戒的人。因此，那時佛陀的僧團只有一個成分是「比丘眾」。然後佛陀爲了度羅睺羅出家，所以僧團裡也加上了「沙彌眾」。〔註9〕

　　後來姨母摩訶波闍波提〔註10〕和五百釋迦女也請求佛陀允許她們出家爲比丘尼。從此，僧團又有「比丘尼眾」，有了「比丘尼眾」必然會有「式叉摩

〔註9〕　「沙彌眾」：梵語 śrāmaṇeraka 或 śrāmaṇera，意譯：求寂，勤策男（請參閱荻原雲來編纂，《漢譯對照梵和大辭典》下，新文豐出版公司，1988，頁1354），巴利語 sāmaṇera。全稱室羅摩拏洛迦、室羅末尼羅。又作室羅那拏。意譯求寂、法公、息惡、息慈、勤策、勞之少者。即止惡行慈、覓求圓寂之意。爲五眾之一，七眾之一。指佛教僧團（即僧伽）中，已受十戒，未受具足戒，年齡在七歲以上、未滿二十歲之出家男子。同此，出家女子稱沙彌尼（梵 śrāmaṇerikā，巴 sāmaṇerī）。以其勤於策勵成爲比丘、比丘尼者，故前者譯爲勤策（勤策男），後者譯稱勤策女。

摩訶僧祇律卷二十九以年齡區別沙彌爲三種：（一）驅烏沙彌，年在七歲至十三歲之間，已有驅走曬穀場上烏鳥之能力。（二）應法沙彌，年在十四歲至十九歲之間，不久即可參與出家生活之沙彌。（三）名字沙彌，年齡已超過二十歲，然尚未受具足戒，仍爲沙彌者。以上三者合稱三沙彌。

沙彌所受之戒稱勤策律儀，又稱沙彌戒，凡十戒，即：（一）不殺戒，（二）不盜戒，（三）不婬戒，（四）不妄語戒，（五）不飲酒戒，（六）離高廣大床戒，（七）離花鬘等戒，（八）離歌舞等戒，（九）離金寶物戒，（十）離非食時戒。又據沙彌十戒法並威儀法載，沙彌日常須守十四事、七十二威儀。在佛教僧團中，首位沙彌爲羅睺羅。至後世，對受持十戒之沙彌，稱爲法同沙彌，剃髮而未持戒者，則稱形同沙彌。此外，日本有所謂在家沙彌，係指剃髮而有妻子之修行者。（佛光大辭典，頁2976）。

〔註10〕　「摩訶波闍波提」：梵名 Mahāprajāpatī，巴利名 Mahāpajāpatī。又譯作摩訶鉢剌闍鉢底、摩訶卑耶和題。或略稱波闍波提。意譯作大愛道、大勝生主、大生主、大世主。又稱波提夫人。或稱摩訶簸邏闍鉢提瞿曇彌（梵 Mahāprajāpatī-gautamī，巴 Mahāpajāpatī gotamī）譯作大愛道瞿曇彌、瞿曇彌大愛，或略稱瞿曇彌。梵語 gautamī，意爲釋迦族瞿曇姓之女。摩訶波闍波提爲古印度天臂城善覺王之女。（佛光大辭典，頁6078）。另外，依荻原雲來博士編纂，《梵和大辭典》下，新文豐出版公司，1988，頁823記載：prajāpatī 即「śākyamuni の叔母で乳母あるで婦人の名」，即佛母摩訶摩耶之妹，釋迦牟尼佛之姨母。

那眾」〔註11〕與「沙彌尼眾」的存在。

於是僧團於爲成立，是包括比丘、比丘尼、式叉摩那、沙彌、沙彌尼五眾出家弟子的完整組織。

僧團成立之初，弟子們以佛陀爲信仰中心，共同過著梵行自律的清淨生活。佛陀自稱是僧團中的一員，從不以領導者自居，面對這樣和樂的僧團，佛陀只提出「財利共享」、「法味同受」的觀念。隨著佛法的弘傳，徒眾日增，成員漸趨複雜，爲了維持僧團內部的和合共住，佛陀於是隨順因緣，開始制戒，所以羯磨法也從此就開始成立。

三、僧的分類

「僧」有三種分類：（一）足數分類；（二）性派分類；（三）住處分類。

（一）足數分類

雖然一個比丘或比丘尼是「僧」的成分，但如果屬於團體的活動就要隨著「僧事」〔註12〕而要達到足數，這樣那個「僧事」才算是成就。這種分類有如下四個：〔註13〕

1、四人僧

這是最少的足數，四個人以下不能稱爲「僧」。這種人數，除了不能出「僧殘」〔註14〕罪、授戒、邊地授戒、自恣之外，一切羯磨均可以四人成就。

〔註11〕「式叉摩那」：梵語 śikṣamāṇā，巴利語 sikkhamānā，即未受具足戒前學法中之尼眾。又作式叉摩那尼、式叉摩尼、式叉尼、式叉摩拏，意譯作學戒女、正學女、學法女。蓋受具足戒之前，凡二年內，須修學四根本戒和六法，即學習一切比丘尼之戒行；藉此二年之時間，以驗知是否有姙，並藉修行戒法磨練其性情，使習慣出家生活，以堅固其道心。四根本戒即戒婬、戒殺、戒盜、戒大妄語等四重戒。六法指染心相觸、盜人四錢、斷畜生命、小妄語、非時食、飲酒。（佛光大辭典，頁 2421）。

〔註12〕「僧事」：僧團的活動如：說戒、布薩、受戒、安居……。

〔註13〕《四分律》卷 44，〈瞻波捷度〉，《大正藏》第 22，頁 885a。

〔註14〕「僧殘」：梵語 saṃghāvaśeṣa。音譯僧伽婆尸沙。五篇七聚之一。指戒律中僅次於波羅夷之重罪。又作眾餘、眾決斷、僧初殘。犯者尚有殘餘之法命，如人被他人所斫，幾瀕於死，但尚有殘命，宜速營救，依僧眾行懺悔法，除其罪，猶可留於僧團。此亦相對於波羅夷之無殘而言。比丘、比丘尼僧殘之數不同，依四分律比丘有十三戒，故有「十三僧殘」之稱：（一）故出精戒，（二）摩觸女人戒，（三）與女人粗語戒，（四）向女人歎身索供戒，（五）媒人戒，（六）過量房戒，（七）有主僧不處分房戒，（八）無根重罪謗他戒，（九）假

2、五人僧

這是自恣羯磨及邊地授戒羯磨的最少限度的人數。除了不能出「僧殘」罪及授戒之外，一切羯磨均可以五人成就。

3、十人僧

除了不能出「僧殘」罪，其餘一切羯磨均可成就，主要乃是授具足戒所要求的人數。

4、二十人僧

這是出「僧殘」罪的最少限度的人數，這也是能夠成就一切羯磨的人數。

（二）性派分類

因爲性派不同，所以「僧伽」大概分爲兩部：「比丘僧」與「比丘尼僧」。不過，爲了分別清楚，中國人常叫比丘尼團體是「亞僧」，但這個叫法其實不正確。依律藏來說比丘與比丘尼都共同稱爲「僧」。因此，在羯磨文中，沒有運用到「亞僧」那個詞。

（三）住處分類

依住處而分類就有兩種：1、「招提〔註15〕僧」；2、「常住僧」。原始佛教

根謗戒，（十）破僧違諫戒，（十一）助破僧違諫戒，（十二）污家擯謗違僧諫戒，（十三）惡性拒僧違諫戒。比丘尼之戒數依四分律有十七條：（一）媒人戒，（二）無根軍罪謗他戒，（三）假根謗戒，（四）言人戒，（五）度賊女戒，（六）界外輒解三舉戒，（七）四獨戒，（八）受漏心男食戒，（九）勸受染心男子衣食戒，（十）破僧違諫戒，（十一）助破僧違諫戒，（十二）污家擯謗違諫戒，（十三）惡性拒僧違諫戒，（十四）習近住違諫戒，（十五）謗僧勸習近住違諫戒，（十六）瞋心捨三寶違僧三諫戒，（十七）發起四諍謗僧違諫戒。其中，（一）、（二）、（三）、（十）、（十一）、（十二）、（十三）之七戒與比丘相同。故比丘、比丘尼不共之僧殘唯十戒。

犯僧殘罪，須於二十人以上之清淨大眾前懺悔，並服從僧團之處罰。關於懺悔滅罪法，依彌沙塞五分戒本、十誦比丘尼波羅提木叉戒本所載，比丘若故意覆藏，應隨其覆藏之日期行別住，別住之期限已畢，六夜六日間行摩那埵（梵 mānatva），此行已畢，依清淨比丘二十人，作出罪羯磨，始除滅其罪，得再返回僧團中；若無覆藏，與犯戒同時發露，可令直行摩那埵。於比丘尼之情形，則須清淨之比丘、比丘尼各有二十人，此爲異於比丘之處。（佛光大辭典，頁 5742）。

〔註15〕「招提」：梵語 cātur-diśa，巴利語 catu-disa。音譯柘鬥提舍。又作招鬥提舍。意譯四方、四方僧、四方僧房。即指自四方來集之各方眾僧（即招提僧）均可止宿之客舍。故爲僧團所共有之物，可供大眾共同使用者，即稱爲招提僧物，或四方僧物。（荻原雲來博士編纂，《梵和大辭典》上，新文豐出版公司，

時期，僧眾沒有住在固定的一個住處。佛陀在鹿野苑初轉法輪，為憍陳如等五人說法，度他們為比丘僧，這是僧團成立的端緒。那時他們都以「阿蘭若」〔註 16〕作為僧眾住處。他們證聖果之後，佛陀讓他們到處弘法。他們的生活是「三衣一缽，日中一食，樹下一宿」。這是初時的招提僧的生活。到阿育王時代，精舍〔註 17〕被建立，比丘也開始常住在一個地方，從此就有「招提僧」與「常住僧」的區別。後來，因為「常住僧」團體發展，所以僧團的分布越

1988，頁 465）。

據《增一阿含經》卷十四載，毘沙鬼以一山谷布施招提僧。《高僧法顯傳》載，營建四方僧房，以供給客僧。又《翻譯名義集》卷七載，北魏太武帝於始光元年（424）造立伽藍，稱為招提，世人遂以招提為寺院之別稱。據玄應音義卷十六記載，梵語 cātur-diśa，音譯柘鬥提奢，略作柘提，一般皆以柘、招字形近似而訛作招提。另據續高僧傳卷二達摩笈多傳、慧琳音義卷二十六等載，亦有將招提二字之義解為：招，即招引；提，即提攜，此說更見謬誤。又據慧琳音義卷四十一載，制底（梵 caitya），古稱支提、招提；此係誤將招提與制底混同，故其說亦謬。（佛光大辭典，頁 3261）。

〔註 16〕「阿蘭若」：梵語 āraṇya，意譯山林に住む，山林にて生長する；野生の。（荻原雲來博士編纂，《梵和大辭典》上，新文豐出版公司，1988，頁 205。）；巴利語 araññā 之音譯。又作阿練茹、阿練若、阿蘭那、阿蘭攘、阿蘭挐。略稱蘭若、練若。譯為山林、荒野。指適合於出家人修行與居住之僻靜場所。又譯為遠離處、寂靜處、最閒處、無諍處。即距離聚落一俱盧舍而適於修行之空閒處。其住處或居住者，即稱阿蘭若迦（梵 āraṇyaka）。

據《慧苑音義》卷上載，阿蘭若有三種：（一）達磨阿蘭若（梵 dharma-araṇya），乃求菩提之道場。（二）摩登伽阿蘭若（梵 mātaṅga-araṇya），即墳場，或距村落一俱盧舍，即大牛之吼聲不能聽聞之處。（三）檀陀伽阿蘭若（梵 daṇḍaka-araṇya），即無人煙之沙磧。至後代，一般之寺院精舍亦稱阿蘭若，多位於遠離繁囂城市，而又便於出家、在家人出入之僻靜郊野。此外，比丘為修行而常居於阿蘭若，稱阿蘭若行，屬於十二頭陀行之一。（佛光大辭典，頁 3697）。

〔註 17〕「精舍」：又做精廬。意為智德精練者之舍宅。即寺院之別稱。經典中雖屢見精舍一詞，然其原語不一，如雜阿含經卷二十一之雞林精舍（梵 Kukkuṭārāma）、法句譬喻經卷一之美園精舍（梵 ghoṣitārāma）、別譯雜阿含經卷二之耆陀精舍（梵 Jetavanānāthapiṇḍadasyārāma）、大唐西域記卷七之不穿耳精舍（梵 Aviddhakarṇa-saṃghārāma）等，此或以阿藍摩（梵 ārāma，巴同），或以僧伽藍（梵 saṃghārāma，巴同）譯為精舍；而中阿含卷四十九大空經之加羅釋精舍（梵 ghaṭāya-sakkassa-vihāra）、迦羅差摩釋精舍（梵 kālakṣemakasya-sakyasya-vihāra）、摩訶僧祇律卷八之仙人聚落精舍（梵 ṛṣigrāma-vihāra）、叢林精舍（梵 piṇḍavana-vihāra）等，則是以毘訶羅（梵 vihāra，巴同）譯為精舍；此外，亦有以阿練若（梵 āraṇya，巴 araññā）、求呵（梵 guhā，巴同），及梵語 nivāsana 巴同）、agāra-śāla（巴 agārasāla）、āvasatha（巴同）等，譯為精舍者。（佛光大辭典，頁 5883）。

來越廣，這也是部派佛教出現的原因。

第二節　「業」與「羯磨」

一、「業」

「業」古印度語稱爲羯磨，梵語爲 Karma，巴利文是 Kamma，中文翻譯爲「業」。「業」有三種含義：一者、造作；二者、行動；二者、做事。在佛陀未出世之前的古印度，人們對「業」的解釋爲「做事情」。他們認爲因爲有欲，故有種種的欲向與慾望，我們的意念就有意志與方向，因爲有欲向就會造「業」，有「業」故有果報。佛教用語中的「業」特別有「造作」之意。我們起心動念，對於外境與煩惱，起種種心去做種種行爲。行爲可分爲身、口、意：用身體去做，用口去講或心裏在想，這些都是行動，稱爲「造作」，也稱爲「業」。這樣的一個造作過程，就會招感到將來的果報，從果報來看它的原因，就有所謂「業」的因；從「業」的因到「業」的果報，就有所謂的「業力」，既是說由「業力」與外緣配合形成果報，就是所謂的「業力」。

《毘尼母經》中所記載：「云何爲業？思業、行業；可思業故思業非可思業；可受業、不可受業；少受業、多受業；已受業、未受業；色業、非色業；可見業、不可見業；有對業、無對業；聖業、世間業；現身受業、生受業、後受業；趣惡業、趣天業、趣涅槃業。」〔註18〕

可見，《毘尼母經》的「業」的概念有多種多樣的：「思業」中的「思」是考慮的意義，那麼「思業」就是考慮是「業」；「行業」中的「行」是行爲、行動，所以「行業」的意義就是行爲、行動也是「業」。

「可受業」、「不可受業」中的「受」，梵語是 vedanā，巴利語同。又譯爲痛、覺是心所〔註19〕之名，爲五蘊〔註20〕之一。那麼，受或不可受也是「業」。

〔註18〕《毘尼母經》第二卷，大正 24，頁 807b。

〔註19〕「心所」：梵語 caitta, caitasika，巴利語 cetasika。又作心數、心所有法、心所法、心數法。從屬於心王。乃五位之一。與心相應而同時存在，爲種種複雜之精神作用。以從屬於心，故對心所而言，心謂「心王」。心王與心所之間，有所謂五義平等（所依平等、所緣平等、行相平等、時平等、事平等）之相應關係，故心所又稱相應法、心相應法。離此心王，是否別有心所之體，對此，有部主張別體說，其他諸派另有多種異說。（佛光大辭典，頁 1403）。

〔註20〕「五蘊」：梵語 pañca-skandha，巴利語 pañca khandhā。又作五陰、五衆、五

　　然後兩對「少受業、多受業」；「已受業、未受業」的是承受的意思。

　　「色業、非色業」的「色」，梵語是 rūpa，巴利語同。rūpa 係自 rūp（造形）之動詞語根變化而來，故含有「有形狀」之意。又謂 rūpa 是由 rū（壞）之動詞語根轉變而來，有變壞、變化之意。廣義之色，為物質存在之總稱。狹義之色，專指眼根所取之境。

　　「可見業、不可見業」的「見」，梵語是 dṛṣṭi（を見ること，……を注視すること，視ること；視力，視覺；知能；眼……），〔註 21〕音譯達利瑟致。觀視、推度之義。指由眼所見或推想，而對某事產生一定之見解。意謂見解、思想、主義、主張。有正見、邪見等。

　　「有對業、無對業」中的「有對」，梵語是 sa-pratigha，pratigha 指障礙，抵抗，妨害；漢譯對，有對，對治等，〔註 22〕為「無對」之對稱。對，為礙之意。有對，即法有礙之意。礙有二種，即障礙與拘礙。五根、五境及心、心所等諸法，受障礙而不生，或被所取所緣之境所拘礙而不能轉他境，稱為「有對」。

　　「現身受業」就是今世受業；「生受業」的「生」梵語是 jāta 或 jāti，指生，所生，已生，生在，深生等，〔註 23〕意思就是指由過去之業力而正確結以當來果就稱為「生受業」。「後受業」就是下世受到的業。

　　「趣惡業」中的「趣惡」即是惡趣，梵語是 durgati，巴利語 duggati，指悲慘，不運，貧窮；地獄，漢譯惡道、惡趣、惡處、惡有，〔註 24〕為「善趣」之對稱。趣，為往到之義。即由惡業所感，而應趣往之處所稱為「趣惡業」。一般以地獄、餓鬼、畜生三趣稱為三惡趣。

　　「趣天業」中的「趣天」指天趣、天道、天界，指在迷界之五趣及六趣中，最高最勝之境界。在初期佛教中，對凡夫信徒修行最高的目的來說，則

聚。三科之一。蘊，音譯作塞健陀，乃積聚、類別之意。即類聚一切有為法之五種類別。（一）色蘊（梵 rūpa-skandha），即一切色法之類聚。（二）受蘊（梵 vedanā-skandha），苦、樂、捨、眼觸等所生之諸受。（三）想蘊（梵 saṃjñā-skandha），眼觸等所生之諸想。（四）行蘊（梵 saṃskāra-skandha），除色、受、想、識外之一切有為法，亦即意志與心之作用。（五）識蘊（梵 vijñāna-skandha），即眼識等諸識之各類聚。（佛光大辭典，頁 1212）。

〔註 21〕荻原雲來編纂，《漢譯對照梵和大辭典》上，新文豐出版公司，1988，頁 605。
〔註 22〕荻原雲來編纂，《漢譯對照梵和大辭典》下，新文豐出版公司，1988，頁 830。
〔註 23〕荻原雲來編纂，《漢譯對照梵和大辭典》上，新文豐出版公司，1988，頁 498。
〔註 24〕荻原雲來編纂，《漢譯對照梵和大辭典》上，新文豐出版公司，1988，頁 592。

以生天為主，謂依道德行善，即可生天，就稱為「趣天業」。

「趣涅槃業」：「涅槃」是指「聖人」修行最高的目的，精進修行達到解脫、了生脫死的程度稱為「趣涅槃業」。

二、羯 磨

上面所講「業」古印度語稱為「羯磨」，是梵語 karma 的音譯，巴利語是 kamma。那麼，什麼時候稱為「業」？什麼時候稱為「羯磨」？

前面所講，「業」意指人的行動或行為。行為也有「個人行為」和「團體行為」。因此，想把兩個範疇分別清楚，漢語常用「羯磨」這個詞來表達「團體行為」也是「辦事作法」的意思；用「業」那個詞來表達「個人行為」。

依佛教來說沒有哪個有意志的行動而不受相當的後果。行為的動力是意志，就是論藏的術語常成為「思」。〔註25〕意志的活動通過「身」與「語」的表現。意志達到最高的目的時候，根本業道成就。但不管屬於「身」或「語」的行為，都要經過三個階段。〔註26〕第一階段是「加行〔註27〕業道」，就是行

〔註25〕「思」：梵語 cetanā，或 cint。心所之名。為造作之義。為七十五法之一，百法之一。即對境審慮而引起心、心所造作之精神作用。近於現代語所謂之「思想」、「意志」等。思，在俱舍宗為十大地法之一，恆與一切之心相應。在唯識宗為五遍行之一，當心起時，必有思之作用。蓋思乃令心、心所造作之法，為身語意三業之原動力。
依俱舍論卷十三載，思有思惟思、作事思二種：（一）豫先思惟所應作之事，稱為思惟。（二）欲作其事之思，稱為作事思。此二者共稱為思業：若已發動身、語二業，則稱思已業。於此，思業同於意業，以心所之思為其體；思已業同於身、語二業，以色聲為其體。然經部與大乘唯識宗則皆以思為三業之體。
據成唯識論卷一載，思有三種：（一）審慮思，先對境取正因、邪因、俱相違等之相，加以審察考慮。（二）決定思，審慮之後，決定其意。（三）動發勝思，決定其意後，發動身、語二業，令發生作用。三者同於瑜伽師地論卷五十四所說之加行思、決定思、等起思。前二者相當於俱舍論之思惟思，後一者相當於作事思。然俱舍等主張思惟、作事二思以心所之思為體，別於以色聲為體之身語二業，而大乘則主張三業皆以思為體，是為二者相異之處。又大乘依「思乃造作之義」，而以眼觸所生乃至意觸之六思身為行蘊；然於俱舍等則謂，行蘊並不限於思，而廣攝其他之心所及不相應法。（佛光大辭典，頁 3807）。

〔註26〕「業」的三階段：加行業道；根本業道；後起業道（《大毘婆沙論》卷 113-大正 27，583b）。

〔註27〕「加行」：梵語 prayoga。舊譯方便。即加功用行之意。乃針對正行之預備行。據成唯識論卷九、大乘法苑義林章卷二末之說，接近見道的四善根之位，特

動的準備階段。第二階段是「根本業道」，是行爲達到最高的目的之時。最後是「後起業道」，就是接著根本業道已成就的階段。這些階段不只針對個人行爲，而也針對各種團體行爲。譬如受具足戒之場合，受戒者因羯磨而得戒體。換言之，無表〔註 28〕戒體已經在戒子〔註 29〕身心上生起使比丘本質在戒子現有，這個成就是「團體行爲」，就由「羯磨」或「辦事作法」而成就。根本業道成就，即是在僧第三次羯磨完畢時，無表戒體才能在戒子身心上生起。前面一切階段，如從戒子發起求受具足的心念，乃至僧第三次白羯磨，都叫「加行業道」。然後，僧第四次白羯磨，無表戒體已在戒子身心上生起，那時「根本業道」才成就。從此，那些傳授四依法，四器，與其他的事都稱爲「後起業道」。因此，基本上，沒有分別「個人業」與「團體業」。總之，羯磨成就或沒成就附屬多個因素，少了其中之一的因素就羯磨算是不成。

　　若以現代的術語解釋，佛教的羯磨法，便是一種特有的議事法或會議法；羯磨法在佛教中的重要性，相似一個國家的國會會議的重要性。沒有健全的議事法，絕難產生理想的民主制度，佛教僧團之能完全合乎民主精神，便是由於

稱加行，然亦廣通資糧位，瑜伽師地論卷三十一之白品與黑品中，各舉出相應、串習、無倒、不緩、應時、解了、無厭足、不捨軛、正等九種加行之法，即爲其意。加行又指密教接受灌頂、授戒、宗脈相承等儀式之前，所須預修之特定行法，有所謂四度加行，即指正式授予傳法灌頂（正行）之前所傳授之十八道、金剛界、胎藏界、護摩等四法，爲密教行者修行之第一階段，迄今猶頗受重視。其中，依次有加行、正行之分別。所謂加行得，即以種種功力修行而證得者，乃相對於先天即能見道之「生得」而言；由此所起之善，稱爲加行善。又加行道，即指修行者達到涅槃四道中之第一道，亦即修戒、定、慧之階位。（佛光大辭典，頁 1570）。

〔註 28〕「無表」：也叫無表色。梵語 avijbapti-rūpa。又作無表業、無作色、假色。或單稱無表、無作、無教。爲「表色」、「表業」之對稱。俱舍七十五法之一。即於身中恆轉相續，具有防非止惡或與之相反的障妨善德之功能，而又爲不可見，且無障礙性之色法。此爲小乘説一切有部之宗義，即認爲無表色係以身業與口業爲緣，生於吾人身內的一種無形色法；以其具有防非或妨善之功能，故以之爲受戒之體；然因不顯於外，故稱無表；又以其乃身內之地、水、火、風等四大所生，故謂之色；然雖屬色法，卻不如其他色法之具有可見性、物質性、障礙性等。入阿毘達磨論卷上（大二八・九八一上）：「無表色者，謂能自表諸心心所轉變差別，故名爲表；與彼同類而不能表，故名無表。」（佛光大辭典，頁 5097）。

〔註 29〕「戒子」：即受戒之弟子。又稱戒弟、戒徒。蓋於授戒會中，爲避免與戒師混稱，乃特稱受戒之人爲戒子。又授戒會中，經常隨侍戒師之側，以應其所需而設之職稱，稱爲戒侍者、戒侍。另有手持香臺，隨從戒師左側，於戒師上殿時，輔佐戒師燃香之侍者，稱爲戒侍香。（佛光大辭典，頁 2904）。

羯磨法的功效。現代民主制度的內容是民治、民有、民享，佛教的羯磨法的目的，是在造成僧團生活的六種和敬。從原則上說，佛教的六和敬，是絕對民主的民主生活，這一民主精神的維持與保護，便是羯磨法的責任與功能了。

通常所說的「僧事僧斷」，也就是以僧團大眾的意見和力量，來解決僧團大眾之中的各種事業，能夠團結僧團大眾的，便是羯磨法。成就善舉，要靠羯磨法；去除惡業，也要靠羯磨法；成善去惡的主宰，雖是僧團大眾，僧團大眾之能成善去惡，仍有賴於羯磨法的促成。所以，一個沒有會議的團體，絕不是民主的團體，一個部行羯磨法的僧團，也不可能是六和敬的僧團。因此，我們明瞭在僧團的生活裡不能缺少羯磨法的。

凡是受戒、說戒、懺罪，以及各種僧事的處理，要有羯磨，意指生善滅惡之作法，所以羯磨又被解為「辦事」或「辦事作法」。

（一）羯磨的對象

一般來說，在羯磨法中，也有規定：凡是如法、如律的羯磨法，便不許可無理取鬧而橫加破壞。如有一個無理取鬧而破壞如法如律的羯磨法者，僧團便可對一人而作羯磨；如有四人以上的小集團取鬧而別作羯磨者，便得破羯磨僧罪。所以佛教的羯磨法是一種極其周詳的議事法。

羯磨法的對象包含法（羯磨之作法）、事（有關羯磨之所有事實）、人（與羯磨有關之人）、界（行羯磨之場所）等四者，一般稱為羯磨四法。如果不具備這個四法，羯磨才能成立。

（一）法：即是羯磨法的本身，必是出於羯磨法的種類中者。法有心念法、對首法、眾僧法三種。

（二）事：或犯罪之事，或懺悔之事，或受戒之事，即是羯磨所行的事實。事有有情事、非情事、情非情合事等三種。

有情事指有關有情（即眾生）之事，如突吉羅〔註 30〕罪之責心悔乃至波

〔註30〕　「突吉羅」：梵語 duṣkṛta，巴利語 dukkaṭa。戒律之罪名。即惡作惡語等諸輕罪。又作突膝吉栗多、突瑟几理多、獨柯多。意譯為惡作、小過、輕垢、越毘尼。為五篇之一，六聚戒之一，乃一切輕罪之總稱。於比丘二百五十戒中，屬二不定、百眾學、七滅諍。此外，式叉迦羅尼（梵 śikṣākaraṇīya）亦為突吉羅之異稱，即學、應學、應當學之意。據唐代法礪之四分律疏卷六本載，突吉羅係就防患未然而命名，式叉迦羅尼則為對治已犯戒之情形而命名；兩者名稱雖不同，而實為一事。此罪很輕，只須對一人（故作之時）或對自己責心懺悔（非故作之時）。（佛光大辭典，頁 3924）。

逸提〔註31〕、四提舍尼〔註32〕、偷蘭遮〔註33〕等之懺悔。

　　非情事指有關三衣一等無生物之事，如三衣之分別法、鐵之守持法等。

　　若合以上兩方之事，是爲二合事，如藥守持法，藥本身爲非情事，病患則爲有情事，即是二合事。

　　所謂一百八十三法之事，皆不出於此三者。

　　　　（三）人：舉行某種羯磨中所規定應該參與的人數，便是人。人有一人僧、二三人僧、四人僧、五人僧、十人僧、二十人僧。（本章「足數分類」有說過）。

　　　　（四）界：即指進行羯磨之場所。有自然界、作法攝僧界之別。自然界即指自然成爲僧眾住處之境界，如寺院等；以非特意劃定、布置而成，故又稱不作法界。對首、心念之二法及一人、二三人眾中之雜法、四人之自恣法等，皆可在自然界進行。作法界係指局限於一定之境域而施行結界〔註 34〕法之三小界、三大界及戒場。小

〔註31〕 「波逸提」：梵語 pāyattika，巴利語 pācittiya 或 pācittika。爲比丘、比丘尼所受持之具足戒之一。又作貝逸提、波羅逸尼柯、波逸提伽、波質底迦。意譯墮、令墮、能燒熱、應對治、應懺悔。五篇之一，六聚之一，七聚之一。乃輕罪之一種，謂所犯若經懺悔則能得滅罪，若不懺悔則墮於惡趣之諸過。有捨墮（梵 naiḥsargika-prāyaścittika）、單墮（梵 śuddha-prāyaścittika）二種。須捨財物而懺悔之墮罪，稱爲捨墮；單對他人懺悔即可得清淨之墮罪，稱爲單墮。據毘尼母經卷七載，所犯之罪輕微、非斷滅善根之枝條罪、傷善處少，故稱波逸提。又依四分律含注戒本疏卷一下，犯此罪者墮於燒煮地獄，故稱墮罪；又應以功用對治，故稱應對治，或應功用。（佛光大辭典，頁 3440）。

〔註32〕 「提舍尼」：全名是波羅提提舍尼，梵語是 pratideśanīya，巴利語 pāṭidesanīya。爲比丘、比丘尼所受持之具足戒之一。又作波羅底提舍尼、波胝提舍尼、喇底提舍那。或單稱提舍尼。意譯作對他說、向彼悔、各對應說、悔過法、可呵法。爲五篇之一，六聚之一，七聚之一。犯此戒時，必須向其他之清淨比丘發露懺悔，是輕罪之一種。（佛光大辭典，頁 3444）。

〔註33〕 「偷蘭遮」：巴利語 thullaccaya 或 thūlaccaya。又作偷蘭遮耶、偷羅遮、薩偷羅、土羅遮、窣吐羅。略稱偷蘭。梵語爲 sthūlātyaya，音譯窣吐羅底也。意譯大罪、重罪、粗罪、粗惡、粗過、大障善道。爲佛制戒六聚之一，七聚之一。乃觸犯將構成波羅夷、僧殘而未遂之諸罪；不屬於波羅夷等五篇之罪，除突吉羅罪外，其餘一切或輕或重的因罪、果罪皆總稱爲偷蘭遮。可分獨頭、方便之正、從二種，即：（一）獨頭偷蘭，又作自性偷蘭、根本偷蘭。即已成就罪過，能斷善根。（二）方便偷蘭，又作從生偷蘭。欲犯波羅夷罪或僧殘罪而行方便，終不成立之因罪。另有次於僧殘重罪之偷蘭遮，與次於提舍尼輕罪之偷蘭遮等兩種。（佛光大辭典，頁 4384）。

〔註34〕 「結界」：梵語 sīmā-bandha，或 bandhaya-sīman（音譯畔陀也死曼）。依作法而

界係同一界內有不同意之人，或對法有呵難者時，另外結界而舉行受戒、自恣、說戒者。若為一時之方便而結界者，則於法事完了即解除。作某一種類的羯磨，也各有其規定所用的界別。

（二）進行羯磨的階段

上面已說羯磨過程也象業道的過程一樣，就是必須有上面所說的三個階段：加行羯磨（也叫前方便）；根本羯磨（羯磨成就的階段）；從羯磨成就以後起就是羯磨的後起。

如上所說，羯磨的本質是「語業」，所以羯磨的三個階段都以「語業」為基本。在僧眾中所說的那些話帶著「共業」〔註35〕性，所以要遵守一定的句文，不能隨便說說的。

1、前方便

羯磨的加行或前方便就從僧和合清淨聚集開始。羯磨的那機種，從單白乃至四白，都有一樣的前方便、同樣如下的語文：一位老和尚代替僧作法羯磨，開始問另外一位比丘當僧眾的維那〔註36〕代替僧眾回答；問答順序如下：〔註37〕

區劃一定之地域。（一）乃依「白二羯磨」之法，隨處劃定一定之界區，以免僧眾動輒違犯別眾、離宿、宿煮等過失。有關結界之範圍、方法等，諸律所說頗有出入，今依四分律所整理者，大別為攝僧界、攝衣界、攝食界等三種。

　（一）攝僧界，即此丘集聚一處，為便利布薩（共住而行說戒懺悔之儀式）等行事，避免境域太廣而疲於奔馳所設之地區。分為自然界與作法界二類。自然界，又稱不作法界，係指不須特別加以建立，而依天然地形所劃定之地區。略分四種：（1）聚落界，（2）蘭若界，（3）道行界，（4）水界。

　（二）攝衣界，又作不失衣界、不離衣宿界。即劃定一範圍，避免比丘動輒違犯離宿之過；然亦可視為以此特定範圍限制比丘不可違犯此過。離宿，意指比丘離其三衣而宿；若劃定一特定範圍，則於此範圍內即可不須時時攜其三衣，而免除不必要之羈絆。波羅提木叉三十捨墮法第二條即為離宿之規定。亦分自然界與作法界二種。

　（三）攝食界，即規定結界食物之貯藏所、許可烹煮食物之界區，使比丘不犯宿煮之罪。所指定之地，稱為淨地（或稱淨廚）；於此區域內煮食，即不犯此過。其實際作法，分為通結與別結兩種。如欲解除上述之結界，則如結界時，亦須經白二羯磨之作法方可解除。（佛光大辭典，頁5181）。

〔註35〕「共業」：謂眾生共通之業因，能招感自他共同受用之山河、大地等器世界，此乃依報之業。

〔註36〕「維那」：維那二字，係梵漢兼舉之詞；維，綱維，統理之義；那，為梵語 karma-dāna（音譯羯磨陀那）之略譯，意譯授事，即以諸雜事指授於人。維那，又作都維那，舊稱悅眾、寺護。為寺中統理僧眾雜事之職僧。據十誦律卷三十四載，昔時佛陀於舍衛國，為使僧眾中雜事皆有序，因令設維那。四分律

（1）僧集不？答：已集。

（2）和合不？答：和合。

（3）未受大戒者出不？有者依言答遣出；無者依言答已出。

（4）不來諸比丘「說欲」〔註38〕及清淨？有者依言說之；無者答云無說
　　　欲者。

（5）誰遣比丘尼來請教誡。答云：此眾無尼來請教誡。

（6）僧今和合，何所作為？答：（說出僧事）的羯磨。

　　上面的六個問答的目的具體表現僧的語業清淨與和合。僧清淨、和合羯
磨的根本業道才能成就。

　　第一問答的目的，確認僧的集合是如法。僧如法集合是僧足數。每種羯
磨都有一定足數的規定相當與羯磨的對象。

　　第二問答，確認僧的和合。同一個戒場，如果僧不確認是和合就僧的羯
磨不成。

　　第三問答，檢察僧的成分。未受具足戒者，就是還沒得戒所以不成就比
丘的本體，那不算是僧的成分，不許參加僧的羯磨。

　　第四問答，有一些隨著某種羯磨而變換。如結小界或大界羯磨，任何比
丘都不能不出席；完全不允許「說欲」所以這個問答可以不要。說戒的場合，
各比丘如果在大界中但有佛法僧等事，不能出席，可以如法「與欲」〔註39〕
與說清淨。因此，作法說戒場合，問答如下：

　　不來的各比丘有說欲與清淨嗎？

　　如果有就答有；沒有就答沒有。這事具體請在下章看。

　　刪繁補闕行事鈔卷上一（大四○‧六中）：「十誦中，時僧坊中無人知時限、
　　唱時至及打揵椎，又無人灑掃塗治講堂食處，無人相續鋪床及教人淨果菜食
　　中蟲，飲食時無人行水，眾亂語時無人彈指等，佛令立維那。聲論翻為次第
　　也，謂知事之次第，相傳云悅眾也。」故知維那源於佛制，為掌管僧眾雜事
　　之職。（佛光大辭典，頁5890）。

〔註37〕《四分律比丘戒本》，大正藏22，頁1015b。

〔註38〕「說欲」：比丘欲成受戒、說戒等僧事者，因有他事以致無法出席時，則將自
　　　　己贊同而隨意其事之希望，囑託其他比丘於僧眾中陳說之，稱為說欲。將其
　　　　欲意授於其他出席之比丘，稱為與欲；其比丘受彼委託，稱為受欲。（佛光
　　　　大辭典，頁5925）。

〔註39〕「與欲」：當僧團行布薩、自恣及其他行事作法（即羯磨）之際，遇疾病或因
　　　　故不能出席時，對其行事之決定，有所贊成或反對之欲意，即所謂「欲」；
　　　　將其欲意委託出席之比丘，即稱與欲。（佛光大辭典，頁5904）。

第五個問答，確定有沒有比丘尼來請教誡。因為佛陀制比丘尼每半個月要來到比丘僧中求請教授師，也就是比丘尼的八敬法之一，所以有這個問答。

第六個問答，確定僧作法的目的。如果集合說戒就答羯磨說戒，集合結大界就答羯磨結大界；……。

上面所說是羯磨前方便的文句。但羯磨的方式有一些不同，所以每一場合有時只要作一個「前方便」能用於多羯磨作法；但有時也必須作一個「前方便」只用於一個羯磨作法。如自恣或說戒場合。對自恣場合來說，主要作法是「單白羯磨」。但是僧眾很多，所以要使人行「舍羅」〔註40〕這樣還要白二羯磨而僧選人行舍羅。或者要有人受比丘的自恣，就要有白二羯磨而僧選比丘受自恣。這些羯磨都是自恣羯磨的加行。因此，在第六個問答裡，也要回答：「自恣羯磨」，雖然後來還要白二羯磨選人行舍羅或受比丘的自恣，然後還有單白作法的自恣。因此，每次集合僧眾，在前方便同樣 1，2，3，4，5 個問答，但要隨著不同的僧事而第六個問答的回答有改變。

另外一些場合，如解結大界或小界就是作前方便而作法羯磨解界之後，還要作另外一個前方便而羯磨結界。雖然結界和解界的時間連續進行，但兩種羯磨的本質不同，所以不能同一個前方便。就是從第一個問答開始乃至最後問答：

僧今和合，何所作為？

羯磨解大界。

作法解界之後，再作另外一個前方便，也從第一個問答開始乃至最後問答：

僧今和合，何所作為？

羯磨結大界。

這樣的叫單作法，就是一個前方便只能用於唯一一個作法。

有的場合一定要單，如羯磨結和解界等……；有的場合一定要雙，如受具足戒等……；有的場合不定，如說戒或自恣等……。如果前方便實現不對各種單、雙、不定的作法就僧的羯磨不成。

2、羯磨的根本與後起

前方便之後，就是羯磨的加行成就，當時相當每種羯磨，或單白，或白二，或白四要如法實現，羯磨的根本業道才能生長，由於僧的羯磨就成就。

〔註40〕「舍羅」：梵語 śalākā，意譯籌，即以竹、木、銅、鐵等所作之細板，僧團布薩時，用以計算參集僧眾之人數，或於表決時用之。（佛光大辭典，頁3506）。

這每種羯磨的文句會明說在有關的章句。

　　羯磨的根本業道成就之後，此後是羯磨的後起。如單白說戒之後，誦念戒經的各學處……到最後各比丘離開說戒戒場都屬於羯磨的後起。後起也要如法進行。譬喻，如果羯磨說戒，就要把戒經從頭到尾誦完。如果為了遇到急難不能完全誦念就要如法「略說」，〔註41〕根據哪種場合應該誦哪個條目，不能隨便想在哪裡停止就停止。對「略說」的問題本筆者下章於〈布薩說戒〉的那節說清。

　　在羯磨自恣的場合也要有規則、如法進行。單白自恣之後，比丘們開始順序說「三事自恣」。〔註42〕如果還有一位比丘還沒說「三事自恣」而僧已解散，後起就斷掉，羯磨雖然如法成就但羯磨的效力也有減削。

　　總之，作法羯磨時，必須如法完畢羯磨的三個階段，不能隨便增減。

第三節　對羯磨有關的「摩呾理迦」

一、白

　　「白」梵語是 jñapti，即告白，是古文用法。一個人向大家或另外一個人告白某一件事，比如說一位比丘向佛陀告白某一件事行即說：「白世尊！……」或向眾僧告白就說：「白大眾！……」；或者大家向一個人告白某一件事也用「白」的那個詞來表達，如大眾向一位長老和尚告白即說：「白長老！……」。不過，「白」常用於後輩向長輩的告白事情而長輩跟後輩講就不用「白」。《毘尼母經》中所記載：「云何名『白』？迦葉隨比丘說言，眾皆聽許默然故，名為『白』。」〔註43〕依上面的引文「白」是向比丘大眾告白某一件事情，比丘大眾聽完後默然同意。

二、白羯磨

　　「白羯磨」梵文 jñapti-karma，又稱「單白羯磨」，意思是一度告知僧眾，

〔註41〕「略說」：把戒經誦了一部分。

〔註42〕「三事自恣」：夏安居之竟日，清眾舉示自身於見、聞、疑等三事中所犯之罪，面對其他比丘懺悔之，懺悔清淨，自生喜悅，稱為「三事自恣」。

〔註43〕《毘尼母經》第二卷，大正藏24，頁 809a。

經常施於慣例、事關輕微或已有嚴格規定不得提出異議等情況。《毘尼母經》
所記載：

> 白一處是，如初度沙彌，受大戒時白僧，白僧已差教授師，將出家
> 者屏猥處，問其遮法，爲欲説波羅提木叉。若自恣，若缺破更受。
> 有一比丘字闡陀，始欲犯戒。諸比丘知已諫之，此比丘語諸比丘言：
> 「汝等何所説，共誰言誰有犯者。云何名犯？」作如此異語。諸比
> 丘白佛，佛言：「與此比丘作異語別住羯磨」。闡陀比丘後時復更輕
> 弄諸比丘。諸比丘語：莫坐便坐，莫起便起，莫語便語，莫來便來。
> 諸比丘白佛，佛言：爲作調弄白一羯磨。如此等及餘未列名者，皆
> 名「白一羯磨」。〔註44〕

由此可見，僧眾中須要「白羯磨」的事情包括度沙彌、受大戒的時候白
僧，或自恣，或缺破更受、説戒、剃髮等事。如經文所講有一位比丘名字叫
作闡陀，他想犯戒，各位比丘知道想跟他勸諫。那位比丘對各位比丘説：「你
們所説什麼，跟誰説誰有犯，云何名犯？」如此作異語。各位比丘把這個故
事白佛，佛言：「給那位比丘作異語別住羯磨」。闡陀比丘後來復更輕弄各位
比丘，不應該坐的就坐，不應該起的就起，不應該語便語，不應該來便來。
這樣的事情發生後，各位比丘白佛，佛説，爲作調弄「白一羯磨」。如此事情
等未列名者，都稱爲「白一羯磨」。

三、白二羯磨

「白二羯磨」梵語 jñaptidvitiyā-karmavacanā，於寺中行法務時，隨事而召
集寺中之僧眾進行議決，其議決程序即爲一白一羯磨就是對大眾讀表白文一
次，以表白該事之情由，繼而以一羯磨（爲一種表白作法，徵詢贊同與否）
量處事之可否，若無異議，則事得成遂。依《毘尼母經》所記載：

> 云何名爲白二羯磨？白者，大德僧聽某甲房舍隤毀，若僧時到僧忍
> 聽，僧與某甲房舍與某檀越修治及與營事比丘，白如是：大德僧聽！
> 某房舍某房舍無檀越隤毀，僧今與某房舍與某檀越令修治及營事比
> 丘，若僧忍者持某房舍與某檀越令修治及營事比丘，僧忍者默然不
> 忍者便説，僧已忍，持某房舍與某檀越及營事比丘竟。僧忍默然故

〔註44〕《毘尼母經》第二卷，大正藏24，頁809a。

是事如是持。營僧事人分亡比丘衣缽、受迦絺那衣、捨迦絺那衣、
一切結界、不離衣宿法，先結大界後結不失衣界。先捨不失衣界，
後捨大界。教授比丘尼自恣，如是等眾多，皆白二羯磨。〔註45〕

上面的引文所講，房舍壞掉的時候，有檀越〔註46〕補助修改的淨財要向僧
眾告白：有某位檀越想供養淨財修改房舍及營事比丘，如果僧接受就默然同意，
不接受者便說出來，這儀式進行要「白二羯磨」，以及分亡比丘衣缽、受「迦絺
那衣」、捨「迦絺那衣」、一切結界、不離衣宿法……都要「白二羯磨」。

四、白四羯磨

「白四羯磨」梵語 jñapticaturtha-karman，又作白四、白四法、一白三羯磨。
白四羯磨指僧中所行事務，如授戒之作法，規定受具足戒時，三師中之羯磨師
向僧眾先告白某某提出出家要求，此即為「白」（即白表文）。其次，三問僧眾
贊成與否，稱為三羯磨（梵 tṛtīya karmavācanā）。在《毘尼母經》中記載：

白四羯者，白已三羯磨，是名白四羯磨。一者、呵責；二者、有比
丘共白衣鬪，眾僧勸令與檀越懺悔，擯出、滅擯、別住還行本事、
行摩那埵、行阿浮呵那乃至七滅諍。有比丘大德，為巨富信心檀越
所重請其多年。隨其所須供給與之，傍人說曰：此長者巨富，由比
丘故大損其財，癡失性比丘尼受戒已，來僧中乞戒，犯戒事、覆缽
默擯，如是等及餘未列者，皆白四羯磨。〔註47〕

由此可知，「白四羯磨」就是告白一次，三次再問眾僧是否贊成？包括呵
責或比丘共白衣〔註48〕鬪爭眾僧為了勸比丘向檀越懺悔所以要進行羯磨；或
擯出羯磨、滅擯羯磨、或比丘犯罪時要行別住還行本事、行摩那埵、行阿浮
呵那〔註49〕乃至七滅諍，〔註50〕受戒，犯戒事、覆缽默擯〔註51〕等，都要「白

〔註45〕《毘尼母經》第二卷，大正藏 24，頁 809a。

〔註46〕「檀越」：即「施主」的音譯。梵語 dāna-pati。即施與僧眾衣食，或出資舉行
法會等之信眾。（荻原雲來編纂，《漢譯對照梵和大辭典》上，新文豐出版公
司，1988，頁 576）。

〔註47〕《毘尼母經》第二卷，大正藏 24，頁 809a。

〔註48〕「白衣」：梵語 avadāta-vasana，巴利語 odāta-vasana。原意白色之衣，轉稱著
白衣者，即指在家人。印度人一般皆以鮮白之衣為貴，故僧侶以外者皆著用
白衣，從而指在家人為白衣，佛典中亦多以「白衣」為在家人之代用語。（佛
光大辭典，頁 2081）。

〔註49〕關於「別住」、「本事」、「摩那埵」、「阿浮呵那」，請看本文第七章、第三節、二。

四羯磨」。

依《四分律刪補隨機羯磨》卷上〔註 52〕記載，僧法羯磨略有一百三十四
其中單白羯磨有三十九法，如受懺法、行鉢法、餘語法、觸惱法、剃髮法、
出家法、差教授法、僧發露法、受功德衣法、捨功德衣法等；白二羯磨有五
十七法，如作小房法、作大房法、差分臥具法、差說麤罪法、二十七還衣法、
離衣法、護鉢法、差教授尼師法、畜眾法、結受戒小界法并解、結說戒堂法
并解、結大界法并解、結戒場法等；「白四羯磨」有三十八法，如諫破僧法、
諫助破僧法、諫擯謗法、諫惡性法、諫惡邪法、諫擯惡邪沙彌二法、諫隨舉
比丘尼法、諫習近法、諫勸習近住法、諫瞋捨三寶法、諫發諍法、諫習近居
士子法、式叉學戒法、受具戒法、學悔法、呵責法并解、擯出法并解等。

五、應止羯磨

在僧法羯磨中，如果眾僧不如法進行羯磨，就羯磨不成，所以要停止羯
磨稱爲「應止羯磨」：

> 應止羯磨者，諸比丘皆集，但所作不如法，應羯磨作法不羯磨作，
> 應白作法不白作，眾中有持毘尼行清淨者說言：「此非法非律，是不

〔註 50〕 「七滅諍」：梵語 saptādhikaraṇa-śamathāḥ，即爲裁斷僧尼之諍論所設之七
種法。又作七滅諍法、七止諍法。即：（一）現前毘尼（梵 saṃmukha-vinaya），
又作面前止諍律。使起諍之雙方對決於現前，或於現前引證三藏之教法而
決之，或於現前引證戒律之制條而決之。（二）憶念毘尼（梵 smṛti-vinaya），
又作憶止諍律。即諍議罪過之有無時，質犯人記憶之有無，若無記憶則免
之；但僅限平生爲善，以善知識爲友者。（三）不癡毘尼（梵 amūḍha-vinaya），
又作不癡止諍律。犯戒之人若精神異常，待其治癒，羯磨而令悔其罪。（四）
自言毘尼（梵 pratijñā-kāraka），又作自發露止諍律。比丘犯罪時，令其自
白，始治其罪。（五）覓罪相毘尼（梵 tat-svabhāvaiṣīya），又作本言治毘尼、
居止諍律。犯人不吐實，陳述矛盾時，舉示其罪狀，盡形壽令持八法，不
得度人或受人依止等。（六）多人覓罪相毘（梵 yad-bhūyasikīya），又作多
覓毘尼、展轉止諍律。互相諍議而不易裁決時，集有德之僧，依多數而決
是非。（七）如草覆地毘尼（梵 tṛṇa-prastāraka），又作草伏地、如棄糞掃止
諍律。鬥訟者互悟其非，如草之伏地，共至心發露，相道歉而懺悔。（佛
光大辭典，頁 111）。

〔註 51〕 「默擯」：梵語 brahma-daṇḍa，巴利語同。音譯梵壇、梵怛。謂對於非理違犯，
不受調伏之比丘，所有七眾皆不與其往來交談之懲戒方式。（佛光大辭典，頁
6374）。

〔註 52〕 《四分律刪補隨機羯磨》卷上，（大正 40，頁 492b）。

應作。」，即止不作，是名「止羯磨」。〔註53〕

上文已講應該羯磨作法但不羯磨作法，應該白作法不白作法，眾中有清淨持律的人看這樣進行羯磨就不如法、非律，所以算是羯磨不成，應該停止作羯磨，稱為「應止羯磨」。

六、不應止羯磨

依《毘尼母經》所記載：

> 不應止羯磨者，眾僧齊集，所作亦皆如法，眾中無識慊者，是名「不應止羯磨」。〔註54〕

進行羯磨當中，一切階段都如法進行，羯磨成就所以不應止羯磨。

七、擯出羯磨

「擯出」梵語 pravrājana，巴利語 pabbājana，又作滅擯、驅擯、擯罰、驅出、驅遣、擯治驅遣、擯。此係對犯戒比丘、沙彌等出家眾處罰方法之一，即將其自教團逐放，不許其與僧眾共同起居。此相當於削除僧籍，故又稱擯籍。那麼，進行擯出有罪比丘的儀式稱為「擯出羯磨」。

> 擯出有二種羯磨：一、永擯；二、為調伏故擯。調伏者，未懺悔中間，及飲食坐起言語，一切僧法事皆不得同，是名「擯出調伏羯磨」。此人若剛強永無改悔，盡此一身不復得同僧事，尊者優波離，即從座起整衣服合掌禮佛白佛言：「世尊！若有比丘於僧事無缺，而強擯者此事云何？」佛言：「擯有二種：一者善擯；二者惡擯。如擯十三種人者，名為『善擯』；與此相違名為『惡擯』，是名『擯出羯磨』。」
> 〔註55〕

依上面引文來講擯出有兩種：第一是「永擯」；第二是「為調伏故擯」。

「永擯」：就是犯罪的人永遠被擯出離開僧團。

「為調伏故擯」：就是為了調伏有罪的人讓他悔改自己的罪過所以暫時擯出，後來他們一改過就再回來僧中的生活。「調伏」當中，那些有罪的人就不能同眾僧飲食坐起言語與一切僧法事皆不得同，是名擯出調伏羯磨。

〔註53〕《毘尼母經》第二卷，大正藏24，頁808a。
〔註54〕《毘尼母經》第二卷，大正藏24，頁808a。
〔註55〕《毘尼母經》第二卷，大正藏24，頁808a。

　　另外，擯還有二種：「善擯」與「惡擯」。如擯十三種人〔註56〕稱爲「善擯」；反過來就稱爲「惡擯」。

八、聽入僧羯磨

　　云何稱爲「聽入僧羯磨」？經中所記載：

> 有眾僧，聽懺悔入僧次第羯磨，若比丘爲調伏故擯出者，此人後時改悔求僧除罪，僧有所教勅，皆順僧意，不敢違逆，能使眾僧齊心歡喜，僧即聚集解擯羯磨更作，聽入僧羯磨，是名「聽入僧羯磨」。

〔註57〕

　　可見，上面所講第二種擯出是爲了調伏有罪的人讓他悔改自己的罪過所以暫時擯出，後來悔改自己的罪過所以求僧除罪，僧所教勅都隨順不逆，能使眾僧心意歡喜，所以僧即聚集解擯羯磨，聽那有罪的人入僧羯磨，這稱爲「聽入僧羯磨」。

九、呵責羯磨

　　每個團體都有自己的教育原則。佛教也不例外。其中的幾個教育方法有一個稱爲「呵責」。所謂「呵責」是僧團或師父對某一個弟子不服從僧團的處罰，所以還稱爲「呵責法」。《毘尼母經》所記載：

> 何者名爲「呵責羯磨」？有人僧中健鬬強諍，於僧法事中，皆不如法。現前種種呵責乃至擯出。此呵責事。〔註58〕

　　可知，有人在僧眾裡鬧事、鬬諍，做各種僧法事都不如法，這樣的事情僧要對那個人作種種呵責法，稱爲「呵責羯磨」。

　　關於這個起源各部律記載如下：

〔註56〕「十三種人」：即是「十三難的人」。十三難則爲：（一）邊罪難，先受具足戒，後犯四重禁戒而捨戒，其後再來受者。（二）犯比丘尼，於白衣時犯淨戒之比丘尼者。（三）賊心入道，爲利養活命，或爲盜法而出家。（四）破內外道，原爲外道，來投佛法，受具竟，還復外道，再捨外道欲入內道者。（五）黃門，五種之不男。（六）殺父。（七）殺母。（八）殺阿羅漢。（九）破僧，破法輪身。然若爲破羯磨僧，則非難。（十）出佛身血。以上五種（由（六）至（十））爲五逆罪人。（十一）非人難，八部之鬼神變化人形者。（十二）畜牲難，畜牲變爲人者。（十三）二形難，兼具男女二根者。（佛光大辭典，頁368）。
〔註57〕《毘尼母經》第二卷，大正藏24，頁808a。
〔註58〕《毘尼母經》第二卷，大正藏24，頁808a。

《四分律》所記載：

> 爾時佛在舍衛國，有二比丘，一名智慧，二名盧醯那。憙鬪諍共
> 相罵詈口出刀劍互求長短，彼自共鬪諍罵詈。若復有餘比丘共鬪
> 諍者，即復往彼勸言：汝等好自勉力莫不如他，汝等多聞智慧財
> 富亦勝多有知識，我等為汝作伴黨。是中眾僧，未有諍事便有諍
> 事，已有諍事而不除滅。諸比丘作如是念，以何因緣，眾僧未有
> 諍事令諍事起？已有諍事而不除滅？諸比丘即知此二比丘智慧盧
> 醯那憙共鬪諍共相罵詈口出刀劍互求長短自共鬪諍罵詈。若有餘
> 比丘鬪諍，即復往彼勸言。汝等好自勉力莫不如他。汝等多聞智
> 慧財富亦勝多有知識。我等當為汝作伴黨，是故令僧未有諍事便
> 有諍事，已有諍事而不除滅。時眾中有比丘聞，少欲知足行頭陀
> 樂學戒者嫌責彼二比丘已，往世尊所頭面禮足却坐一面。以此因
> 緣具白世尊。世尊爾時以此因緣集比丘僧，呵責彼二比丘。汝所
> 為非，非威儀，非沙門法，非淨行，非隨順行，所不應為。云何
> 智慧盧醯那共相鬪諍罵詈口出刀劍互求長短令僧未有諍事而有諍
> 事已有諍事而不除滅？世尊以無數方便呵責已告諸比丘。聽諸比
> 丘與智慧盧醯那作呵責白四羯磨。〔註59〕

依上面所引，有兩位比丘一個名智慧，一個名盧醯那，彼此互相鬪諍罵
詈，僧中有人勸諫也不聽話，使僧眾裡未有諍事便有諍事，已有諍事而不除
滅。這樣的事情發生，有持戒比丘向佛告白。佛聽後，就集僧對那兩位比丘
作呵責羯磨。

《重治毘尼事義集要》也記載：

> 有二比丘，喜鬪諍，共相罵詈，口出刀劍互求長短，亦復勸助餘人
> 鬪諍。佛令僧作訶責白四羯磨。〔註60〕

可知，《重治毘尼事義集要》也說明作訶責羯磨的緣起是兩位比丘彼此喜
鬪諍，共相罵詈，僧眾勸諫也不除滅，所以佛就作訶責羯磨。

由此可見，《毘尼母經》雖然不具體說出來，但是通過一句「何者名為訶
責羯磨？」的回答，我們也知道訶責的原因是除滅鬪諍。《四分律》與《重治
毘尼事義集要》所說也是由於比丘們共相鬪諍、罵詈所以佛制「訶責法」。

〔註59〕《四分律》第 44 卷，大正藏 23，頁 889a。
〔註60〕《重治毘尼事義集要》第 13 卷，（續藏 40，頁 451b）。

十、諫　法

釋尊依律制而建僧，律制的內涵非常廣泛，但專就其一分作風看，最重視「諫」。實踐律制與創見僧團的基本力量，勸從諫議中來。「諫」，就是勸誘，是過非的對治力。僧團中的份子根性複雜，過非總難免的，有了過，大眾用好心術、好態度、好方式，在溫厚而誠懇的勸誡中，羞愧心一發就會改悔了。許多大罪惡就是這樣於無形中遮止了。這方式稱為「諫法」。因此《毗尼母經》也記載：

> 諫法應三處諫，見、聞、疑破戒，破見，破行。諫者，有五事因緣：
> 一、知時；二、利於前人；三、實心；四、調和語；五、不麁惡語。
> 復有內立五種因緣故應諫：一、利益；二、安樂；三、慈心；四、
> 悲心；五、於犯罪中欲使速離，是名「諫法緣事」。〔註61〕

由此可見，「諫法」要有三條件見、聞、疑一位比丘或比丘尼破戒，〔註62〕破見，〔註63〕破行〔註64〕才能夠勸誘他們。諫議的人要「知時」，就是要知道什麼時候該勸，什麼時候不應該勸，這樣實現成就效力比較高。另外，勸誘的人對被勸誡人要存有慈心、悲心與實心考慮到被勸誘人的利益（利於前人）。勸誘時要調和語，不麁惡語，心裡存著平靜心，不能帶憤怒心勸誘他人。這是勸誘的人所要有的德行。

十一、諫　時

何謂「諫時」？《毗尼母經》所記載：

> 何時名「諫時」？眾僧齊集與欲，犯罪者現前與欲，諫者現前，如
> 此等俱名為「諫」。時尊者薩婆多說曰：「諫者語犯罪者言：『我念
> 汝、語汝、諫汝』犯罪者答言：『汝念我、語我、諫我，善哉！』。」

〔註61〕《毗尼母經》第二卷，大正藏24，頁808a。
〔註62〕「破戒」：梵語是duḥśīla，又作犯戒，與「持戒」相對，即毀破所受持之戒律。（佛光大辭典，頁4233）。
〔註63〕「破見」：就是以邪見破壞正見。如外道以六十二邪見破壞佛之正見。其意義與謗法相同，在佛法則為至極之重罪。（佛光大辭典，頁4233）。
〔註64〕「破行」：就是破梵行。「梵行」者，梵語brahma-caryā，巴利語brahma-cariya，意譯淨行，即道俗二眾所修之清淨行為。以梵天斷淫欲、離淫欲者，故稱梵行；反之，行淫欲之法，即稱非梵行也就是破行的意思。（佛光大辭典，頁4631）。

〔註65〕

依經中的意思,「諫時」就是眾僧聚集,不能來的人要請個假,佛教常用詞稱為「與欲」,犯罪人有出席或與欲,但諫者要出席,那時諫者開始說諫稱為「諫時」。接受諫的人稱為「受諫」人,要對勸諫人說:我記得您的話、您的勸誘。

十二、受　諫

依上面所講「受諫」就是接受勸誘的人。

> 受諫者,不應受五種人諫:一者、無慚無愧;二者、不廣學;三者、常覓人過;四者、喜鬥諍;五者、欲捨服還俗,如此等五人,不應受其諫,是名「不受諫」。〔註66〕

依《毘尼母經》所講,「受諫」不應該受五種人諫。

第一,「無慚無愧」的人。「無慚」梵語 āhrīkya 或 ahrī,指做壞事不感羞恥,與「慚」對稱,心所的名稱,也是唯識百法之一,即對諸功德不崇敬,又對有德之師長忌難不服;或對己過無羞恥心;「無愧」梵語 anapatrāpya,或 atrapā,指做別人認為罪惡之事,而不感慚愧,亦不害怕是心所的名稱,也是唯識百法之一,與「愧」對稱,即對現世、未來之惡報不生怖畏;或不顧世法而恣意暴惡,不生畏懼。

第二,不廣學的人。

第三,「常覓人過」,就是常找別人的罪過。

第四,「喜鬥諍」。

第五,「欲捨服還俗」。

上面五種人不向他「受諫」也沒有罪,這樣稱為不受諫。

十三、緣　事

《毘尼母經》中所記載:「云何名為『緣事』?若因,若緣,此中從何初起。」〔註67〕可見,「緣事」就是使事情生起的最初因緣。

〔註65〕《毘尼母經》第三卷,大正藏 24,頁 813a。
〔註66〕《毘尼母經》第三卷,大正藏 24,頁 813a。
〔註67〕《毘尼母經》第二卷,大正藏 24,頁 808a。

十四、調　伏

上面在「擯出」的部分有提到調伏法，是爲了讓有罪的人懺悔自己的罪過而要行調伏法。

> 調伏法有三種：一、呵責；二、別住宿；三、當令依止有智慧者乃
> 至驅出，是人因是事調伏，心意柔軟，順僧法而行，能使大眾歡悅，
> 是名「調伏法」。〔註68〕

可見，調伏法有三種：呵責、別住宿、驅出，其中呵責法就像上面所講的呵責羯磨；別住宿就是跟眾僧的生活隔離，不能參加僧團的一切僧事務；驅出就像上面所講的「爲調伏故擯」。三種調伏之中，驅出最嚴重的處罰，因爲太嚴重的罪過而有罪人堅強不悔改才進行這調伏法。調伏法的作用是讓有罪人回心轉意，柔軟順僧法，能使大眾歡悅然後進行解除調伏法，還復清淨比丘的資格。

十五、「須羯磨」與「不須羯磨」

《毘尼母經》中所記載：

> 有犯須羯磨，有不須羯磨。有犯須羯磨者，如十三僧殘，乃至惡口，
> 此犯須羯磨得除。不須羯磨者，三波羅夷是。一波羅夷須羯磨得除。
> 何者？如難提伽比丘，常空靜處坐禪，有天魔變爲女形在難提前，
> 難提欲心熾盛隨逐此女，魔即隱形，見一死馬共行不淨，行已即悔，
> 脫袈裟懷抱，垂淚舉手，呼天大喚：「我非沙門非釋子！」到世尊所，
> 如其所犯向世尊說。佛知此比丘發露心重後更不犯，即集諸比丘爲
> 作白四得戒羯磨，所以得戒者。一此人見佛，二發露心重，是以得
> 戒。雖還得戒，一切大道人下坐，僧作法事盡不得同，是名「有須
> 不須」也。〔註69〕

那麼，何謂「須羯磨」者？依引文的意思來講，「須羯磨」就是有些犯罪的種類必要羯磨才能除罪，否則不能除。如十三僧殘乃至惡口（爲十惡之一，新譯粗惡語，即口出粗惡語毀訾他人），那些犯須要羯磨才得除。

何謂「不須羯磨」者？「不須羯磨」者，就是有些犯罪的種類不必要羯磨也可以除罪了。如「四波羅夷」〔註70〕中，後面三種就屬於不須羯磨，第

〔註68〕 《毘尼母經》第二卷，大正藏24，頁808a。
〔註69〕 《毘尼母經》第三卷，大正藏24，頁812c。
〔註70〕 「四波羅夷」：梵語 catvāraḥ pārājikā dharmāḥ，巴利語 cattāro pārājikā dhammā。

一種就屬於須羯磨。

十六、失性羯磨

依佛陀時代的規定，布薩日全僧眾不能缺席，除了有緣故不能出席的人，必要「與欲」，否則布薩不成。那麼，如果有「失性」（神經有問題）的人，有時候記得就來參與，有時候忘了就不來，這樣布薩是否成就？回答這個問題，經裡記載：

> 往時有比丘，字難提伽，失性。於眾僧布薩日，或憶或不憶。憶時
> 來不憶不來。諸比丘往白世尊。佛告言：但與此比丘作失性白二羯
> 磨，雖不來法事成就。此比丘還得本心，心中生疑，本失性羯磨為
> 捨不捨？往白世尊，佛言：得心者可捨之。諸比丘復疑：後還失心，
> 此復云何？佛言：「還作失性羯磨，後得本心還捨」。〔註71〕

由此可見，佛陀特意對「失性」比丘制定作失性白二羯磨，所以失性比丘不來，法事也成就。如果後來失性人還得本心，就可以解除失性羯磨，若以後再失心，可以再作失性羯磨，回復後再解除。

十七、止語羯磨

何謂「止語羯磨」？

> 止語羯磨者，若有比丘，一破戒，二破見，三破行，此人眾僧應立
> 五德故諫。若性不受人語，兼恃聰明多智徒眾甚大，復恃國王大臣

又作四波羅夷法、四波羅市迦法、四極惡法、四他勝法、四波羅夷戒。略稱四夷、四夷戒。即比丘所受持之具足戒中屬波羅夷一類之四戒：（一）大淫戒（梵a-brahma-carya，巴a-brahma-carya），又作非梵行戒、不淨行戒、淫戒、不淨行學處。淫，指耽溺於女色；不淨行，指自愛著染污之心所作之行業；非梵行，指染污淨戒而退失聖道之不清淨行。故禁止比丘與人或畜行淫。（二）大盜戒（梵 adattādāna，巴 adinnādāna），又作不與取戒、偷盜戒、盜戒、取學處。即禁止以盜心取得非給與之物。所盜之物可分三類：（1）三寶物，指佛物、法物、僧物。（2）人物，指世間人之所有物。（3）非畜物，指天神、鬼神之物。（三）大殺戒（梵 vadha,badha，巴同），又作殺人戒、殺戒、斷人命學處。即禁止殺人，或教唆殺人。殺畜牲則稱小殺戒，或殺畜牲戒。（四）大妄語戒（梵 mṛṣā–vāda uttara-manuṣya-dharma，巴 musā-vāda uttari-manussa-dhamma），又作大妄戒、妄說過人法戒、妄說自得上人法學處、上人法、過人法、妄說上人法。即禁止於未體得上人法時，妄說證悟之語。（佛光大辭典，頁 1720）。

〔註71〕《毘尼母經》第二卷，大正藏24，頁809a。

之力，不受諫者，眾僧應當與作不語羯磨，是名「止語」。〔註72〕

可見，比丘「破戒」、「破見」與「破行」時，眾僧勸諫，但那個比丘固執總是以聰明多智徒眾甚大，以國王大臣之力而不受諫。這樣的人眾僧應該作不語羯磨或止語，稱為「止語羯磨」。

十八、依法羯磨

《毘尼母經》所講：

何等為「法羯磨」？如白已說波羅提木叉戒自恣；如平僧坊地差營事人差分衣缽人；如為受迦絺那衣，捨迦絺那衣，結界、捨界，離衣宿，先布薩却安居者；諸比丘檀越請安居；安居日滿，比丘尼為飲食美故不去，檀越心生疲厭，諸比丘即往白佛，佛即制：安居竟，比丘尼若過一日波逸提，若大比丘突吉羅，齊集自恣；問法答法；問毘尼答毘尼。問法者，迦葉是；答法者，阿難是。問毘尼者，迦葉是；答毘尼者，優波離是，俱名「依法羯磨」。〔註73〕

根據上面引文意思來了解，「依法羯磨」即是羯磨法而重要對象跟「法」有關。「法」大概是指事情，如說波羅提木叉自恣、分衣缽人、受迦絺那衣，捨迦絺那衣、結界、捨界，離衣宿等。

十九、依人羯磨

據《毘尼母經》中所記載：

何名「依人羯磨」？如度沙彌法，先白後剃髮，受戒。如行波利婆沙日未滿，更犯還行本事、行摩那埵、行阿浮訶那，與現前毘尼憶念毘尼。〔註74〕

反過來，羯磨法而重要對象跟「人」有關就稱為「依人羯磨」。如度沙彌法、剃髮法、受戒、行波利婆沙、行本事、行摩那埵行阿浮訶那等。

其實，這兩種羯磨包含在上面所說的一百三十四僧法羯磨，可是在《毘尼母經》明明強調分別「依法」的羯磨與「依人」的羯磨而已。

〔註72〕《毘尼母經》第三卷，大正藏24，頁813a。
〔註73〕《毘尼母經》第二卷，大正藏24，頁807a。
〔註74〕《毘尼母經》第二卷，大正藏24，頁807b。

二十、羯磨得成與不成

依《毘尼母經》羯磨不成有兩種：一種是「有羯磨成事不成」；另外是「有事成羯磨不成」。

> 云何名「事成羯磨不成」者？此人清淨一切無諸障礙，是名事成。
>
> 羯磨不成者，或言語不具亦前後不次第說不明了，是名「羯磨不成」。
>
> 何者名為「羯磨成事不成」？羯磨成者，言語具足前後次第說亦明了，是名「羯磨成事不成」者。有人諸根不具及餘障礙，是名「事不成」。〔註75〕

從引文來看，我們更加了解羯磨的事情眞不簡單，要人與事都能如法才是羯磨成。另外，《毘尼母經》還具體提到四個因緣能讓羯磨得成：「一、如法；二、僧齊集；三、如法白一處白一，乃至白四處白四，白四處不三二一白；四者，眾僧不來者與欲，眾中無說難者。此四法成就，是名『如法羯磨』。」〔註76〕

可見，四個因緣能讓羯磨得成含有：第一、如法作法；第二、僧都齊集；第三白羯磨，如法事要單白就單白、要白四就白四等；第四、不來的人要「與欲」，足夠這四個條件就「羯磨得成」。

雖然所說的四個因緣，但實際上只是事成羯磨成的一種羯磨。換言之，羯磨的方式與實現的人都如法就是羯磨得成。

第四節　小　結

「羯磨」法對僧團來說是非常重要的儀式。就是指僧團依照戒律的規定，處理僧侶個人或僧團事務的各種活動。通常須由一定範圍內的全體僧眾集會來決定某一件事，集會時，由羯磨師主事，表決方式爲口頭問答，徵求同意與否。同意的則不言語，不同意的發表意見。若眾人均沉默不語，羯磨師便說：「僧人默然故，是事如是持」，遂通過決定。相當每一件事就有一定的某一種「羯磨」。如上面所述論有二十多「羯磨」法事項，這些像現代國家的法制規定一樣。僧團興起也是由它主要決定。

〔註75〕《毘尼母經》第二卷，大正藏24，頁808a。
〔註76〕《毘尼母經》第二卷，大正藏24，頁809a。

第四章　關於「受具」的「摩呾理迦」

第一節　佛陀制定「戒」與「律」的原由

　　佛陀於菩提樹下悟道以後，四處遊走，說法化道人類，那時如果有人出家就只要隨佛出家。隨佛出家的人多了漸漸組成僧團。早期追隨佛陀學習的弟子多是善根純厚之人，所以其時並無有戒律產生。佛陀只是勉勵僧眾「善護於口言，自淨其志意，身莫作諸惡，此三業道淨；能得如是行，是大仙人道」。〔註1〕但隨著佛教影響日遠，僧團裡人數增多，魚龍混雜、凡聖同居，其中有一心向道，求取解脫者；也有因貪圖供養而混跡僧團者。這樣，僧團成分日趨複雜，不如法的事件開始出現，爲護法安僧，避免世人之譏嫌，佛陀開始制定學處。〔註2〕一條一條的學處，集成波羅提木叉（Prātimokṣa）。依《毘尼母經》記載：「波羅提木叉者，名最勝義，以何義故名爲最勝？諸善之本以戒爲根，眾善得生故言勝義。復次戒有二種：一、出世；二、世間。此世間者，能與出世作因故言最勝。復次戒有二種，一者依身口；二者依心。由依身口戒得依心戒，故名爲首，是波羅提木叉」。〔註3〕由此可知，諸善之本以戒爲根，眾善得生，所以佛制戒以約束比丘眾的行爲，以維持僧團的清淨與團結。然後佛教越來越發展，寺院成立了，就有種種僧事，僧伽諍事的處理法以及出家人的行、住、坐、臥、行路、乞食等規則，這些規則稱之爲

〔註1〕　《四分僧戒本》，大正藏22，1030b。
〔註2〕　「學處」：梵語 śikṣāpada，巴利語 sikkhāpada，意謂所學之處，舊譯「戒」。
〔註3〕　《毘尼母經》第三卷，大正藏24，頁813a。

「律」（梵語 vinaya），音譯爲「毘尼」或毘奈耶。這就是佛制「戒」、「律」之緣起。依《四分戒本》所記載：「此是釋迦牟尼如來無所著等正覺，於十二年中，爲無事僧說是戒經（波羅提木叉）。」〔註4〕

從此看來，世尊於成道到十二年來，還沒有制戒律，一直到十二年後，一次迦蘭陀子須提那〔註5〕作不淨行，從此制立「學處」，也就是說從此戒律是「隨犯隨制」，每條戒律的產生都有它特定的因緣，所以說毘尼是因緣所顯。其他的律典所說與《四分戒本》相合。因此，佛陀制定戒律目的是爲了保護僧團的清靜和合和佛法的久住。具體，佛陀爲了十種利益所以才制「戒」的：

　　一、攝取於僧

　　二、令僧歡喜

　　三、令僧安樂

　　四、令未信者信

　　五、已信者令增長

　　六、難調者令調順

　　七、慚愧者得安樂

　　八、斷現在有漏

　　九、斷未來有漏

　　十、正法得久住。〔註6〕

可見，這十利益中，第一、二、三、六、七是爲僧團的安隱、發展；第四、五則爲達到保持僧團信用的目的；第八、九是滅除比丘的煩惱，到達理想境界的涅槃；第十則爲自敬律法。這意思是說，如果比丘能遵行戒法，就可以斷除自己現在和未來的有漏，〔註7〕可以依之保障有慚有愧的人，可以制

〔註4〕　《四分僧戒本》，大正藏22，1030b。

〔註5〕　「迦蘭陀子須提那」：即「迦蘭陀子」梵名 Kalandaka-putra，巴利名 Kalandaka-putta，又作羯蘭鐸迦子，爲中印度毘舍離國迦蘭陀村迦蘭陀長者之子，本名爲須提那（梵 Sudinna）。曾於重閣講堂（巴 kūṭāgāra-sālā）聽聞佛陀說法而出家，後因與其婦行欲行，佛陀乃制定禁婬之戒。（佛光大辭典，頁3981）。

〔註6〕　《四分律》第一卷，（大正22，頁569c）。

〔註7〕　「有漏」：梵語 sāsrava，爲「無漏」之對稱。漏，梵語 āsrava，乃流失、漏泄之意；爲煩惱之異名。人類由於煩惱所產生之過失、苦果，使人在迷妄的世界中流轉不停，難以脫離生死苦海，故稱爲有漏；若達到斷滅煩惱之境界，則稱爲無漏。在四聖諦中，苦諦、集諦屬於迷妄之果與因，爲有漏法；滅諦、道諦則爲覺悟之果與因，爲無漏法。有漏、無漏之法，在修行之因、果當中，

罰或滅擯難調伏的人。僧團的戒律若清淨健全，自然可使不信仰佛法的人，產生信心；已信仰佛法的人，使其信心佩服增長堅固。僧團清淨，信眾增多，佛陀的法化即可周流普遍，而達成令正法永住的目的。

　　總之，戒律的制定，個體方面，使比丘修道，斷煩惱達到解脫；整體方面，維持僧團的純潔、正法久住。戒律之重要，關係著個人修持、僧團的和樂、世人的教化、正法的興衰。因此，不管佛陀在世或佛陀入滅後，戒律總是弟子們的準繩和的老師。因此在《毘尼母經》中，佛陀再次肯定：「如來臨涅槃時告阿難言：『吾滅度後汝等言：『我等無依』。莫作此說，吾所制波羅提木叉，即是汝依，即是汝師』。」〔註8〕

第二節　受具的「摩呾理迦」

一、受具的分類

　　依《毘尼母經》比丘有五種受具如下：〔註9〕

（一）善來受具

　　這是佛陀從成道到入滅，一慣使用的方法。根據戒律的記載：佛陀初期所度的大弟子，幾乎都是善來比丘，比如憍陳如〔註10〕等五人，滿慈子〔註11〕

　　　　　具有極重要之地位。（佛光大辭典，頁 3981）。
〔註8〕　《毘尼母經》第四卷，大正藏 24，頁 820b。
〔註9〕　《毘尼母經》第一卷，大正藏 24，頁 801a。
〔註10〕「憍陳如」：全稱「阿若憍陳如」，梵名 kauṇḍinya，巴利名 koṇḍañña。佛陀於鹿苑初轉法輪時所度五比丘之一，乃佛陀最初之弟子。又稱阿若憍陳如、阿若拘鄰、憍陳那、阿若憍憐、居鄰、居倫。意譯為初知、已知、了教、了本際、知本際。據增一阿含經弟子品載，憍陳如為佛陀聲聞弟子之一，寬仁博識，善能勸化，將養聖眾，不失威儀，為最早受法味而思惟四諦者。又據佛本行集經卷二十五載，悉達多太子出家求道之初，憍陳如與另外四人受淨飯王之命親侍苦行之太子，後見太子廢苦行，遂與其他四人離去，至釋尊成道始受教化。（佛光大辭典，頁 6063）。
〔註11〕「滿慈子」：即富樓那彌多羅尼子（梵 pūrṇa-maitrāyaṇīputra）。文句云：富樓那翻滿願。彌多羅翻慈。尼女也，父於滿江，禱梵天求子正值江滿，又夢七寶器盛滿中寶入母懷。母懷子，父願獲從諸遂願，故言滿願。彌多羅尼，翻慈行，亦云知識，四韋陀有此品。其母誦之，以此為名。或名彌室（音質）子，翻善知識，支謙譯度無極經，名滿祝子，謂父於滿江，禱梵天而得其子。西域記云：布刺拏梅呾麗衍尼弗呾羅。唐言滿慈子，舊訛略云：「彌多羅尼子」。

等三十人，三迦葉（<u>優樓頻螺迦葉</u>〔梵 Uruvilvā-kāśyapa〕、<u>伽耶迦葉</u>〔梵 Gayā-kāśyapa〕、<u>那提迦葉</u>〔梵 Nadī-kāśyapa〕等一千人，<u>舍利弗</u>和<u>目犍連</u>共二百五十人，釋迦族王室子弟五百人，<u>跋度帝</u>五百人，群賊五百人。據《摩訶僧祇律》卷廿三〔註 12〕的記載，佛陀成道以後，開始說法度眾，其中有願意追隨佛陀出家的，佛陀對他們說：「善來比丘！」他們就成爲出家僧團的一份子；與此同時，佛陀也教導比丘們應該學習他，也接納其他人加入出家僧團的行列，它的方法也是對新加入者說：「善來比丘！」即可。

如《毘尼母經》記載：

> 如尊者<u>阿若憍陳如</u>，當爾之時世尊遊波羅奈。〔註 13〕尊者<u>阿若憍陳如</u>，見法、得法、證法、深解法性，即從座起整衣服偏袒右肩右膝著地合掌作禮白佛言：「世尊！唯願如來聽我出家修於梵行」。世尊告曰：「善來比丘！聽汝於我法中修於梵行盡於苦際」。此<u>阿若憍陳如</u>即得出家，即得具足。如來言已，身上所著婆羅門服，乃至鬚髮即皆墮落。沙門法服自然在身，威儀〔註 14〕庠序手執應器。〔註 15〕

（《翻譯名義集》第 8 卷，大正藏 54，頁 1063c）。

〔註 12〕《摩訶僧祇律》卷 23，（大正藏 22，頁 412c）。

〔註 13〕「波羅奈」：梵名 Vārāṇasī 或 Vāraṇasī, Varāṇasī, Varaṇasī，巴利名 Bārāṇasī。中印度古王國。又稱波羅奈斯國、波羅捺國、婆羅●斯國、波羅捺寫國。舊稱伽尸國（梵 kāśi）。近世稱爲貝那拉斯（Benares），即今之瓦拉那西（Varanasi）。據大唐西域記卷七載，此國都城臨西殑伽河，長十八、九里，廣五、六里。居民殷盛，人性溫恭，多信外道，少敬佛法，僧徒多學小乘正量部法。其大城之東北有婆羅河（梵 Varaṇā），河西有阿育王塔，河東北十餘里有彌勒菩薩、護明菩薩之受記舊址，城西北之鹿野苑，即佛陀成道後最初教化五比丘之地，爾後，佛常遊化至此教化眾生，係六大說法處之一，今城內有數以千計之印度教寺廟，其中有著名之金寺。

此地夙以學術興盛，與北印度呾叉始羅（梵 Takṣasilā）皆爲婆羅門教學之中心地，玄奘遊歷至此時，濕婆派盛行。一一九四年回教徒入侵後，佛教幾至絕跡。今則不僅成爲印度教之聖地，亦爲佛教、耆那教之聖地。又此國古以產棉布著稱，著名之波羅捺衣（梵 bārāṇa）即產於此。（佛光大辭典，頁 3443）。

〔註 14〕「威儀」：威嚴之態度。謂起居動作皆有威德有儀則。即習稱之行、住、坐、臥四威儀。又於佛門中，出家之比丘、比丘尼，戒律甚多，且異於在家眾，而有「三千威儀，八萬律儀」和「僧有三千威儀、六萬細行，尼有八萬威儀、十二萬細行」等之說。一般謂戒重威儀輕，若廣義解之，則制教之戒無非皆亦威儀之義，例如二百五十戒中，唯四重禁爲戒分，餘之僧殘等總爲威儀分。又如離性罪稱之爲具足戒，其餘之遮戒則屬威儀，皆可爲證。（佛光大辭典，頁 3771）。

〔註 15〕《毘尼母經》第一卷，大正藏 24，頁 801c。

「善來」的梵語是「svāgata」，就是「歡迎」的意思，是問候語。所以，印順法師說，這樣的方式是制度建立之前的「道義的自由結合」。〔註16〕

　　以此可見，善來受具是當時僧團中的主要受戒方法，佛陀只要說一聲：善來比丘！受度的人，便以自己的宿根和佛陀的威神感應之下，當下鬚髮自落，袈裟著身，缽盂在手，儼然具足比丘威儀了，但這必須是宿根深厚，道成初果的人才行。

（二）三語受具

何謂「三語受具」？想了解這個意思我們先看《毘尼母經》記載：

> 三語受具者，爾時世尊告諸比丘：「吾於人天羅〔註17〕網皆得解脫，汝等於此網中皆得解脫」。爾時惡魔聞佛此言，即語佛言：「汝於人天羅網不得解脫，諸比丘亦不得解脫」。佛即說偈答曰：
>
> 世人於五欲
> 吾已離諸欲
> 第六意識愛
> 惡魔汝自墮
>
> 惡魔聞此言已，知佛達其未離欲，故慚愧憂愁不樂，忽自滅去。佛告諸比丘：「汝各各二人共詣諸方教化，莫獨去也！」諸比丘即去彼土諸人聞比丘說法，皆來詣佛。於其中路有生悔心者，即還歸家。以是因緣，諸比丘來白世尊，佛即教使就彼三語受戒，語諸比丘：「汝等各各還去，彼方若有求出家者。當為剃除鬚髮教著法服與三語受戒。歸依佛歸依法歸依僧。如來應正覺是我師」，此即「三語受戒法」也。〔註18〕

　　以此可見，「三語」，也稱「三歸」。如《四分律・受戒犍度》〔註19〕記載：

〔註16〕　印順法師，〈摩得勒伽與犍度〉，《原始佛教聖典之集成》，正聞出版社，1971，頁363。

〔註17〕　「天羅」：梵名 Devala，音譯提婆羅。乃斑足王之國。據鳩摩羅什所譯仁王經護國品載，斑足王之足有斑駁，其為天羅國太子時，稱斑足太子，曾受邪師之教，後聞四非常偈，而得空三昧。（佛光大辭典，頁1369）。

〔註18〕　《毘尼母經》第一卷，大正藏24，頁801c-802a。

〔註19〕　《四分律》第32卷，（大正藏22，頁793a）。原文「佛告諸比丘：汝等人間遊行，勿二人共行。我今欲詣優留頻螺大將村說法。對曰：如是世尊。諸比丘受教已，人間遊行說法時，有聞法得信欲受具足戒。時諸比丘，將欲受具

世尊成道後，爲弘揚佛法，分派弟子到各地遊行說法，當時有人聽法之後生起信心，發心出家受戒，諸比丘領著去見佛陀，由於路途遙遠，半路退失信心。比丘們就把這情況反映到佛陀那裡，佛陀於是宣佈：從今以後，允許比丘們給初出家者受具足戒，要受具足戒的人，必須剃除鬚髮，披上袈裟，脫去草屣，右膝著地，恭敬合掌作如是言：我某甲皈依佛，皈依法，皈依僧，今於如來所出家，如來至眞等正覺是我所尊（三說）。我某甲皈依佛竟，皈依法竟，皈依僧竟，今於如來所出家，如來至眞等正覺是我所尊（三說）。因此，「三語受具」就是「自誓三歸」即自歸依佛（Buddhaṃ saraṇaṃ gacchāmi）、自歸依法（Dharmaṃ saraṇaṃ gacchāmi）、自歸依僧（Saṃghaṃ saraṇaṃ gacchāmi）。

　　不過，「三語受具」與優婆塞〔註20〕或優婆夷〔註21〕受「三自歸」不一樣。《毗尼母經》記載：「何故優婆塞受三自歸？及以沙彌乃至八戒皆受三語。何故不名受具也？佛說曰：此二義各異。優婆塞者，不止在三歸，更加五戒，始得名爲優婆塞也。沙彌乃至八戒亦復如是。三語受具者，與此爲足更無所加，故言受具。」〔註22〕

　　以此可知，因爲優婆塞或優婆夷不只受「三歸」，他們還加五戒，所以不能稱爲受具；而「三語」稱爲受具因爲他們只受「三歸」但已具足受了，沒有什麼所加，所以才稱爲「受具」。

（三）白四羯磨受具

　　白四羯磨受具是最普遍的受戒方法。從「三語受具」階段結束之後，這種受戒成爲僧伽的唯一受戒方法。如《毗尼母經》記載：

　　　　足戒者，詣如來所未至中道，失本信意不得受具足戒。諸比丘以此事白佛，佛言：自今已去聽汝等即與出家受具足戒欲受戒者，應作如是教令，剃鬚髮著袈裟脫革屣右膝著地合掌，教作如是語：我某甲歸依佛歸依法歸依僧，今於如來所出家，如來至眞等正覺是我所尊，如是第二第三竟。我某甲已歸依佛歸依法歸依僧，於如來所出家，如來至眞等正覺是我所尊，如是第二第三。佛言：自今已去聽三語即名受具足戒。」

〔註20〕「優婆塞」：梵語 upāsaka 之音譯。又作烏波索迦、優波婆迦、伊蒲塞。意譯爲近事、近事男、近善男、信士、信男、清信士。即在家親近奉事三寶、受持五戒之男居士。爲在家二眾之一，四眾之一，七眾之一。與優婆夷同係在家之信仰佛法者。（佛光大辭典，頁 6409）。

〔註21〕「優婆夷」：梵話 upāsikā 之音譯。又作優婆私訶、優婆斯、優波賜迦。譯爲清信女、近善女、近事女、近宿女、信女。即親近三寶、受三歸、持五戒、施行善法之女眾。（佛光大辭典，頁 6407）。

〔註22〕《毗尼母經》第一卷，大正藏 24，頁 802a。

白四羯磨者，何以要現前白四羯磨而受具者？解云：當於爾時，佛住王舍城，優樓頻螺迦葉〔註23〕等師徒已出家竟，有一病比丘無供養者，病困篤已即便命終。諸比丘等見此比丘病篤命終，一無看病者，二無弟子，二俱無故苦惱如是。往白世尊，佛即集諸比丘僧，從今已去，斷三語羯磨，於十僧中白四羯磨聽使受具。〔註24〕

以此可見，三語羯磨受具斷之後，白四羯磨受具就變成僧團最普遍的受戒法。《四分律・受戒犍度》也記載：「自今已去捨三語授具足戒，自今已去聽滿十人當授具足戒，白四羯磨，當如是授具足戒」。〔註25〕因此，再次肯定白四羯磨受具的普遍性與它的必有的規則性。

依上面所引，這個受戒的方法必須有一切條件——即一定僧數（沒國家中心十人〔註26〕、邊地五人）、一定範圍（結界）、一定程式（白四羯磨，即會議式）。

「白四羯磨」，又稱為「一白三羯磨」。「受戒法」進行要有幾個階段：〔註27〕

〔註23〕「優樓頻螺迦葉」：梵名 Uruvilvā-kāśyapa，巴利名 Uruvela-kassapa。佛陀弟子三迦葉之一。優樓頻螺（梵 Uruvilvā）為位於佛陀伽耶南方尼連禪河畔之地名，迦葉（梵 Kāśyapa）為其姓。又稱耆年迦葉、上時迦葉。未歸依佛陀之前，與二位胞弟伽耶迦葉（梵 Gayā-kāśyapa）、那提迦葉（梵 Nadī kāśyapa）皆信奉事火外道；以其頭上結髮如螺髻形，故又稱螺髮梵志（梵 jaṭila）。
三兄弟領弟子千人住於摩揭陀國時，為有名望之長老，故四方歸信雲集。後佛陀示現種種神通度化，遂成為佛弟子，將祭火器具皆投入尼連禪河。今印度山琦（Sanchī）大塔塔門之浮雕中，即有佛陀教化三迦葉之事蹟。
在密教中，位居胎藏界曼荼羅遍知院之三角智印左方。形像為全身肉色，現比丘形，合掌坐於座具上。密號善巧金剛。（佛光大辭典，頁 6412）。

〔註24〕《毘尼母經》第一卷，大正藏 24，頁 802a。

〔註25〕《四分律》卷 33，大正藏 22，頁 799b。

〔註26〕「十人」：即「三師七證」。指比丘受具足戒時，戒場中必須具足之戒師人數。又作十師、十僧。三師即：（一）戒和尚，指正授戒律之和尚。乃比丘得戒之根本及其歸投處，故必至誠三請之。凡擔任戒和尚者，其戒臘須在十年以上，並嚴守戒法，具足智慧，堪能教授弟子。（二）羯磨師，即讀羯磨文之阿闍梨，主持白四羯磨授戒儀式。羯磨師為諸比丘受戒之正緣，若無羯磨師秉承聖法，則法界善法無從生起。擔任此職者，其戒臘須在五年以上。（三）教授師，即教授威儀作法，為眾人引導開解者。其戒臘亦須在五年以上。七證師則指證明受戒之七位蒞會比丘。凡此十師均須於受戒前恭請之。（佛光大辭典，頁 595）。

〔註27〕這幾個階段《比尼母經》沒有寫清楚，筆者欲讓讀者更多地了解而多寫。

1、請戒師

*請和尚〔註28〕

欲受戒者詣僧中，偏露右臂脫革屣禮僧足，右膝著地合掌作如是白：

> 我某甲請大德爲和尚，願大德爲我作和尚，我依大德受具足戒，第二第三亦如是說。〔註29〕

和尙答：

> 若言如是，若言當教授汝，若言清淨莫放逸。〔註30〕

*請阿闍梨〔註31〕

請阿闍梨文跟請和尚文一樣，只換和尚成阿闍梨的稱呼而已。

2、傳具足戒羯磨

眾中當差堪能羯磨師要如是問：

> 僧集不？答：已集。

> 和合不？答：和合。

> 未受大戒者出不？答：已出。

> 僧今和合，何所作爲？答：傳戒具足羯磨。

〔註28〕「和尚」：梵語 upādhyāya，巴利語 upajjhāya。指德高望重之出家人。又作和上、和闍、和社、殟社、鶻社、烏社。音譯爲鄔波馱耶、優婆陀訶、郁波第耶夜。意譯親教師、力生、近誦、依學、大眾之師。和尚爲受戒者之師表，故華嚴、天台、淨土等宗皆稱爲戒和尚。後世沿用爲弟子對師父之尊稱。然和尚一語乃西域語之轉訛，如龜茲語 pwājjhaw 等之誤轉。亦有謂印度古稱「吾師」爲烏社，于闐等地則稱和社、和闍（khosha），和尚一語即由此轉訛而來。又鳩摩羅什譯此語爲力生，意指弟子依師而生道力。

據大智度論卷十三載，沙彌、沙彌尼之出家受戒法，應求二師，一爲和上，一爲阿闍梨；和上如父，阿闍梨如母。意即捨本生之父母而求出家之父母。在西藏喇嘛教之四種階位中，以和尚爲最上之第四位，其權力僅次於達賴喇嘛與班禪喇嘛，住持諸大寺。日本佛教僧官階位中，有大和尚位、和尚位等稱呼，後則轉爲對高僧之尊稱。（佛光大辭典，頁3124）。

〔註29〕《四分律》第33卷，大正藏22，頁799b。

〔註30〕《四分律》第33卷，大正藏22，頁799b。

〔註31〕「阿闍梨」：梵語 ācārya，又作阿舍棃、阿闍梨、阿祇利、阿遮利耶。略稱闍棃。意譯爲軌範師、正行、悅眾、應可行、應供養、教授師。意即教授弟子，使之行爲端正合宜，而自身又堪爲弟子楷模之師，故又稱導師。於戒場，教授戒子威儀作法等之阿闍梨。小乘戒以現前之師爲教授阿闍梨，與羯磨阿闍梨均爲戒臘五年以上者；於大乘圓頓戒，則別請彌勒菩薩爲教授師。又密教在灌頂道場，引導受者入場內，教示投花等作法及其進退者，稱爲教授阿闍，或稱教授人。（佛光大辭典，頁3688）。

然後，羯磨師又當作如是白：

> 大德僧聽！此某甲，從某甲求受具足戒，此某甲今從眾僧乞受具足
> 戒，某甲爲和尚。若僧時到僧忍聽，與某甲受具足戒，某甲爲和尚，
> 白如是。大德僧聽！此某甲，從某甲求受具足戒，此某甲，今從眾
> 僧乞受具足戒，某甲爲和尚。誰諸長老忍，僧與某甲受具足戒，某
> 甲爲和尚者默然。誰不忍者說，此是初羯磨，第二第三亦如是說。

〔註32〕

3、問障法

羯磨師如上作白之後就向戒子問衣〔註33〕缽〔註34〕具否：

> 這是汝缽。
>
> 是，大德。
>
> 這僧伽梨、鬱多羅僧、安陀會都是你的？
>
> 是，大德。

然後羯磨師繼續向戒子問遮難，〔註35〕如問：

> 汝有癩、癰、疹、肺病、癲狂等病否？
>
> 汝是人否？是男人否？
>
> 自在否？非負債者否？非王臣否？
>
> 父母許否？
>
> 滿二十歲否？
>
> 缽、衣圓滿否？
>
> 何名耶？和尚之名爲何耶？

這樣問之後才正式白四羯磨傳戒。

〔註32〕《四分律》第33卷，大正藏22，頁799b。

〔註33〕「衣」：足說「三衣」，梵語 trīṇi cīvarāṇi，巴利語 tīṇi cīvarāṇi。請看本文第八
章。

〔註34〕「缽」：僧人所用的食器，有瓦缽、鐵缽、木缽等。一缽之量剛夠一僧食
用，僧人只被允許攜帶三衣一缽，此缽則爲向人乞食之用。

〔註35〕「問遮難」：所謂「問遮難」，是指受戒前審查受具者是否犯有眾罪，爲入僧
數之資格簡別。難，指自性惡，犯此即不宜受具戒；遮，指原非自性之惡，
但爲防譏嫌，故遮止不令受戒。比丘壇須問十三重難、十六輕遮；菩薩壇則
問七逆罪（出佛身血、弒父、弒母、弒和尚、弒阿闍黎、破羯磨轉法輪僧、
弒聖人）。綜之，欲受具戒者，除無遮難等罪，尚應六根具足，無有聾盲等患，
力堪修行，並已如法受持沙彌戒。

對於「遮難」的問題，《四分律》、《十誦律》、《毘尼摩得勒伽》與《毘尼母經》各有些不同如下面的表：〔註36〕

《四分律》	《十誦律》	《毘尼摩得勒伽》	《毘尼母經》
1、犯邊罪	1、殺父	1、殺父	1、曾毀五戒八戒十戒
2、犯比丘	2、殺母	2、殺母	2、破比丘尼淨行
3、賊心入道	3、殺阿羅漢	3、殺阿羅漢	3、自剃頭
4、壞二道	4、破僧	4、破僧	4、越濟人
5、黃門	5、惡心出佛身血	5、惡心出佛身血	5、黃門
6、殺父	6、先破戒	6、越濟	6、殺父
7、殺母	7、賊住比丘	7、非男	7、殺母
8、殺阿羅漢	8、先來不能男	8、污染比丘尼	8、殺阿羅漢
9、破僧	9、污比丘尼	9、賊住	9、破和合僧
10、惡心出佛身血	10、越濟人	10、不共住本不和合人	10、出佛身血
11、非人	11、滅羯磨人	11、不滿二十	11、非人
12、畜生	12、非人	12、自言非比丘	12、畜生
13、二形		13、化人	13、二根

從上面的對列看來，《毘尼母經》與《四分律》相同。只是第一項，《四分律》指「犯邊罪」，是過去曾經出家，而曾犯四根本罪〔註37〕的；而《毘尼母經》，指所受的五戒、十戒，沒有清淨受持。《十誦律》標十三事，而解說卻僅列十二，應是譯者的脫落了。第六「先破戒」，應同於《毘尼母經》第一項。第11「滅羯磨人」，指曾被滅擯，也就是出家而曾犯邊罪的。《毘尼母經》作「不共住本不和合人」。此外，《毘尼摩得勒伽》的「年不滿二十」、「自言非比丘」其他律沒有。

（四）佛聽受具

只有唯一蘇陀耶沙彌場合。如《毘尼母經》記載：

> 當於爾時，佛在舍衛國〔註38〕比舍佉鹿母園中堂〔註39〕上，問蘇陀

〔註36〕印順法師，《戒律學論集》卷上，正聞出版社，1994，頁346。

〔註37〕「四根本罪」：即「四波羅夷」。

〔註38〕「舍衛國」：舍衛，梵名 Śrāvastī，巴利名 Sāvatthī。為中印度古王國名。又作舍婆提國、室羅伐國、尸羅跋提國、舍囉婆悉帝國。意譯聞物、聞者、無物不有、

耶沙彌義，沙彌解義，如佛所解稱如來意。佛即告言：「汝從今已往，
若有疑惑恣汝來問，亦即與戒即得具足」，故名「聽受具」。〔註40〕

可見，這種受具的場合是只要佛陀允許說：如果你有疑惑的問題允許你來問
我，這樣你對戒也具足了，所以稱爲佛聽受具。

（五）上受具

一般的受具足戒者要滿二十歲，但這場合受具有特別。因爲這受戒者還沒
滿二十歲但已證阿羅漢，所以佛陀允許這位戒了受具。如《毘尼母經》記載：

云何「上受具」？如有一人盡一切漏，〔註41〕未滿二十已受具足。
即於比丘法中自生疑心，同住諸比丘知其生疑，往白世尊。世尊語
此漏盡比丘：〔註42〕「汝數胎中年乃至閏月皆數滿不？」答言：「不
滿」。佛即問諸比丘：「此比丘得阿羅漢耶？」諸比丘白佛：「得阿羅
漢」。佛言：「此是『上受具』也」。〔註43〕

那麼，這種受具是特別針對還沒到二十歲的人。一各律典的規定，一個
人必要滿二十歲才能受具足才稱爲「比丘」。如《摩訶僧祇律》所記載：「比
丘者，比丘名受具足善受具足，一白三羯磨無遮法和合十眾，十眾已上，年

多有、豐德、好道。又以此城多出名人，多產勝物，故僞聞物國。本爲北憍薩
羅國（梵 Uttara-Kośalā）之都城名，爲別於南憍薩羅國（梵 dakṣiṇa-Kośalā），
故以都城代稱。

關於舍衛國名稱之由來有數種說法，如毘濕奴富蘭那（梵 viṣṇu-purāṇa）所載，
該都城之創建人爲日種王（梵 śrāvasta）。另如南方佛教所傳，有人問：「此
城有何種貨物？（巴 kiṃ bhaṇḍaṃ atthi）」城中之人則答：「無物不有。（巴
sabbaṃ atthi）」又梵語 śrava, śravas 係耳、聞、好名聞之意，後轉釋爲舍衛國
之名。（佛光大辭典，頁 3504）。

〔註39〕「比舍佉鹿母園中堂」，即是「鹿子母堂」。

〔註40〕《毘尼母經》第一卷，大正藏24，頁 802a。

〔註41〕「漏」：梵語 āsrava，巴利語 āsava，乃流失、漏泄之意；爲煩惱之異名。人
類由於煩惱所產生之過失、苦果，使人在迷妄的世界中流轉不停，難以脫離
生死苦海，故稱爲有漏；若達到斷滅煩惱之境界，則稱爲無漏。在四聖諦中，
苦諦、集諦屬於迷妄之果與因，爲有漏法；滅諦、道諦則爲覺悟之果與因，
爲無漏法。有漏、無漏之法，在修行之因、果當中，具有極重要之地位。（佛
光大辭典，頁 5825）。

〔註42〕「漏盡比丘」：指煩惱斷盡之阿羅漢。又稱漏盡阿羅漢。乃阿羅漢之異稱。漏，
煩惱之異稱。阿羅漢斷盡煩惱，於一切法無著無執，永入涅槃，不再受生死
之果報，故稱漏盡比丘。

〔註43〕《毘尼母經》第一卷，大正藏24，頁 802a。

滿二十，此名比丘」。〔註44〕但對這種場合受具人還沒滿二十歲，不過已證阿羅漢，這樣才能稱爲「上受具」。

比丘尼也有五種受具：〔註45〕

1、隨師教而行受具（師法受具）

這是最初尼眾受戒的方法。佛陀的姨母——摩訶波闍波提憍曇彌——領著五百釋女，先後三次到佛陀處請求出家，都沒有得到許可，後來阿難代爲請求，佛陀觀機成熟，便讓阿難轉告，能夠遵守「八敬法」，〔註46〕就允許出家。阿難宣佈，摩訶波闍波提憍曇彌等聞，歡喜信受，即得具戒。《毘尼母經》記載：

> 當於爾時，佛住釋種園中。時摩訶波闍波提憍曇彌與五百釋種女來詣佛所。……。白佛言：「世尊！我等女人於佛法中得出家不？」佛言：「吾不欲聽女人出家……」。憍曇彌五百女等，……心懷悲惱自慨其身不在佛法之次。……見尊者阿難，……母及諸女即答言：「所以不悅者，但世尊不聽女人出家，是故憂色也」。阿難言：「且止！當爲白世尊」。……佛告阿難：「……女人能行八敬法者聽其出家。若不能者不聽在道。……汝今爲女人求出家，後當減吾五百世正法」。阿難聞此之言憂愁不樂，即出外問諸優婆夷等：「佛說八敬之法能奉行不？」諸女聞此語已內懷歡喜，即請阿難還白世尊：「我等今日蒙世尊施法，當奉行之」。……阿難以此之言即啓世尊，世尊言：

〔註44〕《摩訶僧祇律》第三卷，大正藏22，頁244a。
〔註45〕《毘尼母經》第一卷，大正藏24，頁801a。
〔註46〕「八敬法」：巴利語 aṭṭha garu-dhammā。又作八重法、八尊重法、八尊師法、八不可越法、八不可違法、八不可過法，單稱八敬。即比丘尼尊重恭敬比丘之八種法。如來成道後十四年，姨母摩訶波闍波提等五百女人要求出家，佛不允許，蓋以正法千年，若度女人，則減五百。阿難代爲三請，佛即制定八敬法，使向彼說，若能遵守，則聽彼等出家，摩訶波闍波提等頂戴信受，遂得戒，由得戒之十緣而正法亦復千載。此八法爲：（一）尼百歲禮初夏比丘足，雖百歲之比丘尼，見新受戒之比丘，亦應起而迎逆禮拜，與敷淨座而請坐。（二）不得罵謗比丘，比丘尼不得罵謗比丘。（三）不得舉比丘過，比丘尼不得舉比丘之罪，說其過失，比丘得說尼之過。（四）從僧受具足戒，式叉摩那（學法女）學戒畢，應從眾僧求受大戒。（五）有過從僧懺，比丘尼犯僧殘罪，應於半月內於二部僧中行摩那埵。（六）半月從僧教誡，比丘尼應於半月中從僧求乞教授。（七）依僧三月安居，比丘尼不應於無比丘處夏安居。（八）夏訖從僧自恣，比丘尼夏安居畢，應於比丘僧中求三事以自恣懺悔。（佛光大辭典，頁299）。

「此等已得受具」，是名「師法受具」。〔註47〕

由此可見，這種受具的方式可以說是「八敬法受具」。「隨師教」就隨順佛陀教導，意思就是說，摩訶波闍波提憍曇彌與五百釋種的女人隨順佛陀所教，歡喜執行「八敬法」而被佛陀允許受具足，所以稱為「隨師教而行受具」。

2、白四羯磨受具

比丘尼白四羯磨受具跟比丘白四羯磨受具一樣。

3、遣使現前受具

「遣使現前受具」的場合，佛在世時唯有一女得。依《毘尼母經》記載：「但此女顏容挺特世所無比，若往者恐惡人抄略，是故佛聽，今時若有如是比者，可得遣使受戒。其餘一切要現前得具，不現前不得。」〔註48〕

可見，因為這個女人長得美麗，很多男人聽說她要出家受戒，都想從半路上把她破了，為了防止意外，佛陀特許她派遣代表去求辦羯磨，回來轉告，也可得戒，這稱為「遣使現前受具」。

4、善來受具

比丘尼的善來受具與比丘相似。不過，這場合摩登祇女是對象。如《毘尼母經》所記載：「云何名『善來比丘尼受具』？當於爾時，世尊在舍衛國，摩登祇女來到佛所，頭面著地禮世尊足退坐一面，佛即為說法深悟法性，得須陀洹果，求佛出家。世尊告口：『聽汝於我法中善修梵行盡諸苦際』。佛言已訖。頭髮自落法服應器忽然在身，威儀庠序如久服法者，是故名為『善來受具』。」〔註49〕

當時，佛陀在舍衛國，摩登祇女來到佛所，禮拜佛陀足，然後退作一邊。那是佛陀就為她說深法，她就悟解法性，得須陀洹果，請求佛陀讓她出家。佛陀說：允許你於我法中善修梵行、盡際苦惱。佛陀剛說完話摩登祇的頭髮自落、法服應器忽然在身，成為一位莊嚴的比丘尼，這樣稱為「善來受具」。

5、上受具

比丘尼的上受具跟比丘上受具一樣。如《毘尼母經》記載：「上受具者，盡諸有漏成阿羅漢，如上沙彌，雖未滿二十得阿羅漢，故名為『上受具』。此

〔註47〕《毘尼母經》第一卷，大正藏24，頁802a。
〔註48〕《毘尼母經》第一卷，大正藏24，頁807a。
〔註49〕《毘尼母經》第一卷，大正藏24，頁802a。

比丘尼亦復如是，是名『上受具』。」〔註50〕

《毘尼母經》說比丘五種受具，比丘尼五種受具，實爲七種。因爲，比丘尼五種受具其實只有兩種「隨師教而行受具」與「遣使現前受具」是比丘沒有。其他都一樣，所以總共只是七種。

關於「受具分類」，除了《毘尼母經》的五種受具之外，《摩訶僧祇律》說有「四種受具足」：「自具足、善來具足、十眾具足、五眾具足」。〔註51〕佛成道，就自然的得具足，名「自具足」。佛度五比丘等，「喚善來比丘」而得度出家，名「善來具足」。「十眾和合，一白三羯磨，無遮法」，爲僧團的正規的受具足法，名「十眾具足」。這裡的「十眾具足」就是《毘尼母經》的「白四羯磨受具」，名稱不同但進行相同。此外，因爲邊地人數不夠，所以方便准予僧人五個作「五師傳戒」，名「五眾具足」。《十誦律》與《毘尼摩得勒伽》，也有十種受具足〔註52〕爲「佛世尊自然無師得具足戒；五比丘得道即得具足戒；長老摩訶迦葉自誓即得具足戒；蘇陀隨順答佛論故得具足戒；邊地持律第五得受具足戒；摩訶波闍波提比丘尼受八重法即得具足戒；半迦尸尼遣使得受具足戒；佛命善來比丘得具足戒；歸命三寶已三唱我隨佛出家即得具足戒；白四羯磨得具足戒」。對傳說中的不同受具，及傳說中的特殊事例，一一羅列起來，才成爲更多種的「受具足」。每部律的「受具足」雖然各有各的特色，但也有一些共同的觀點。

二、不得受具與得受具

（一）不得受具

佛教僧團是由個體的出家人組成，有健康的個體，才能組成清淨的僧團。因此，道風建設首先應該從僧伽的個人修學抓起。實際上，佛法之前不但人人平等，而且一切眾生，都是平等的，所以凡是人，都有資格出家，不論貧富貴賤，智愚聖凡，佛門之中，無不容納。所以出家是很容易的。然而，平等者，只是立腳點的基本平等，並非毫無鑑別的一律收容，否則佛教便將成爲一個藏污納垢的垃圾桶了！所以，學佛（不即是出家）的條件是來者不拒，

〔註50〕《毘尼母經》第一卷，大正藏24，頁803c。
〔註51〕《摩訶僧祇律》第23卷，大正藏22，頁412b。
〔註52〕《十誦律》第56卷，大正藏23，頁410a。《薩婆多部毘尼摩得勒伽》第5卷，大正藏23，頁594a。

出家的要求則有十三重難與十六輕遮。比如年齡非是太老或太小，生活能夠自理；具丈夫身，有堅強意志，能吃苦耐勞；沒有犯過邊罪（四重戒）；出家動機純正，非是賊心入道；志性堅定，信仰明確；生理健全，不是黃門、二根之類；沒有犯過殺父、殺母及殺阿羅漢的重大罪行；沒有債務在身，具自由身份；不是逃犯；身體健康，不是患有重病；四肢齊全，五官端正，非是諸根不全等。因此，律中規定受戒時需要由教授師、羯磨師對戒子進行反復審查，以確認其各項條件是否具足。如《毘尼母經》記載：「年不滿二十不得受具。若受亦不得具」。〔註53〕這是對受具足戒者第一個條件。所以，你出家多久也不管，如果你不到二十歲就也不能受比丘或比丘尼，即是還沒成為僧團的成員。受具足戒，才能獲得比丘、比丘尼的資格，成為僧團的正式成員。

受戒是出家人取得僧伽資格的必要手續。因此，手續不完成也不能受具。如《毘尼母經》記載：

> 復有三人不得受具，一、不自稱字；二、不偁和尚字；三、不乞戒。
>
> 此三種人不得受具。〔註54〕

所謂「乞戒」，是說受戒需要出於自身強烈的願望。如果不是自己強烈要求受戒，或者雖然要求了，但內心並未真正生起受戒的願望，即便有人為你授戒，也是不得戒的。

佛法是心地法門，就受戒而言，希求受戒的意願正是得戒關鍵所在。當我們希求獲得戒體時，心對戒律是開放的，這樣才能在羯磨過程中納受戒體。反之，如果無心受戒，心對戒律就是封閉的，怎麼能納法於心？就像聞法，若無求法意樂，即使聽得再多，也是法不入心，無從受益。因此，「不乞戒」也不能受具足戒。「不自稱字」與「不稱和尚字」是含在「不乞戒」裡。因為，如果任何人自身「不自稱字」與「不稱和尚字」說明那個人不願望求戒，所以也不能受具。

> 有二人不聽受具：一者，有業障；二者，龍變為人，若先不知與受
>
> 戒，後時知應擯出眾，先知不應與受戒。〔註55〕

論業障就不可能很明顯，不知這裡具體表示甚麼，可能指一個人的現在業力太重所以不允許受具。「龍變為人」也不是凡夫人了知的問題，只是佛陀

〔註53〕《毘尼母經》第一卷，大正藏24，頁806b。
〔註54〕《毘尼母經》第二卷，大正藏24，頁807a。
〔註55〕《毘尼母經》第二卷，大正藏24，頁807a。

或聖弟子才能看出來，所以這問題也不太明顯而解決。

> 復有一人不應受具，此身上忽生白色生已復滅，若先知不應與受具，
>
> 若不知已受具竟，後時雖知不應驅出眾。〔註56〕

「生白色」指一種病，患了這種病的人雖然沒有生命危險，不過看起來信徒會覺得不正常，所以也不能加入僧團，就是不能受具。

（二）得受具

《毘尼母經》記載：「有五人可受具足：一、成就丈夫；二、不負債；三、不是人奴；四、年滿二十；五、父母放出家，是五種人得受具足」。〔註57〕

一位比丘是僧眾的代表分子，所以他資格要莊嚴，身心都自在。如果僧團裡讓負債或人奴受具，僧眾就被信徒或外道譏嫌說：沙門釋子只是躲避負債的團體。還有，如果父母不允許出家但也出家，這樣的行為表示不孝之子，所以也不能允許成為比丘。為了那些理由所以佛陀不允許他們受具。

> 復有五處，白四羯磨受戒滿足。何者五？一者和尚；二者阿闍梨；
>
> 三眾僧具足；四性調順；五、諸根具足無諸障礙，是名五處受戒滿
>
> 足。〔註58〕

由此可見，受具的人除了要如法白四羯磨外，還要「諸根具足無諸障礙」，就是身體健康不缺殘。

三、傳戒人的資格

傳戒是專業性很強的事，必須由精通律典、戒行清淨、具足相關條件的和尚、阿闍梨和尊證師共同配合，才能如法傳戒，令戒子獲得戒體，〔註59〕這是取得僧人資格的關鍵所在。如果受戒不如法，或只是流於形式，受如不受，怎麼可能由此成為合格的僧人呢？惟有受戒羯磨如法，戒子緣十方三寶、法界情與無情的無邊境界發上等菩提心，真切乞求戒體，並以殷重心宣誓，

〔註56〕《毘尼母經》第二卷，大正藏24，頁807a。

〔註57〕《毘尼母經》第二卷，大正藏24，頁807a。

〔註58〕《毘尼母經》第二卷，大正藏24，頁807a。

〔註59〕「戒體」：即是戒之體性。舊譯無作，新譯無表。指行者受戒後，於身所生防非止惡之功能。亦即對於戒法之信念與奉持戒法之意志。戒體雖由作禮乞戒等作用而生起，但發得之後，即不假造作，恒常相續，故稱無作；其外相不顯著，故稱無表。據智顗之菩薩戒義疏卷上載，陳隋以前即有戒體有無之諍論，智顗認其為有，視之為假色。（佛光大辭典，頁2920）。

才能得到戒體。戒體是防非止惡的力量，有了戒體，才能依戒生活，並由此養成僧格。可以說，戒體就是僧人之所以為僧寶的關鍵所在。所以，僧團必須對傳戒引起高度重視，最好由專門的律宗道場成辦，以此保障傳戒的如律如法，使戒子都能獲得清淨戒體，在內心播下解脫和菩提的種子。因此，傳戒人的資格非常重要。《毘尼母經》規定：

> 有十三種人不得作和尚受具。若在家受優婆塞戒若毀破一，有受八齋毀一，若受沙彌十戒毀一，如此人者，後出家亦不得戒，亦不得作和上；二者，若出家在家破比丘尼淨行，亦不得作和上；三者，為衣食故，自剃頭著袈裟詐入僧中與僧同法事，此亦不得作和上；四者，若有外道人，於佛法中出家，後時厭道，不捨戒而去，從外道中還來欲在法中，佛不聽此人在於僧中，亦不得作和上；五者，黃門不得作和上；六者，殺父；七者殺母；八者出佛身血；九者殺真人羅漢；十者破和合僧；十一者若非人變形為人者名為非人；十二者若畜生道變形為人者，十三者二根人，如是十三種，不任作和尚。〔註60〕

這「十三種」不能當和尚受具其實與上面所講的「十三遮難」有關。基本上，都相同，除了第四條件「四者若有外道人，於佛法中出家，後時厭道，不捨戒而去，從外道中還來欲在法中，佛不聽此人在於僧中，亦不得作和上。」就「十三遮難」沒有。在此可見，受具足戒還要免得「十三遮難」何況當和尚傳戒。再說，在「十眾受具」中，「和尚」是很重要的。「受具」是出家而成為僧伽成圓的儀式。因此，印順法師有講：『在「受具」時，和尚是將求受具人，推介與僧伽，負有道義的保證責任。』〔註61〕

可見，和尚對求受具的人就像一位推薦和監護人對一個學生一樣，不只把求受具人推薦給僧團，而且還要保證他的修行資格的責任，所以戒壇中和尚的責任對戒子非常重要的。

四、得戒與不得戒

我們受戒要怎麼樣得到戒體呢？這個戒體所對的對象是非常廣大的。它的對象是什麼呢？就是十法界如塵似沙真俗二諦等等的這些法。用自己要約期限之心，來施造方便：我們身體禮拜，口請師，意業來觀想。又善於清淨

〔註60〕　《毘尼母經》第一卷，大正藏 24，頁 806b。
〔註61〕　印順法師，《戒律學論集》，正聞出版社，1994，頁 327。

我們這一念心，不要隨便打妄想，不可以還想要造惡，這個就不能夠得戒了。必須「善淨心器」，將這一念心安住在正念上頭：安住在「誓斷一切惡，無惡不斷。誓修一切善，無善不修。誓度一切眾生，無一眾生而不度者。」然後觀想十法界微妙的如塵似沙真俗二諦等等之法。

　　這裡得戒的條件必要受戒如法；即是受戒時自身發心和羯磨作法相應。首先要有求戒的心，然後是如法羯磨，兩者相應才能得戒。如法羯磨就是該用哪種羯磨的對象就用相當的作法。因此，《毗尼母經》說：

> 若聲聞用善來語授人戒者，不成受具；用三語授人戒亦不得受具；白四羯磨唱不成就者，亦不得受具；非法僧亦不得受具。何者名非法僧？不就戒場先羯磨後白，又復更作餘羯磨，皆名非法僧。離佛、離法、離毗尼受具亦不得具。……若無和上若二和上若三乃至眾多作和上亦不得受具。〔註62〕

　　可見，如果聲聞用「善來語授人戒」的人就不成受具，因為那方式唯一佛陀才能授人戒；或用三語授人戒也不得受具，因為這方式只從受戒者親口說出才成就；白四羯磨唱不成就也不得受具；非法僧亦不得受具。如不就戒場先羯磨後白，或作餘羯磨，皆名非法僧。離佛、離法、離毗尼受具也不得戒。如果沒有和尚或二和尚或三和尚乃至眾多作和尚亦不得受具，因為戒壇上，規定只要一位和尚而已。

> 若受戒者，若和上，隱身不現亦不得受具；十數眾僧雖滿，若一隱不現，若受戒者不現，亦不得受具外更不結大界，直結小界亦不得受具；若和上眾僧受戒人互在界內外，亦不得受具。〔註63〕

　　另外，在受戒當中，如果受戒者，或和尚，隱身不現也不得受具；或雖然十數眾僧滿，但有一位隱藏不現，或受戒者不現，也不得受具。外面不結大界，只結小界也不得受具，因為依受具規定，戒場要先結大界然後再結小界；或者和尚、眾僧、受戒人都在界內外，也不得戒。

　　上面所引的文字說明受戒羯磨作法不相當、不如法，所以不得戒。反而，要「有五處而得滿足，一者、和上如法，二者、二阿闍梨如法，三者、七僧清淨，四者、羯磨成就，五者、眾僧和合與欲。」〔註64〕

〔註62〕印順法師，《戒律學論集》，正聞出版社，1994，頁327。
〔註63〕印順法師，《戒律學論集》，正聞出版社，1994，頁327。
〔註64〕《毗尼母經》第一卷，大正藏24，頁806b。

　　因此，應當具足五項條件才能如法受戒。其一，得戒和尚是如法的。其二，羯磨阿闍梨和教授阿闍梨是如法的。所謂如法，包括戒臘、德行及作法三個方面。其三、七位尊證師的戒行是清淨的。第四、受戒羯磨的內容是成就的。五、作法範圍內的僧人都表示認同，沒有出現反對等別眾現象。

　　這裡五條件其實是如法羯磨作法與傳戒的「十師」資格如法。能夠這樣的成就是戒子可以得戒的條件。懂得受戒應該具足的各項條件，才知道何為如法受戒，知道我們所受的戒究竟得戒與否。

五、捨戒與不捨戒

　　捨戒是受戒的對稱。一位比丘對出家的生活沒有信心，沒有快樂，心裡想還俗，想捨一切所受的戒律稱為捨戒。如《毘尼母經》中所說：

> 捨戒法，若比丘愁憂不樂、不樂梵行，欲歸家不樂比丘法，於此法中生慚愧心，意欲成就在家之法，出家法於我無益，在家法益我甚好，意欲恰比丘法還家，作如是語：「我捨佛、法、僧、和尚、阿闍梨梵行、毘尼波羅提木叉戒」，如是廣說，應當知是為「捨戒」。不捨戒者，若癡狂心亂乃至口噤不能言者，不名「捨戒」。〔註65〕

　　可見，捨戒就是比丘討厭比丘的生活想還俗過在家的日子便說：「我捨佛、捨法、捨僧、和尚、阿闍梨等」，作如是語完，是名捨戒。」那麼，捨戒不必使用儀式，如果捨戒的人能夠深知佛法，懂得戒律的尊嚴，並不以捨戒還俗為恥者，可以在大眾僧前公開宣佈捨戒，並於捨戒的同時，脫下僧服，換穿俗裝，宣佈捨戒，亦宣佈捨僧名而改俗名。反過來，如果癡狂心亂乃至口噤不能說出來，這樣不稱為捨戒。捨戒還稱為還戒。如《律戒本疏》記載：「若受戒不還戒，戒羸不出行婬欲法犯重罪」。〔註66〕所謂「戒羸」《毘尼母經》記載：「戒羸者，比丘生念：不樂梵行，樂在外道乃至作僧祇人，〔註67〕是名『戒羸』。」〔註68〕

　　由此看來，比丘受戒的時候，要舉行很隆重的儀式。但捨戒就完全相反，如《四分律名義標釋》已記載：「佛告諸比丘，說一語，便成捨戒。作如是言：

〔註65〕　《毘尼母經》第二卷，大正藏24，頁808a。
〔註66〕　《律戒本疏》，大正藏85，頁616c。
〔註67〕　「僧祇人」：淨人的別名，於寺院中，未行剃染而服種種淨業作務者。
〔註68〕　《毘尼母經》第二卷，大正藏24，頁808a。

『我捨佛，作如是一語，便爲捨戒；捨法、捨僧、捨和尙、捨阿闍梨、……捨諸淨行比丘、捨戒、捨毗尼、捨學事，我是白衣乃至我非沙門釋子法』，一一句」。〔註69〕

可見，受戒時須「三師七證」，但捨戒只要一人便捨。只要捨戒者說出我不樂梵行，我捨佛、捨法、捨僧、和尙、阿闍梨等，就可以捨戒了，可以過一般俗人的生活。有人問爲什麼受戒時須「三師七證」而捨戒便一人就能捨。《薩婆多毘尼毘婆沙》中回答：「求增上法故則須多緣多力，捨戒如從高墜下故不須多也。又云：不欲生前人惱惡心故若須多緣者。前人當言：佛多緣多惱，受戒時可須多人，捨戒復何須多也。受戒如得財寶，捨戒如失財寶。如入海採寶，無數方便然後得之，及其失時，盜賊水火須與散滅，捨戒亦爾」。〔註70〕因此，受戒是很珍貴的事，要有多人支持才成就，但捨戒如失財寶一樣，沒有什麼高興所以不用多人。

第三節　小　結

本章重點說明比丘和比丘尼的受具法。兩者都有五種受具法，三種是同樣即「善來受具」、「白四羯磨受具」、「上受具」其他兩種完全差別就是比丘兩種「三語受具」、「佛聽受具」與比丘尼兩種「隨師教而行受具」、「遣使現前受具」。其中五種，「白四羯磨受具」就是最普遍的，現今佛教的受具都用這種受具法。另外《毘尼母經》中，有提到很多「摩呾理迦」跟受具有關，而其他部律不相同，如「不得受具與得受具」的資格、「傳戒人的資格」、「得戒與不得戒」、「捨戒與不捨戒」等事項。

〔註69〕《四分律名義標釋》第四卷，續藏44，頁430b。
〔註70〕《薩婆多毘尼毘婆沙》第二卷，大正藏23，頁514b。

第五章　對「布薩、說戒」有關的「摩咀理迦」

第一節　布　薩

　　「布薩」是僧團中非常重要的大眾會議。通常情況下，每半個月要舉行一次，在戒經中稱爲半月半月說。布薩會議的舉行，在一個界內的所有出家僧眾都要參加。何故名「布薩」？《毘尼母經》已定義：「斷名『布薩』，能斷所犯，能斷煩惱，斷一切不善法，名『布薩義』，清淨名『布薩』。」〔註1〕

　　依引文的意思來說，「布薩」能斷漏惑、斷自己所犯、斷煩惱、斷一切不善法，讓每個人能夠成爲清淨就稱爲布薩。經中還記載：「云何名『布薩羯磨』？眾僧欲布薩時，眾中最小者，應掃堂敷坐具取香水灑地燃燈，如此諸事皆名『布薩羯磨』。」〔註2〕

　　可見，「布薩羯磨」在《毘尼母經》中有很單純的意義，就是大眾中最小的人要準備布薩之前的一些事情如掃堂、敷坐具、取香水灑地、燃燈等稱爲「布薩羯磨」。

　　以梵文方面來了解，「布薩」梵語是 poṣadha，upavasatha，upoṣadha，upavāsa，巴利語是 uposatha 或 posatha，又作「優波婆素陀」、「優婆娑」、「布

〔註1〕　《毘尼母經》第三卷，大正藏24，頁813a。
〔註2〕　《毘尼母經》第三卷，大正藏24，頁813a。

薩陀婆」、「布灑他」、「布沙他」、「鄔波婆沙」、「逋沙陀」、「褒灑陀」、「烏逋沙他」。意譯為長淨、長養、增長、善宿、淨住、長住、近住、共主、斷、捨、齋、斷增長，或稱說戒。即同住之比丘每半月集會一處，或齊集布薩堂（梵 uposathagara，即說戒堂），請精熟律法之比丘說波羅提木叉戒本，以反省過去半月內之行為是否合乎戒本，若有犯戒者，則於眾前懺悔，使比丘均能長住於淨戒中，長養善法，增長功德。又在家信徒於六齋日受持八齋戒，亦稱布薩，謂能增長善法。

那麼，「布薩」的舉行：一方面為信眾們說法，受持八關齋戒，使他（她）們住於清淨戒行，過著清心寡欲的生活；一方面比丘讀誦戒本，按篇提示、檢閱，通過自我檢討、發露懺悔，從而收到僧眾自新、僧團純潔、正法久住的效果。

由此可見，《毘尼母經》中「布薩」的意義有點簡單，不過它也帶著重心的意義，就是懺悔而斷一切不善法所以能夠還復清淨。

一、布薩的起源

「布薩」源於吠陀的制度。在吠陀時代，新月（初一）與滿月（十五）被認為是祭祀的吉祥日子，天神將會在新月與滿月日的前夕，來到祭祀者的家裡。所以，人們要在此時守齋戒，就稱為 uposatha（巴利語）。Uposatha 來自吠陀梵語 upavasatha。Upavasatha 的動詞 upavasati, upa 意為 near（近），字根 vas，意為 to abide or dwell with（住），是在一種禁戒的狀況（to abide in a state of abstinence），〔註3〕也是指祭祀前的淨身與淨心的齋戒準備。

在漢譯的《起世因本經》〔註4〕中提到，在每月八日與十四日，四大天王分別派遣大臣與太子下降世間，四大天王則於十五日親自下世間，他們觀察眾生是否供養父母、尊重沙門婆羅門、宗親，行施作福與受持齋戒。《大般若經》卷十二〔註5〕也記載每月八日、二十三日、十四日、二十九日、十五日、三十日，諸天眾會。這些日子在當時的印度被視為行善作福的吉祥日，各種沙門外道的修行者也在這些日子持齋禁戒，並集眾為弟子們說法。

〔註3〕 Monier-Williams, A Sanskrit-English Dictionary,（Oxford, 1899, Revised edition. Delhi, 1963），頁 206。

〔註4〕 《長阿含經》第二卷，《起世因本經》第七卷，大正藏 01，頁 401c-402b。

〔註5〕 《大般若經》第 12 卷，大正藏 08，頁 310c。

依據律藏的記載，佛陀開始注重印度此一傳統習俗，緣起於摩竭陀國國王頻婆娑羅王（瓶沙王）的建議。他發現沙門外道於布薩日對人們說法，因而贏得信眾的尊敬、信心與供養，乃向佛陀建議僧團亦可如此，能令眾得福，並使正法久住。佛陀便制定比丘們在每半月的第八、十四、十五日集會布薩。〔註6〕

根據各部律的記載，佛教早期是沒有布薩的。但是，在印度的文化背景中，外道尚且定期布薩，使身心清淨，禮敬諸神，而佛教居然不舉行布薩，就難免受人非難了。而佛教之所以設立布薩制度，正是因為受到印度其他教派的影響。

「布薩」源於吠陀祭祀前的齋戒準備，印度的沙門外道乃以此作為集會說法的日子，而佛教沿用此制度，也在發展中成為今日僧俗的誦戒與齋戒。由此可知，佛教應是先沿用設定布薩日的集會，而後才有布薩日與說戒結合的規定，且後來發展出「布薩即是說戒」之意。

關於布薩的起源在《毘尼母經》中沒有具體提到。不過，看其他各部律記載，就明顯知道佛教設立布薩制度的因緣，是因為外道在每月固定的時間舉行布薩，而佛教的教團沒有布薩使外道與信眾譏嫌，所以佛陀規定比丘們必須舉行布薩。如《十誦律》所記載：

> 佛在王舍城，是時，世尊未聽諸比丘布薩，未聽布薩羯磨，未聽說波羅提木叉，未聽會坐。爾時，異道梵志問諸比丘：汝有布薩、布薩羯磨、說波羅提木叉、會坐不？答言：不作。異道梵志嫉妒、譏嫌、責數，言：餘沙門、婆羅門，尚有布薩、布薩羯磨、說波羅提木叉、會坐，汝諸沙門釋子，自稱善好有德，而不作布薩、布薩羯磨、說婆羅提木叉、會坐。有諸比丘，少欲知足行頭陀，聞是事心慚愧，以是事具白佛。佛以是因緣集僧，集僧已，佛語諸比丘：從今聽作布薩、布薩羯磨、說婆羅提木叉、會坐，如我結戒，半月半月，應說波羅提木叉。〔註7〕

《十誦律》所講就是，當時佛在王舍城，還沒有比丘布薩制度。當時，其他外道都有布薩日，所以各外道派對佛教譏嫌。佛陀以這件事來制定布薩制度，半月半月，應說波羅提木叉。

〔註6〕 I. B. Horner, *Book of the Discipline* IV, Oxford, 1996，頁130。
〔註7〕 《十誦律》第22卷，大正藏22，頁121b。

從此觀之，佛教是因為受到外道的譏刺而設立布薩制度的。但另外一說是說，佛陀是因為瓶沙王的勸請而設立布薩制度的。如《五分律》所記載：

> 佛在王舍城，爾時外道沙門婆羅門，月八日十四日十五日。共集一處和合布薩說法，多有眾人來往供養。瓶沙王見之作是念：若正法弟子亦如是者不亦善乎？我當率諸官屬往彼聽法恭敬供養令一切人長夜獲安。爾時世尊亦作是念：我為諸比丘結戒。而諸比丘有不聞者不能誦學不能憶持。我今當聽諸比丘布薩說戒。瓶沙王念已到佛所，頭面禮足却坐一面，以所念白佛，佛為王說種種妙法示教利喜已，即便還宮。佛以是事集比丘僧，以瓶沙王所白及已所念，告諸比丘：今以十利故。聽諸比丘布薩說戒。〔註8〕

根據《五分律》所記載，外道在每月的八日、十四日、十五日舉行布薩，與信徒說法、信徒種種供樣。因此，當時佛陀受瓶沙王之請求，允許比丘於每月的八日、十四日、十五日舉行布薩，說波羅提木叉並接受信徒的供養飲食並沒有提及外道譏諷。這個問題現在已無法得知，但是兩說都有可能存在。印度社會在佛陀時代，婆羅門教已漸漸失去社會思想的統治地位，而新興的沙門團之間，競爭激烈，在這樣的情況下，互相較勁、譏刺、責難的情形，是很有可以發生的；而摩揭陀國的瓶沙王，很有可能正是因為看到佛教受外道的譏刺，才勸請佛教設立布薩制度的。事實到底是否如此，現在雖然已無法確知，但是，可以肯定的是，佛教的布薩制度，是受到外道的影響或刺激而設立的。

二、布薩日的規定

有關沙門外道的布薩日，大部分的律藏都提到月八，十四與十五日。剛開始佛陀也隨順習俗要弟子們於此三日集會。當佛教布薩的內容為說戒時，如果依當時習俗想必也是月八，十四與十五日布薩說戒。但是佛陀開始制定說戒時，並沒有規定比丘們什麼時候說戒。有關布薩日期的確定，在《四分律》中，有比較詳細的記載：

> 時諸比丘，欲夜集一處說法。佛言：「聽說！」諸比丘不知何日集。佛言：「聽十五日、十四日、十三日，若十日，若九日，若八日，若

〔註8〕《五分律》第18卷，大正藏23，頁816c。

　　五日，若三日，若二日，若日日說」。〔註9〕

　　佛陀既然考慮有些比丘沒有聽聞戒法，不能誦學、不能憶持，因而制定布比丘們集會薩誦戒，於是比丘們欲夜集說法誦戒，但不知應該幾天集會一次；所以，佛陀允許比丘們十五日、十四日，乃至每日集會說法誦戒。於是，比丘們日日說戒。在《五分律》中所說：「佛既聽布薩說戒，諸比丘便日日布薩，以是白佛，佛言不應爾」。〔註10〕可見，佛聽諸比丘布薩，諸比丘便日日布薩，這樣白佛。佛言：不應該這樣。於是「諸比丘復一日三日至五日一布薩，以是白佛。佛言亦不應爾，聽月八日十四日說法十五日布薩。」〔註11〕

　　由此可知，佛教剛開始布薩時，比丘們的確曾經是日日布薩的。但是，後來因為日日布薩，精神體力都感到過於疲累，才由佛陀規定在每月的八日、十四日和十五日布薩：「時諸比丘，日日說戒疲倦。佛言：不應日日說戒。自今已去，聽布薩日說戒」。〔註12〕

　　那麼，佛教的比丘們最初是天天布薩說戒，後來因為太過疲累，才依從印度社會習俗，把每月八日、十四日和十五日定為布薩日。對於這個觀點《四分律》與《五分律》的觀點相同。

　　但是，一般而言，布薩應該是每半月舉行一次的，像北傳佛教大部分的宗派都規定每半月布薩一次。印順法師也說：「佛教有布薩的制度，每半月一次，集合大眾來誦說波羅提木叉」。〔註13〕那麼，這種制度從哪裡來？《毘尼母經》所說：「佛在世時，諸比丘日日說戒，眾僧皆生厭心。佛聞即制十五日一說戒。」〔註14〕

　　可見，每個月於「十五」、「初一」說戒，即是相當北傳佛教的每半月布薩一次。那就是這種制度是從《毘尼母經》而來。《十誦律》說「半月半月，應說波羅提木叉」。〔註15〕

　　由此可見，現今北傳佛教的布薩日期都是受《毘尼母經》和《十誦律》的影響。因此可見，有關布薩日期律藏中各有各不同的說法。

〔註9〕　《四分律》卷35，大正藏23，頁817b。
〔註10〕　《五分律》卷38，大正藏23，頁121b。
〔註11〕　《五分律》卷38，大正藏23，頁121b。
〔註12〕　《四分律》第35卷，大正藏23，頁817b。
〔註13〕　印順法師，《初期大乘佛教之起源與開展》，正聞出版社，1992，頁216。
〔註14〕　《毘尼母經》第二卷，大正藏24，頁809a。
〔註15〕　《十誦律》第22卷，大正藏23，頁158a。

第二節　布薩、說戒的「摩呾理迦」

一、處　所

佛在世時布薩說戒的處所也是僧坊。根據《毘尼母經》所記載：

> 爾時於一住處說戒，僧坊既大，諸比丘遠者不聞，是以如來爲諸比
> 丘制法，僧眾若多僧房亦大者，應當正中敷座，說戒者在此座上，
> 當高聲了了說使得聞之。〔註16〕

可見，處所要適合僧數，讓每個人都能夠聽清楚才是如法。

二、取布薩欲

上面所講，布薩日如果沒有特別緣故不能不來，有緣故不能來也要請個假稱爲「與欲」，然後接受「與欲」的人就稱爲「取欲」。《毘尼母經》所記載：

> 爾時世尊告諸比丘，當唱淨。唱淨已，今日眾僧布薩，有病比丘不
> 來者聽與欲遣人取之，是名「欲相應法」。若有緣與欲無緣應去。「取
> 欲人相應」者，若取欲有眾難不得來取欲者，清淨眾僧清淨，是名
> 「取欲人相應」。〔註17〕

可見，「取欲」人不但說出自己清淨而且已接受別人的「與欲」，也要在眾僧中代替別人說清淨，這樣稱爲「取布薩欲」。

三、誦戒音聲

當時比丘們用歌音誦戒，佛陀就不允許，他說：「不應當以高聲了了誦戒，歌音誦戒有五事過：一、心染著此音；二、爲世人所嫌；三、與世人無異；四、妨廢行道；五、妨入定。」〔註18〕誦戒乃是使修行者能夠做到戒行清淨乃至心清淨的重要機制，但是如果用歌音誦戒就會有五事過不能「入定」，沒有「定」就不能生「慧」，因爲戒、定、慧「三無漏學」中基礎；這就是佛陀不允許用歌音誦戒的理由。

〔註16〕《毘尼母經》第二卷，大正藏24，頁 809a。
〔註17〕《毘尼母經》第八卷，大正藏24，頁 847a。
〔註18〕《毘尼母經》第二卷，大正藏24，頁 808a。

四、略說戒緣故

布薩說戒不可荒廢，但在說戒日出現特殊情況，阻礙了布薩法會的正常進行，應該怎麼辦呢？針對著有可能出現的問題，《毘尼母經》中也有相應的規定，比如遇到下面八種難就能略說戒。「有八種難得略說戒，一者王難、二者賊難、三者水難、四者火難、五者病難、六者人難〔註19〕、七者非人難〔註20〕、八者毒蛇難。〔註21〕」〔註22〕

由此可見，略說戒都有一定的緣故，不能隨便略說。經還說五種略說要按照規定而誦：

> 一者說戒序已，稱名說言，四波羅夷，汝等數數聞，乃至眾學亦如是說；第二略者，從戒序說四事竟，後亦稱名如前也；第三略者，從戒序說至十三事，後者稱名亦如前二；第四略者，從戒序說至二不定，餘者稱名亦如前三；第五略者，從戒序說乃至尼薩耆波逸提，後者稱名亦如前四。〔註23〕

第一種略說是誦戒序後接著把「四波羅夷」到最後的幾種戒經的名稱講出來；第二種略說是誦戒序到「四波羅夷」後把後面的戒名從十三「僧殘」到最後念出來；第三種略說是從戒序誦到十三「僧殘」，然後接著只念戒的名稱；第四種略說是從戒序誦到「二不定」，〔註24〕後面的像前面三種一樣；第五種略說就從戒序誦到「尼薩耆波逸提」，〔註25〕後面稱名也像前面四種一

〔註19〕 「人難」：謂有冤仇者，欲執縛比丘，此據常人，不同賊也。

〔註20〕 「非人難」：即鬼神為惱。

〔註21〕 「毒蛇難」：通目禽獸能為命難者。

〔註22〕 《毘尼母經》第二卷，大正藏24，頁809a。

〔註23〕 《毘尼母經》第二卷，大正藏24，頁809a。

〔註24〕 「二不定」：梵語 dvāv-aniyatau。為比丘受持具足戒之部分。不定，謂實犯與否及所犯何戒猶未審明之義。有屏處不定戒、露處不定戒二種。（一）屏處不定戒，比丘於屏處（不能見聞之處）、覆處、障處等可作淫事之處，與女子獨處共坐，或說非法語。（二）露處不定戒，比丘與女子於露現處共坐，說淫欲粗惡等語。此二不定戒在五篇及六聚中，與百眾學、七滅諍等共攝於突吉羅。

〔註25〕 「尼薩耆波逸提」：梵語 naiḥsargika-prāyaścittika，巴利語 nissaggiya pācittiya。又作泥薩祇波逸底迦、尼薩耆波夜提、尼薩祇貝逸提。略稱尼薩耆。意譯作盡捨墮、捨墮、棄墮。尼薩耆，盡捨之意；波逸提，墮之意。即波逸提之一種，謂應捨財物之墮罪。「單墮」之對稱。為比丘、比丘尼所受持具足戒之一，五篇罪之一，僧戒八段中之第四段。共有三十條戒，稱為三十捨墮。此戒乃警戒由於貪心而集貯無用之長物，助長生死之業，遂墮落三途，故捨棄此等

樣。這樣說明那幾種略說說戒師應該知道然後要隨緣應付相當。「說戒師當量事緩急，觀時進不，緩則爲廣三十九十，略其餘者；急則爲說序已，餘隨略之。」〔註26〕《四分行事鈔資持記》也說：「故疏云，今有行略，多無法式，就緣緩急，稱時爲要，常途寒熱，容所敘致，可廣始終（前序及七滅已下也），而略中廣（即七篇也）」。〔註27〕

因此，在說戒日，出現以上的情況，可以略說戒。略說的程度如何，應該根據難緣的緩急，或略引八篇題首：即說前方便，如廣說法，至序竟問清淨已，應言：諸大德，是四波羅夷法，僧常聞；乃至諸大德，是眾學法，僧常聞。七滅諍下，如法廣說，至末文也。或略卻：即難緣卒至，說序已曰：「余者僧常聞」，〔註28〕也就行了。

另外，還有一種特殊略說戒如：「有賊難不得就餘寺說戒，法事不成。佛聞已教諸比丘，汝等當略說戒：諸惡莫作諸善奉行自淨其意是諸佛教，是名略說戒。」〔註29〕

由此可見，如果有特別的情況只要一句「諸惡莫作諸善奉行自淨其意是諸佛教」，也算是略說戒了。

五、不得不誦戒

布薩日說戒，主要的目的，是爲了比丘們能夠反醒自己而達到清淨。因此，當佛陀爲教團設置了布薩制度之後，便規定布薩日誦波羅提木叉，使犯戒者透過發露、懺悔而重新得到清淨。可見，誦戒對出家人非常重要，所以佛陀規定所有比丘，無論是犯戒或是沒有犯戒、初學比丘還是無學的阿羅漢，終其一生，都必須參加布薩，不得以任何理由在布薩中缺席了。〔註30〕此外，在《毘尼母經》中也記載：

之財物、貪心、罪業，稱爲捨墮。或謂犯此罪將墮入三惡道，故稱墮；懺除之法必先捨其財物，故稱捨。蓋此戒與衣　等財物有關，故若以所犯之財物捨於眾中而懺悔之，稱爲盡捨；若不懺悔，則結墮惡之罪，稱爲墮。（佛光大辭典，頁 1892）。

〔註26〕 釋智諭，《四分律拾要鈔》，西蓮淨苑出版社，民國 76 年，頁 36。

〔註27〕 《四分行事鈔資持記》第四卷上，大正藏 40，頁 231c。

〔註28〕 《四分律》第 35 卷，大正藏 23，頁 817b。

〔註29〕 《毘尼母經》第二卷，大正藏 24，頁 809a。

〔註30〕 相關記述詳見《銅鍱律》、《四分律》、《五分律》等各部律。

有出家者至五臘要誦戒使利，若根鈍者乃至百臘亦應誦之，若故不誦，若先誦後時廢忘，若復鈍根不能得者，此等三人有四種過：一、不得畜弟子；二、不得離依止；三、不得作和尚；四、不得作阿闍梨，是名不誦戒者罪。〔註31〕

可見，不誦戒人一輩子不能收養弟子；對戒律不了通也不能離依止；〔註32〕不誦戒人也不能當和尚或阿闍梨。因此，出家人不管戒臘大小也要精進參加誦戒，這有是出家人的責任也是利益。

六、說戒法

在布薩日說戒時要如法。如《毘尼母經》中所規定：

說戒法，應如法集僧，僧集已應當一白羯磨，不應二三四白羯磨也。

僧作法事如法取欲皆應默然，不應遮也。僧若不滿足者不應說戒。

僧若滿足應廣說戒。時不中略說也。時者，無留難名為時。〔註33〕

由此可見，說戒只要一白羯磨。如法作法事，與欲、取欲後就不應該遮說戒。不過，僧不滿足（數）不應該說戒。「時者」（無留難〔註34〕），不應該略說戒。如此如法進行說戒稱為「說戒法」。

七、非法說

佛教對說話觀念有分別兩種：如法說和非法說。如法就是說正確「法」的本性。「法」梵語 dharma，音譯為達磨、達摩、馱摩、曇摩、曇無、曇。於佛典中，法之用例極多而語意不一，總括之，可類別為任持自性、軌生物解二義。任持自性，意指能保持自體的自性（各自的本性）不改變；軌生物解，指能軌範人倫，令人產生對一定事物理解之根據。就任持自性之意義而言，法乃指具有自性之一切存在；就軌生物解之意義而言，法乃指認識之標準、

〔註31〕 《毘尼母經》第二卷，大正藏24，頁809a。

〔註32〕 「依止」：即是比丘新剃度後，依靠其他先輩比丘，而受其監督學法，此師即稱依止阿闍。律制五年依止和尚或阿闍黎，為的是堅固三學的基礎。五夏期滿之後，如果不知法不知律，此人是不准離依止的。據釋氏要覽卷上載，師有二種：一為親教師，即比丘依之出家、受經者；二為依止師，即比丘依之稟受三藏者。而禪林中，亦稱參禪之師為依止師。（佛光大辭典，頁6497）。

〔註33〕 《毘尼母經》第二卷，大正藏24，頁808a。

〔註34〕 「留難」：邪魔來留止人之善事，此為修行之障難，故稱為留難。

規範、法則、道理、教理、教說、眞理、善行等。因此，萬法的本性怎麼樣就說怎麼樣，如此說稱爲入法說，否則稱爲非法說。那麼《毘尼母經》的非法說如何？

> 云何名爲「非法說」？彼師爲問者說，法說非法，非法說法；乃至所說名非所說，不所說名所說；限量作非限量；非限量作限量；分別名不分別，不分別名分別。〔註35〕

根據《毘尼母經》所講「非法說」意思即是有徒弟向師父提問問題，而師父回答他的方式不如法，師父以法說非法，以非法說法；限量作非限量；非限量作限量；分別名不分別，不分別名分別等，這樣把法弄顛倒本經稱爲「非法說」。

總之，《毘尼母經》所講「非法說」比較狹，意思只限制在「不說事實」而已。

八、止說戒

說戒對佛教教團來說是非常重要的事務，每半個月都要說戒，但有時候佛陀教比丘們止說戒。那哪個場合就要止說戒呢？對這個止說戒問題《毘尼母經》以記載：

> 佛告諸比丘：「眾中若有不清淨者，止不應說戒」。六群比丘〔註36〕

〔註35〕《毘尼母經》第二卷，大正藏 24，頁 809a。

〔註36〕「六群比丘」：梵語 ṣaḍ-vargīka-bhikṣu，巴利語 cha-bbaggiyā-bhikkhū。指成群結黨之六惡比丘。又作六眾苾芻、六群。佛在世時，有惡比丘六人，勾結朋黨，不守律儀，多行惡事，佛制戒多緣此六比丘而來。諸律所載，其名不一。

依四分律卷二十二載，六比丘即：（一）難陀（梵 Nanda），又作難途。（二）跋難陀（梵 Upananda），又作鄔波難陀。（三）迦留陀夷（梵 kālodāyin，或 udāyin）。（四）闡那（梵 Chanda），又作車匿。（五）阿說迦（梵 aśvaka），又作阿濕婆，譯作馬宿、馬師。（六）弗那跋（梵 Punarvasu），又作富那婆娑、補捺婆素迦，譯作滿宿。

依印順法師《初期大乘佛教之起源與開展》記載：佛陀晚年，提婆達多（Devaddatta）要求比丘僧的領導權（「索眾」）；由於沒有達到目的，企圖創立新教（「破法輪僧」）事件，含有釋族比丘與諸方比丘間的對立意義。提婆達多是佛的堂弟，出於釋迦 Śākya 族。提婆達多的四位伴黨，都是「釋種出家」。『律藏』中有名的「六群比丘」，據律師們的傳說，釋尊制立學處 śikṣāpada，幾乎都由於這幾位犯戒而引起的。《僧祇律》說：「六群比丘共破僧」。而這六位，不是釋種，就是與釋種有著密切的關係，如《薩婆多毘尼毘婆沙》卷四

聞佛語已，即遍諸寺唱言：「佛止不聽說戒」。世尊告曰：「吾不止清
淨比丘說戒」。若七聚中乃至惡語，僧集時眾中，有犯者止，無犯者
便說，是名「止說戒」。〔註37〕

可見，布薩日如果眾中有不清淨比丘就要止說戒。換言之，在七聚〔註38〕
中有人犯就止說戒，反而就該說戒。

九、不成說戒

據《毘尼母經》記載：

不成說戒有四種：非法群共說戒不名說戒；非法齊集此亦不名說戒；
群共此亦不成說；應一白處二白，此亦不成說戒；若有比丘於說戒
時，三四別共私論起貢高心，因說戒論義生於諍訟，如此說戒不成
說戒。〔註39〕

佛教的「布薩」一詞，從其內容而言意指說戒、或包含各種羯磨的舉行，
從其意義而言乃指清淨與和合。因此，如果說戒的羯磨不如法就是說戒不成。
羯磨不如法包括僧團不清淨和合，所以比丘們才生起「貢高心」與「諍訟」
的動作。可見，「布薩說戒」一定要清淨與和合，才是真正說戒成就。

（大正二二・五二六上）說：「五人是釋種子王種：難途、跋難途、馬宿、滿
宿、闡那。一是婆羅門種，迦留陀夷」。六人中，難陀（難途 Nanda）、跋難
陀（Upananda），是弟兄，律中傳說為貪求無厭的比丘。阿溼鞞（馬宿 Aśvaka）、
不那婆娑（滿宿 Punabbasu），在律中是「行惡行，汙他家」的（依中國佛教
說，是富有人情味的），也是善於說法論議的比丘。闡那（或譯車匿 Chanda）
是釋王子時代的侍從，在律中是一位「惡口」比丘。迦留陀夷（或作優陀
夷 Kālodāyin, Udāyin），是釋尊王子時代的侍友，在律中是被說為淫心深重的
比丘。佛世的比丘尼，以釋迦族及釋迦近族的拘梨 Koliya、摩羅 Malla、梨車
Licchavi 族女為多。女眾更重視親族及鄉土的情誼，《十誦律》就稱之為「助
調達比丘尼」。總之，釋種的比丘、比丘尼，在提婆達多「索眾」時，多數是
擁護提婆達多的。（印順法師，《初期大乘佛教之起源與開展》，正聞出版社，
1992，頁 317。）

〔註37〕《毘尼母經》第三卷，大正藏 24，頁 813a。
〔註38〕「七聚」：將犯戒之相分為七類，即統括五篇與篇外諸戒條為七類。又作七犯聚、
　　　　七罪聚、七篇。即：（一）波羅夷（梵 pārājika），意譯斷頭。（二）僧伽婆尸沙
　　　　（梵 saṃghāvaśeṣa），即僧殘。僧為僧伽之略；殘為婆尸沙之譯。（三）偷蘭遮
　　　　（梵 sthūlātyaya），意譯大障善道。（四）波逸提（梵 pāyattika，或 prāyaścittika），
　　　　意譯墮。（五）波羅提提舍尼（梵 pratideśanīya），意譯向彼悔。（六）突吉羅（梵
　　　　duṣkṛta），意譯惡作。（七）惡說（梵 durbhāṣita）。（佛光大辭典，頁 120）。
〔註39〕《毘尼母經》第二卷，大正藏 24，頁 809a。

　　總之,「布薩」是古印度的一個習俗,在吠陀時代,它與祭祀有關,其他外道雖不主張祭祀,他們也以為信眾說法為布薩日。佛陀雖後來也接納此習俗,但是他的意義與目的非常獨特。那個意義是讓僧眾個人身心淨化,到僧團清淨和合的維繫,而達到最高的目的是「解脫」。

第三節　小　結

　　布薩原本是吠陀的制,布薩的目的除了是為了禮敬諸神,說法攝眾之外,也有清淨身心的功能。佛教受到印度文化背景的影響,佛陀也規定佛弟子必須在每半個月舉行一次布薩。在布薩中,透過發露、懺悔、誦戒等過程,使犯戒者得到身心清淨,而未犯戒者則可以透過誦波羅提木叉而更加提起正念,精進修行。

　　在布薩日期方面,各部律中雖然有不同的說法,但是,經過《毘尼母經》的記載,初一、十五日是誦波羅提木叉的日子,現今的佛教也保存這樣的制度。因為布薩是使內心重新回復清淨的方式,所以自從佛教一開始設立布薩制度以來,布薩就受到佛陀的極度重視。又因為戒清淨要透過布薩來完成,而戒清淨又是進入初禪、二禪、三禪、四禪乃至得阿羅漢果的基礎,所以布薩在佛教的修行中,有著確保戒、定、慧三無漏學得以成就的重要地位。因為布薩是確保持戒清淨的重要機制,所以佛陀規定所有比丘,無論犯戒或未犯戒,終身都必須參加布薩,不得以任何理由拒絕出席。

第六章 關於「安居」與「自恣」的「摩咀理迦」

第一節 安 居

一、安居起源與意義

「安居」，梵語 vārṣika 或 varṣa，巴利語是 vassa，意譯為雨期。又作夏安居、雨安居、坐夏、夏坐、結夏、坐臘、一夏九旬、九旬禁足、結夏安居等。安居之制始行於印度古代婆羅門教，後為佛教所採用。可見，佛教的教團本來沒有安居的規定，夏季、冬季和雨季都是在外遊行，布薩日才集合一處進行誦戒。由於雨季草木生長，比丘在外遊行，難免會踐踏初生草木，因而受到眾人的非難，認為外道尚知雨安居，為什麼佛教教團卻在雨季到處遊行，踐踏、傷害初生草木及動物幼蟲，佛陀因而規定教團必須在雨季安居。關於這點各部律所記載如下：

《毘尼母經》所記載：

> 爾時六群比丘常行諸國，夏時或值天雨水漲漂失衣缽，或傷眾生乃至踐蹋生草，諸檀越慊言，外道持戒者，畏傷殺眾生，夏猶不行，況佛弟子慈心者冬夏所求無有厭足，鳥依林樹，野獸依山，皆有住時，云何比丘無暫時息？以是因緣世尊聞之，集諸比丘，是名為緣，制者：「不聽比丘夏安居中行」。〔註1〕

〔註1〕 《毘尼母經》第七卷，大正藏24，頁840c。

從上面的引文，我們知道，當時六群比丘經常遊行各國，夏天或值天雨水漲漂失衣缽，或傷損蟲類乃至踐蹋生草，檀越譏嫌說：外道持戒者，怕傷害眾生，夏天不出行，何況佛弟子慈心者冬夏所求無有厭足，鳥類、野獸都有住時，為甚麼比丘們沒有暫時休息？佛陀聽到這件事便集僧，制定不允許比丘們夏安居時到處遊行。

《十誦律》記載：

> 佛在王舍城，諸比丘夏中遊行諸國土，踐蹋生草奪諸虫命。爾時諸異道出家譏嫌責數言：「諸異道沙門婆羅門，夏安居時潛處隱靜，譬如鳥日中熱時避暑巢窟，諸異道沙門婆羅門，夏安居時潛處隱靜，沙門釋子常作此心，自稱有德，而夏中遊行，踐蹋生草殘害物命」。有諸比丘，少欲知足行頭陀，聞是事心慚愧，以是事具白佛，佛以是事集僧，集僧已佛知故問，問諸比丘：「汝實作是事不？」答言：「實作，世尊！」。佛種種因緣訶諸比丘，云何名比丘，夏中遊行踐蹋生草奪諸虫命？佛種種因緣訶已，語諸比丘：「從今應夏安居」。
> 〔註2〕

依《十誦律》所講，當時佛在王舍城，比丘們夏天遊行諸國土，踐蹋生草奪去蟲類的生命。那時各派出家外道譏嫌說：外道沙門、婆羅門，夏安居時潛處隱靜，像鳥類熱日時避暑巢窟，諸外道沙門、婆羅門，夏安居時也潛處隱靜，為甚麼沙門釋子常說慈悲，自稱有德，反而夏天雨大到處遊行，踐蹋生草殘害生命。各位持戒清淨的比丘這樣聽到把事情白佛，佛由這因緣集僧，然後制定：從此以後，必要夏安居。

《四分律》記載：

> 爾時婆伽婆，〔註3〕在舍衛國祇樹給孤獨園，〔註4〕時有比丘尼不夏

〔註2〕 《十誦律》第23卷，〈安居法〉，大正藏23，頁158a。

〔註3〕 「婆伽婆」：梵語 bhagavat。幸運をもつ，幸運な，惠まれた；崇拜すべざ，尊敬すべざ等的意思。又作薄伽梵、婆伽梵、婆伽伴、薄阿梵、婆誐嚩帝、婆誐嚩底、薄伽跋帝。漢譯世尊，有德，德成就、有大功德、有名聲，即具備眾德為世所尊重恭敬者之意，亦即佛之尊稱。（荻原雲來編纂，《漢譯對照梵和大辭典》下，新文豐出版公司，1988，頁943。）

〔註4〕 「祇樹給孤獨園」：梵名 Jetavana-anāthapiṇḍasyārāma。印度佛教聖地之一，位於中印度憍薩羅 m 國舍衛城之南。略稱祇園或祇樹、祇園精舍、祇洹精舍、祇陀林、逝多林。意為松林、勝林。祇樹乃祇陀太子所有樹林之略稱；給孤獨即舍衛城長者須達（梵 Sudatta）之異稱，因長者夙憐孤獨，好布施，故得

安居。時諸比丘尼聞，其中有少欲知足行頭陀樂學戒知慚愧者，呵
責諸比丘尼言：云何不夏安居耶？即白諸比丘，諸比丘往白世尊，
世尊以此因緣集比丘僧，呵責諸比丘尼言：汝所爲非，非威儀，非
沙門法，非淨行，非隨順行，所不應爲。云何比丘尼不夏安居？以
無數方便呵責已告諸比丘，此比丘尼多種有漏處最初犯戒，自今已
去與比丘尼結戒，集十句義乃至正法久住，欲說戒者當如是說，若
比丘尼不夏安居者波逸提。〔註5〕

　　可知，當時佛陀在舍衛國，祇樹給孤獨園，有比丘尼不夏安居，其他比
丘尼們把這件事白佛，佛陀用種種方便呵責那個比丘尼，然後跟比丘們說，
從此以後比丘尼不夏安居犯波逸提。

　　《五分律》記載：

佛在舍衛城，爾時諸比丘春夏冬一切時遊行，蹈殺虫草擔衣物重疲
弊道路，諸居士見譏呵言，此諸外道沙門婆羅門，尚知三時夏則安
居，眾鳥猶作巢窟住止其中，而諸比丘不知三時應行不行？常說少
欲慈愍護念眾生，而今踐蹈無仁惻心，無沙門行破沙門法。諸長老
比丘聞種種呵責。以是白佛，佛以是事集比丘僧，問諸比丘：「汝等
實爾不？」答言：「實爾，世尊！」佛種種呵責已告諸比丘：「不應
一切時遊行，犯者突吉羅，從今聽夏結安居。」〔註6〕

　　《五分律》也像《十誦律》一樣，因爲比丘們春、夏、冬一切時遊行，蹈
殺蟲類、初生草，被居士譏呵，由此，佛陀禁止不應一切時遊行，要夏安居。

　　《摩訶僧祇律》記載：

佛住舍衛城，廣說如上。爾時諸比丘，雨時遊行多所踐害，爲世人
所嫌，九十六種出家人尚知安居，如鳥隱巢而自守住，沙門釋子自
稱善好而不安居？諸比丘以是因緣具白世尊，佛言：「正應爲世人所
嫌，從今已後，雨時應安居」。〔註7〕

《摩訶僧祇律》所講結夏安居的緣起跟其他部律一樣。

　　上面所引的各部律提到，印度氣候，夏天雨期，草木萌芽，蟲類出現，

此名。蓋此園乃須達長者爲佛陀及其教團所建之僧坊，精舍建於祇陀太子之
林苑，以二人共同成就此一功德，故稱祇樹給孤獨園。（佛光大辭典，頁3921）。
〔註5〕　《四分律》第30卷，大正藏22，頁773a。
〔註6〕　《五分律》第18卷，大正藏22，頁129a。
〔註7〕　《摩訶僧祇律》第27卷，大正藏22，頁450c。

修行的比丘遊行人間，踐踏草木，傷害生靈，所以爲了避免外道沙門、婆羅門與居士譏嫌，佛陀制定安居；在雨季三月間，禁足不出門，大眾集合一處，專心修持。樹下、山洞、村落、精舍、都適合安居之所。因此，僧團的安居不但限制在避免譏嫌的目的，而且它還是帶著「攝靜身心」的意義。換句話說，安居時期是讓比丘們努力用功修行，斷除煩惱而達到解脫。

《典尊經》〔註 8〕所記載如來往昔爲菩薩時，當時他是一位大臣名稱典尊。這位大臣被大家尊敬，被認爲曾見過梵天，〔註9〕其實典尊從來沒見過梵天。典尊自想：我亦曾聞諸先宿說，於夏四月閑居靜處，修四無量〔註10〕者，梵天則下，與共相見。今我寧可修四無量，使梵天下，共相見嗎？於是，典尊對皇帝曰：唯願大王顧臨國事！我欲於夏四月修四無量。皇帝允許。於是典尊於夏四月，努力修四無量。果然，四月之後，梵天王卽化爲童子，五角髻，在典尊上虛空中坐，典尊見已。

由此可見，安居在一個固定的地方，修行者努力修行讓自己能夠達到解脫是很早以前的習慣。因此，安居除了限制比丘們遊行，踐踏到生草諸蟲的生命之外，安居還是修行者「攝靜身心」的時期。

總之，安居法是佛教的傳統，佛陀時代這種定期生活很簡單，到雨季大眾停在一個地方精進修行，斷除煩惱，得到解脫。

〔註 8〕 《長阿含經》第 5 卷，大正藏 01，頁 32b。

〔註 9〕 「梵天」：梵名 Brahmā。音譯婆羅賀摩、沒羅含摩、梵摩。意譯清淨、離欲。印度思想將萬有之根源「梵」，予以神格化，爲婆羅門教、印度教之創造神，與濕婆（śiva）、毘濕奴（梵 viṣṇu）並稱爲婆羅門教與印度教之三大神。據摩奴法典所載，梵天出自金胎（梵卵），原有五頭，其一頭傳爲濕婆所毀，餘四頭，具四手，分別持吠陀經典、蓮花、匙子、念珠或。佛教將其列爲色界之初禪天。一般分爲三種，即梵眾天（梵 Brahma-pāriṣadya）、梵輔天（梵 Brahma-purohita）與大梵天（梵 Mahā-brahman），總稱爲梵天。其中，大梵天王統御梵眾之人民、梵輔之輔弼臣。（佛光大辭典，頁 4627）。

〔註10〕 「四無量」：梵語 catvāry apramāṇāni，巴利語 catasso appamaññāyo。又作四無量心、四等心、四等、四心。即佛菩薩爲普度無量眾生，令離苦得樂，所應具有之四種精神。據中阿含卷二十一說處經、大智度論卷二十所列舉阿毘曇說之解釋，即：（一）緣無量眾生，思惟令彼等得樂之法，而入「慈等至」，稱爲慈無量（梵 maitry-apramāṇa，巴 metta appamaññā）。（二）緣無量眾生，思惟令離苦之法，而入「悲等至」，稱爲悲無量（梵 karuṇāpramāṇa，巴 karuṇā appamaññā）。（三）思惟無量眾生能離苦得樂，於內心深感喜悅，而入「喜等至」，稱爲喜無量（梵 muditāp ramāṇa，巴 muditā appamaññā）。（四）思惟無量眾生一切平等，無有怨親之別，而入「捨等至」，稱爲捨無量（梵 upekṣāpramāṇa，巴 upekkhā appamaññā）。（佛光大辭典，頁 1777）。

二、夏安居法

（一）安居的限期

據古代印度日曆，「如來聖教歲為三時：正月十六日至五月十五日，熱時也；五月十六日至九月十五日，雨時也；九月十六日至正月十五日，寒時也。或為四時，春、夏、秋、冬也。春三月謂制咀羅月、吠舍佉月、逝瑟吒月，當此從正月十六日至四月十五日。夏三月謂頞沙荼月、室羅伐拏月、婆羅鉢陀月，當此從四月十六日至七月十五日。秋三月謂頞濕縛庾闍月、迦剌底迦月、末伽始羅月，當此從七月十六日至十月十五日。冬三月謂報沙月、磨祛月、頗勒寠拏月，當此從十月十六日至正月十五日。故印度僧徒依佛聖教坐兩安居，或前三月，或後三月。前三月當此從五月十六日至八月十五日，後三月當此從六月十六日至九月十五日。」〔註11〕

由此可見，古印度有兩時安居：如果前三月安居就從五月十六日至八月十五日；後三月安居就從六月十六日至九月十五日。等同中國農曆四月十六日至七月十五日為「前安居」；從五月十六日至八月十五日為「後安居」。現在北傳佛教大部分都運用這個說法而安居。

在《毘尼母經》中沒有說明安居時間。但它有說：「比丘法應夏安居。安居有二種：前、後，若不安居，復不自恣。」〔註12〕

可見，原始佛教已有「前」、「後」的「安居」。那麼為什麼要分「前安居」與「後安居」呢？因為，那時佛制定比丘不安居就犯戒。如《四分律》所記載：

> 時諸比丘尼，有為佛法僧事，或看病事，不及安居疑，佛言：自今已去聽有如是因緣後安居,自今已去當如是說戒。若比丘尼，不前安居不後安居者波逸提。比丘尼義如上。若比丘尼，不前安居者突吉羅；不後安居者波逸提；比丘突吉羅。式叉摩那、沙彌、沙彌尼突吉羅，是謂為犯。不犯者，前安居，或為佛法僧事，或瞻視病人，受後安居不犯。〔註13〕

但在一般生活當中，常常有特別的事情比如病、僧事……等就不能準時安居，如果這樣他們都會犯戒嗎？佛陀就為了他們開制，如果有特別的情況可以後

〔註11〕《大唐西域記》第二卷，大正藏51，頁876a。
〔註12〕《毘尼母經》第2卷，大正藏24，頁809a。
〔註13〕《四分律》第30卷，大正藏22，頁773b。

安居。佛制：「若不及前安居，及後安居者，此亦不犯。」〔註14〕可見，如果遇到特別的情況，可以參加「後安居」，這樣也清淨，不犯戒。

（二）安居的羯磨

1、結界

安居的羯磨作法要遵守僧伽的原則：先結大界、次結小界。結大界應：「先結戒場，更結僧坊界。結僧坊時，唱四方界相，及除內地。」；〔註15〕結小界「應先羯磨作淨廚處，後羯磨眾僧房舍處。結界法，先結小界後結大界」。〔註16〕

對小界來說，首先，要羯磨作法「淨廚」。「淨廚」時安居的時後才結這法。《重治毗尼事義集要》記載：「結淨廚界，亦名淨地。蓋比丘之法，不留宿食。若於僧坊界內與食共宿。便名爲不淨食。今既結爲淨地，則免共宿之過也」。〔註17〕那麼，「淨廚」也稱爲「淨地」。相傳，安居時候比丘們不能留存食物，所以爲了防護比丘們的罪過，佛陀就制「淨廚」界；就是住房與食物要隔離。如果，「界裏不羯磨淨廚處，宿食沙門皆不得食」。〔註18〕

其次，羯磨眾僧房舍。原是佛教的僧伽根據四聖種〔註19〕而生活，所以他們沒有固定的住處而常在樹下掛單。安居時，他們固定在一處生活，所以要給他們分房舍；故「後羯磨眾僧房舍」；繼續要「結布薩處，最後結不失衣界。」〔註20〕「布薩處」簡單是講經堂或禪堂就可以；最後結不失衣界。結不失衣界的原由如《重治毗尼事義集要》所記載：「時有厭離比丘，見阿蘭若有一好窟。自念：若得離衣宿者，可即於此窟住。佛言：當結不失衣界，白二羯磨。」〔註21〕

〔註14〕《毘尼母經》第 7 卷，大正藏 24，頁 841a。

〔註15〕《重治毗尼事義集要》第 11 卷，（續藏 40，頁 434a）。

〔註16〕《毘尼母經》第 2 卷，大正藏 24，頁 809a。

〔註17〕《重治毗尼事義集要》第 11 卷，（續藏 40，頁 433b）。

〔註18〕《毘尼母經》第 3 卷，大正藏 24，頁 813a。

〔註19〕「四聖種」：又稱「行四依」即修行者所依止之四種行法。又稱四依法。此四種行法，是入道之緣，爲上根利器所依止，故稱行四依。又以能生聖道，爲聖道之種子，故稱四聖種。（一）著糞掃衣。（二）常行乞食。（三）依樹下坐。（四）用陳腐藥。陳腐藥，又作腐尿藥，係指由排泄物製成之藥物，或將牛尿與大黃果埋入土中，待發酵後再食用，爲比丘發病時所依用之藥物。或謂陳腐藥乃指人所捨棄不用之各類藥材。若依止此四者而修行，能令人安於不貪愛、無執著之生活。（佛光大辭典，頁 2552）。

〔註20〕《毘尼母經》第 8 卷，大正藏 24，頁 845b。

〔註21〕《重治毗尼事義集要》第 11 卷，（續藏 40，頁 433c）。

「不失衣界」、又稱「不離衣宿界」，即劃定一範圍，避免比丘動輒違犯離宿之過；然亦可視為以此特定範圍限制比丘不可違犯此過。離宿，意指比丘離其三衣而宿；若劃定一特定範圍，則於此範圍內即可不須時時攜其三衣，而免除不必要之羈絆。

關於「不失衣界」《毘尼母經》所記載：

> 若比丘夜中著三衣肩上，乘神通向餘處去，不失衣也。若衣在地，比丘乘神通在空中，若明相未現，還下足蹈衣邊地，不失衣。若明相現，足不蹈衣邊地，失衣。何以故？空是界外故。〔註22〕

如果比丘晚上帶著三衣在肩上，用神通向餘處去就是不失衣；如果衣在地上，比丘用神通在空中，日還沒出，還下足蹈衣邊地，也不失衣；但日已經出來，足不蹈衣邊地，就算是失衣了，因為空中是界外。

2、解界

結界的方向與解界的方向要反過來，如《毘尼母經》所記載：「解界時，先解不失衣界，後解布薩界，復解眾僧淨廚界，次解大界，次解僧房舍界，次解不淨地界安雜物處。」〔註23〕可見，解界時要從小界到大界，而結界是從大界到小界，兩個完全相反。

（三）受安居法

1、受安居時籌量法

上面所講結夏安居的制戒因緣是為了惜護生靈，而其真正旨趣卻是在修道用功，這是佛制戒律的本懷，規矩背後所具備的功用我們不可不知。因此，安居之前，每個人要為自己修行生活著想籌量一些問題稱為「受安居時籌量法」。那怎麼籌量？《毘尼母經》記載：

> 比丘夏安居時，應自思惟：此處安居飲食如意不？若病患時隨病醫藥可得不？復觀共住者，相隨如意得好共事不？同住者可信不？共住得安隱行道不？若共行住坐臥時，不為我作留難不？若病時不棄捨去不？如是籌量眾事和合已，然後安居。復觀大眾中，夏安居時此眾中，無有健鬥諍者不？不生我惡心惡語不？不能為我作留難不？復更思惟：如世尊說，夏安居要依波羅提木叉，此眾中有知法

〔註22〕《毘尼母經》第6卷，大正藏24，頁837c。
〔註23〕《毘尼母經》第8卷，大正藏24，頁845b。

解毘尼解摩得勒伽藏不？莫使我夏安居中脫有所犯欲除滅之無所趣
向。又如世尊說，愚癡無所解者，盡形壽不離依止。復更思惟：此
眾中有僧如父母教訓子者不？有名德高遠道俗所敬重者？若我犯罪
當詣彼生大慚愧求於懺悔，彼上座爲憐愍心故，時時當教授令我不
生放逸。如世尊說，破僧大惡，如堅澁苦辛無有樂者，此住處眾中，
無有健鬪諍，夏安居中不起破僧因緣事不？當不爲我作留難不？如
是籌量無留難已，然後受安居，是名欲受安居時籌量法。〔註24〕

可見，欲安居時，當好籌量好多問題，如安居此住處得同意嗎？安樂住嗎？
共語共坐嗎？復有隨病欲食易得嗎？病時醫藥可得嗎？有看病人否？有持修
多羅（sūtra）、毘尼（vinaya）、摩呾理迦（mātṛkā）否？比丘無有鬪諍相言否？
眾僧不破否？等等，如此籌量已後才安居。

　　這是說要安居的共住者應是一群和樂的共修者，而不應該有如啞羊僧
〔註25〕——一群禁語、止語或老死不相往來的人。而應該是在色身安頓上，
如生病、飲食的相互照顧，在修法上能相互切磋琢磨、提攜，有法、有律、
有論，爲修法而共住的一群人。

2、安居中上座法

　　在僧團中，上座的地位最高，責任也最重，所以安居時，上座也要表現
對僧眾的責任。這個責任《毘尼母經》記載：

若中食時、食粥時、及飲甜漿時，眾中上座應唱言：「爾許時已過，
餘有爾許時在」。若眾中上座，行如此等行者，是名「僧父母」，亦
名「僧師」，是名「安居中上座法」。〔註26〕

由此可見，安居時上座要關心中座、下座的飲食，像「僧父母」、「僧師」一
樣的責任。

3、安居竟事

　　僧眾在安居結束時，自我檢討，發露自己在三月安居期間的過失，也請

〔註24〕《毘尼母經》第 6 卷，大正藏 24，頁 833b。
〔註25〕「啞羊僧」：梵語 eḍamūka-saṃgha，又作瘂羊僧，指愚癡之僧，四種僧之一。
　　　　啞羊，即譬喻至愚之人。據大智度論卷三載，雖不破戒，鈍根無慧，無勇猛
　　　　精進之力，不別好醜，不知輕重，不知有罪無罪，若有僧事，二人共諍，不
　　　　能斷決，默然無言。譬如白羊，乃至被人殺，不能作聲，故稱爲啞羊僧。（佛
　　　　光大辭典，頁 4415）。
〔註26〕《毘尼母經》第 6 卷，大正藏 24，頁 833b。

智慧比丘如果有見聞疑者，不吝指點以便懺悔改進。這樣的儀式稱為比丘「安居竟事」，也稱為自恣日。因此在《毘尼母經》中亦說：「比丘夏坐已訖，於智慧清淨比丘前，乞見聞疑罪。所以乞者，夏九十日中欲明持戒律及與餘善皆無毀失，是故安居竟始得自恣名。」〔註27〕

具體的自恣羯磨下一節本文分析。

（四）出外界與破安居

一般來說，安居當中不得出行，但是有特別的因緣，佛陀也允許「受七日法」。〔註28〕《毘尼母經》記載：「夏安居中，若無因緣不得餘行。若為因緣者，若為佛、為法、為僧、為病者，應受七日法出界外，還來此中安居。」〔註29〕可見，所謂「因緣」是為佛事、法事、僧事與病緣，就可以離住處七天，滿七天要回來住處安居。反而，「為飲食利養不得出界外」。〔註30〕如果七天已滿，但是事情還沒辦完應該怎麼辦？關於這一點《重治毘尼事義集要》所記載：「安居中，若有種種因緣，聽受七日法去，及七日須還，更有七日不得還者，聽白二羯磨，受過七日法，若半月，若一月還。」〔註31〕

由此可知，如果七天已滿，事情還沒辦好也要回界內，然後再乞受過七日法。「過七日法」有規定辦個月、一個月之內，然後須還界內繼續安居。這樣的實行也得安居，就不能說是破安居。

所謂「破安居」也稱破破夏，不守安居禁足之制，出法界而外遊也。即是無因緣出外界，不如法作法，就犯破夏。除了有「受七日法」或「過七日法」但突然遇到災難來不及回安居處，不犯破夏。依《四分律》〔註32〕所講就有八場合離安居住處不犯：

（1）梵行難〔註33〕

（2）寶庫難〔註34〕

〔註27〕　《毘尼母經》第 3 卷，大正藏 24，頁 813a。
〔註28〕　「受七日法」：即安居出外界的法則，同等一般的語言也可以稱為「請假」。
〔註29〕　《毘尼母經》第 6 卷，大正藏 24，頁 833b。
〔註30〕　《毘尼母經》第 6 卷，大正藏 24，頁 833b。
〔註31〕　《重治毘尼事義集要》第 12 卷，（續藏 40，頁 444c）。
〔註32〕　《四分律》第 37 卷，大正藏 22，頁 834a。
〔註33〕　「梵行難」：如果在住處安居，比丘可能被破壞他們的梵行，所以他們可以離開而不犯，稱為「梵行難」。
〔註34〕　「寶庫難」：結界安居之後，比丘們才知道在那有寶庫，如果留在那會遇到危險，所以要離開而不犯，稱為「寶庫難」。

（3）鬼難

（4）毒蛇難

（5）惡獸難

（6）賊難

（7）生活需要〔註35〕

（8）破僧事〔註36〕

佛制安居，雖隨著僧人生活演變方式的不同，而有不同的詮釋，但其目的都是藉由外在環境的安排，讓僧人有一段專心自我充實的用功時間。佛陀以大眾薰修的可貴、相互提攜的力量，期勉弟子們要於安居中互相鼓勵、勸諫，以達彼此道業的增上與僧團的清淨、和合。儘管古制的安居，有其不同時代背景的考量，但安居的立意與目的密集專注收攝身心用功，以及其中自恣的精神輾轉相諫、輾轉相教，犯錯者勇於面對指正，指正者不假徇私提出過錯，皆值得每一位修行者於日常的修道生活中加以傳承與踐行。

第二節　自　恣

一、自恣起源與意義

當比丘們集合住在一處安居時，人眾一多，就難免會發生磨擦的事情，為了避免不愉快的事情發生，比丘們就自動規定在安居期間，彼此不說話、不問訊，以此減少磨擦的機會。安居結束之後，比丘們按照慣例，都會到佛陀住處報告安居的情況。當佛陀知道比丘們在安居中不說語、不問訊，便批評這種做法是外道法。如《毘尼母經》所記：

> 爾時世尊在舍衛國，憍娑羅國有一住處，眾多比丘欲夏安居。諸比丘共相議言：「我等夏安居中，云何得安隱安樂行道？」復共議言：「欲得安隱行道者，當共作制：『不聽有所言說』。欲有所須，當用手作相貌索」。夏安居竟，諸比丘相隨，到世尊所禮拜問訊。佛見已知而故問：「夏中得安隱歡樂行道不？」諸比丘答世尊言：「得安隱

〔註35〕「生活需要」：缺少食物、藥……可以離開。

〔註36〕「破僧事」：聞有一比丘欲行破僧法，此比丘心生疑，若往諫恐破安居，若不往恐惡法流行。佛聞已，告此比丘言：若為法事不破安居，比丘尼亦如是；為法不破安居也。（《毘尼母經》第5卷，大正藏24，頁830b）。

行道」。佛復問言：「汝等共作制限？」答言：「共作不語法限」。佛言：「此作冤家法限共住，乃至是苦云何言樂，從今已後不聽諸比丘作不語制」。〔註37〕

結束安居之後的比丘們，通常都會一起去參見佛陀。佛陀問比丘們在安居中能否安忍，彼此之間是否能夠和合無爭？並問比丘們以什麼方法而能夠在雨安居中和合無爭？當時比丘們告訴佛陀：他們之所以能夠在雨安居中和合無爭，最主要的方法是不談話、不問訊。但是，佛陀認為安居中以禁語的方式，所求得的和合無爭，並非真實的和合無爭，就像畜獸、白羊無語言溝通而安樂共住一樣，只是愚人的做法，只是持外道啞戒的做法。佛陀並訓示以後雨安居，不得再持外道啞戒，而應該更加以道法相教導、相勸勉；規定在雨安居中，比丘可以依若見、若聞、若疑而行「自恣」。〔註38〕

因此，安居圓滿，進行自恣的日子，原則上是結夏圓滿的最後一天。如前安居的自恣日為農曆七月十五日；若後安居者，自恣日則八月十五日。

「自恣」，梵語是 pravāraṇa，巴利語 pavaraṇā，音譯杌婆剌拏、和羅。就意義而言，《增一阿含經》譯為「受歲」，「受歲」乃意指僧眾從受具足戒後，每過一個安居至自恣日圓滿，受戒的年齡則增長一歲。這是出家人計算戒臘的方法（亦即僧眾受具足戒後夏安居之年數）。〔註39〕三藏法師義淨於《根本說一切有部毘奈耶雜事》將 pravāraṇā 翻譯為「隨意」：『如佛所說安居了時，苾芻可於三事見聞疑作「隨意」事。』〔註40〕又《南海寄歸內法傳》：「凡夏罷歲終之時，此日應名隨意，即是隨他於三事之中，任意舉發說罪除愆之義。舊云自恣者，是義翻也。」〔註41〕此外，自恣的英文翻譯為 invitation（邀請），或 inviting admonishment，其主要意涵為：夏安居之竟日，每一個比丘（尼）以開放的心胸，邀請僧團其他的僧眾舉示自身於見、聞、疑等三事中所犯之罪，面對其他比丘懺悔之，懺悔清淨，自生喜悅，稱為「自恣」。此日即稱僧

〔註37〕《毘尼母經》第 6 卷，大正藏 24，頁 837a。
〔註38〕印順法師，《初期大乘佛教之起源與開展》，正聞出版社，1992，頁 214-215。
〔註39〕印順法師，《初期大乘佛教之起源與開展》，正聞出版社，1992，頁 196。相對於戒臘（為受具足戒以後之年數）的稱為法臘（剃度後之年數），《中華佛教百科全書（五）》頁 2567.1。但也有認為法臘即是戒臘，又作法歲、夏臘、法夏、僧臘、坐臘、坐夏法臘。指僧侶受具足戒後夏安居之年數，《佛光大辭典》（一）、（四）的頁 82，頁 3431。
〔註40〕《根本說一切有部毘奈耶雜事》第 19 卷，大正藏 24，頁 295a。
〔註41〕《南海寄歸內法傳》第二卷，大正藏 54，頁 217b。

自恣日、僧受歲日。

另外，佛制作「自恣」的目的《毘尼母經》亦記載：

> 何故佛教作自恣？一、各各相課；二、各各相憶念；三、互相教授；
> 四、各各相恭敬；五、語皆相隨；六、皆有依非無依，是故名自恣。
> 〔註42〕

由此可見，佛陀教僧眾作自恣，是為了令僧「各各相課、各各相憶念、互相教授、各各相恭敬、語皆相隨、皆有依非無依」。這個意義在《薩婆多部毘尼摩得勒伽》也說明：「欲使諸比丘不孤獨故、使各各憶罪故、憶罪已發露悔過故、以苦言調伏故、而得清淨無病安隱故、自意喜悅故、我清淨無罪故。」〔註43〕

總之，經過九旬相處，共住共學共修，我看到你的優點與缺點，你也應該發現我的一些過失。今日趁此難得因緣，請大家慈悲為我指出行為的缺失，以便改過遷善，成就道業。這就是自恣之意。因此，九十天的最後一天，僧眾必須舉行自恣法，即先自我檢討身、口、意三業，在結夏期中是否犯過？次請他僧眾舉示對自己修行過程中，在見、聞、疑三事上，是否有所犯？令於大眾中自我反省及接受僧眾的檢舉，以發露懺悔，改過自新，回復清淨，名僧自恣法。所以這一天亦名僧自恣日。

自恣法舉行後，解散結夏安居的聚集，可回復平常自己所喜歡的水邊或林下等地方去修行，不受結夏安居的拘束，亦名「解夏」。

另外，自恣那一天還稱為「佛歡喜日」。為什麼稱為「佛歡喜日」？自恣法後，能令佛歡喜有三義：

（1）十方諸佛因見僧眾能安居精進修行圓滿，故生歡喜。

（2）解夏自恣法後，僧眾能自我反省檢討，及大眾互相檢舉，使於九十日中有犯過者，均能發露懺悔回復清淨故令佛歡喜。

（3）佛聞解夏後僧眾報告或得初果，二果，三果，四果暢佛所願，故令佛歡喜。

此外，「布薩」與「自恣」有什麼同異？上面本文有講過布薩-說戒是在半月比丘們懺悔來清淨過失，而自恣是發露三個月安居期間的過失而懺悔成為清淨。可以說，布薩與自恣內容與目的是相似，不過時間與方式不同。律藏中布薩犍度與自恣犍度的儀式與功能大部分很相似。《根本說一切有部毘奈耶雜事》

〔註42〕《毘尼母經》第三卷，大正藏24，頁813a。

〔註43〕《薩婆多部毘尼摩得勒伽》第六卷，大正藏23，頁598b。

記載，「苾芻夏罷作隨意（自恣）了，復爲長淨（布薩）。有苾芻曰：我觀長淨及以隨意皆爲清淨。故知長淨即是隨意。或有說云隨意、長淨二事各別。白佛，佛言：二事雖殊皆爲清淨，是故當知作隨意，已無勞長淨。」〔註44〕此說明自恣與布薩有相同的功能。

　　從僧團制度發展來看，「自恣」與「布薩」可能只是用於不同的階段與時機，以不同的方式來達到僧團清淨目的的一個同義字。換句話說，自恣是在三個月安居期間藉由別人的觀察來發現自己的錯誤，而布薩是在半個月的時間，由自己來表白懺悔自己的過失。此區別主要在於，安居的共住一處，才有可能藉由別人見聞疑的依據，來糾正自己的過失。

二、自恣羯磨

（一）自恣法

　　自恣法也跟布薩－說戒一樣的作法，但是僧足數有差別。因爲「四人僧者，得作白一白二羯磨，不得自恣；……五人僧者，得自恣」。〔註45〕可見，自恣時候，最少要有五位比丘。如果四位就羯磨不如法。白恣作法，要白二羯磨。不過，在森林裡人少，僧足數不夠不能進行羯磨就可以對首羯磨；〔註46〕如果只有獨一人就只能心念白恣。〔註47〕如《毘尼母經》所載：

> 自恣法者，若有大眾，應如法白二羯磨自恣。若阿練若比丘，或一
> 或二乃至三四，應胡跪合掌展轉相向言：今日眾僧自恣我亦自恣，
> 如是三說。若獨一人，應心念口言：今日眾僧自恣我亦自恣，如是
> 三說。〔註48〕

由此可見，到自恣那天或多是在大眾裡或少是一個人也要遵守自恣羯磨的規則。如果應該白二羯磨但白四羯磨也不如法；或者缺少僧足數也不能進行自恣。

〔註44〕《根本說一切有部毘奈耶雜事》第 33 卷，大正藏 24，頁 371b。

〔註45〕《毘尼母經》第 6 卷，大正藏 24，頁 833b。

〔註46〕「對首羯磨」：三種羯磨法之一，又作對手、對首懺、對首懺悔。首，即面。自原始佛教至部派佛教時代，僧團於每月二回之布薩會或雨安居最後一日之自恣日中所行之懺悔作法。其後，亦廣用於一般受戒之時。若犯四十八輕罪而須行懺悔法時，須面對其他之修行僧（一人至三人），稟陳事實，表示悔悟之意，故稱對首。此一懺法應合手懺謝，故又稱對手懺悔。一般多於安居、依止、捨受衣鉢尼師壇、受藥等時行之。（佛光大辭典，頁 5795）。

〔註47〕「心念自恣」：心念口言：「今日眾僧自恣我亦自恣」。

〔註48〕《毘尼母經》第 4 卷，大正藏 24，頁 821c。

（二）與自恣欲

如布薩－說戒的場合一樣，有特別因緣不能參加自恣的比丘（尼），可以與自恣欲。什麼是「與自恣欲」？

> 爾時世尊告諸比丘，今日自恣，有一比丘白佛言：「世尊！病比丘不堪來者，爲看病不得來者，爲佛法僧不得來者，此事云何？」佛告比丘：「如此等皆應與欲」。說言：「今日眾僧自恣，我不得往自恣，與眾僧清淨如法自恣欲」，如是三說，是名「與自恣法」。〔註49〕

可見，所謂特別因緣如病者、看病者、爲佛法僧不能來參與自恣必須要與自恣欲。這像布薩－說戒的與欲一樣，不過布薩－說戒的與欲含有說淨〔註50〕的意義而自恣與欲不含有說淨。

自恣羯磨中，接受自恣的比丘（尼），必須具備五德：「自恣時到僧集已，應先差人應具兩種五德：一、自恣五德，不愛、不恚、不怖、不癡、知自恣未自恣；二、具舉罪五德，知時、如實、利益、柔軟、慈心也。」〔註51〕

由此可見，接受自恣的五德包含：一、不愛；二、不恚；三、不怖；四、不癡；五、知自恣未自恣。「愛」有四個意義：〔註52〕

第一：梵語 tṛṣṇā, toṣayati, priya，巴利語 piya 之意譯。又作愛支，十二因緣之一；意爲貪戀執著於一切事物。

第二：梵語 anunaya-saṃyojana，愛結之略稱。九結之一。又作隨順結。即指於境染著之貪煩惱。

第三：梵語 preman 或 priya，即以不染污心愛樂法或愛師長之謂。

第四：悉曇字（ai）。又作翳、呬、藹。悉曇十二韻之一，五十字門之一。

總之，所謂「不愛」就是對人、事情、物質……各方面沒有戀愛心的意思。

所謂「恚」即是「恚怒」，瞋恚忿怒之意，於貪、瞋、癡三毒中稱爲瞋毒。「不恚」就是心性平靜不生起瞋心。

「怖」即是「怖畏」，梵語 vibhīṣaṇa 恐懼害怕之意，所以「不怖」就是不害怕。

「癡」梵語 moha，mūḍha，又作痴，愚癡之意，就是對事物愚昧無知，

〔註49〕 《毘尼母經》第4卷，大正藏24，頁821c。

〔註50〕 「說淨」：就是對僧眾說我半個月清淨的意思。

〔註51〕 《四分律刪補隨機羯磨》卷下，大正藏40，頁504c。

〔註52〕 《佛光大辭典》，頁5458。

不明事理之精神作用；所以「不癡」指聰明、智慧明睿的人。這裡的聰明是不包含世間的靈利而是指對佛法的了解眞相。

　　所謂「知自恣未自恣」即是接受自恣的比丘（尼）應該知道哪些是已自恣哪些還沒自恣而避免重複。

　　此外，舉罪〔註53〕者也必須存在五德：一、知時；二、如實；三、利益；四、柔軟；五、慈心。舉罪的人應該要知道什麼時候要說出來對象的罪，這樣接受人才能敬重；說出來的罪也合理如眞。另外，舉罪的人的態度要柔軟，慈悲，只爲了接受者的利益而說，絕對不能生氣或爲自己的利益而舉罪。總之，以此五德持平、順利地協助他人完成自恣，而不會引起僧團產生爭端。

　　「受戒」、「布薩」、「安居」、「自恣」是佛教僧團的生活。自佛陀成道後首次說法《轉法輪經》，有提及離苦得樂的八正道，其中也包括了對出家比丘與在家居士的教誡。雖然佛陀入滅很久，但佛的弟子們的生活規定還存在，不論在哪個地方的佛教團體，「受戒」、「布薩」、「安居」、「自恣」四事，多多少少都有。在形式上，這四事北傳佛教與南傳佛教各有各的優點，嚴格說北傳佛教可能開方便多，所以僧團裡也複雜得多。不過，基本的規則還是存在。

（三）取自恣欲

　　像布薩日一樣的規定，有緣故不能來自恣的比丘必要請個假，稱爲「與欲」，然後接受「與欲」的人就稱爲「取欲」。因爲「取欲」在自恣日中，所以稱爲「取自恣欲」。依《毘尼母經》記載：

> 取自恣人若將自恣來，道中命終，或爲婬欲所迷，或失性，或出界
> 外，或捨道還俗，如此等皆不成取欲，應更遣人取欲。若取欲者，
> 爲賊、爲水、爲虎狼所遮不得來者，此取欲成就，如此等難事非一，
> 但取欲者，欲來而力不能，皆取欲成就。〔註54〕

可見，取自恣欲的人已領別人的與欲來自恣，如果路上命終，或爲婬欲所迷、或失性、或出界外、或捨道還俗等都不成取欲，再要託另外的人取欲。但如果取欲的人路上爲賊、爲水、爲虎狼所遮不能來，這取欲才成就的。

（四）止自恣

　　止自恣就是遮自恣的意思。《毘尼母經》中記載：「止自恣者，佛告諸比

〔註53〕　「舉罪」：就是說出來自恣人的罪。
〔註54〕　《毘尼母經》第四卷，大正藏24，頁821c。

丘：『眾中若有不清淨止不應自恣，當作「止自恣羯磨」』。」〔註55〕從引文來看，止自恣也像止布薩一樣，就是說在自恣那天，如果有不清淨比丘，就不應該自恣，所以要作止自恣羯磨。

第三節　小　結

安居起因是由於在佛陀的時代，佛陀因比丘夏季、冬天和雨天仍外出遊化，由於雨季草木生長，比丘在外遊行，而難免踏傷正茂盛生長的草木，並因暴雨洪水而漂失衣物，危及生命，而被社會譏嫌，因此倣印度當時其它宗教、修行者的作法，制定每年夏季，比丘（尼）有三個月要居住在一個固定的處所，名為三月夏安居。

安居的另外一個意義是說，出家弟子應如法如律修行辦道，尤其是為了成就道業，更得精進。所以可運用夏季三月九旬的時間，於清淨伽藍地，專心用功於解脫道上，以期斷惑證真，了脫生死。

依據佛制，出家弟子每年必須參加結夏安居，尤其受了三壇大戒之後，經過如法如律的夏三月安居修行，就能增長戒臘。只因在此安居期間，大眾共修精進，熏習殊勝良因，自然在七月十五日圓滿解夏時，將這一天稱為「佛歡喜日」。另外又稱「僧自恣日」，也稱為「自恣解夏日」略稱「自恣」。所謂僧自恣日，與自恣解夏日，同樣說明「自恣」的難能可貴。也就是說，眾僧在此三月九旬修道期間，有些時候難免會迷心迷境，不見己過。所以佛制「自恣」，希望仰憑清眾，垂慈誨示，亦即縱宣己罪，恣僧治舉。如此內彰無私隱，外現有純淨，因此要「自恣」。解夏自恣日，亦稱諸佛歡喜日，因夏安居期間僧眾精進用功、圓滿成就，故諸佛菩薩皆歡喜讚嘆。

〔註55〕《毘尼母經》第三卷，大正藏24，頁813a。

第七章　對「破僧」、「滅罪」有關的「摩咀理迦」

第一節　破　僧

一、破僧的起源

　　破僧的起源是由提婆達多〔註1〕而生。幼時，提婆達多與釋尊共習諸藝，其技優異，常與釋尊競爭。佛陀成道後，隨佛陀出家，於十二年間善心修行，精勤不懈。後因未能得聖果而退轉其心，漸生惡念，欲學神通而得利養，佛陀不許，遂至十力迦葉處習得神通力，受摩揭陀國阿闍世太子之供養。提婆達多得到自立為王的阿闍世的支持之後，在聲勢上日漸提昇。此外，在僧團方面，他也獲得一批僧眾的響應。其中，有四位是他的核心助手。這四位是俱伽梨、乾陀驃、迦留羅提舍，與三聞達多。他們與提婆達多都出身於釋迦族。由是，提婆愈加憍慢，欲代佛陀領導僧團，亦未得佛陀允許。後來提婆率五百徒眾脫離僧團，自稱大師，制定五法，以此為速得涅槃之道，遂破僧伽的和合。

　　關於提婆達多破僧五法諸律記載不一，據《毘尼母經》五法是：「一者盡

〔註1〕　「提婆達多」：梵名 Devadatta，巴利名同。又作提婆達兜、掜婆達多、地婆達多。或作調達。略稱提婆、達多。意譯作天熱、天授、天與。為佛世時犯五逆罪，破壞僧團，與佛陀敵對之惡比丘。為釋尊叔父斛飯王之子，阿難之兄弟（另有為甘露飯王、白飯王或善覺長者之子等異說）。（佛光大辭典，頁4960）。

形壽乞食；二者糞掃衣；三者不食酥鹽；四者不食肉魚；五者露坐。」〔註2〕

《根本說一切有部毘奈耶雜事》〈破僧事〉卷十〔註3〕載，五法是不食乳酪、不食魚肉、不食鹽、受用衣時不截其縷績（即用長布）、住村舍而不住阿蘭若處。又據《十誦律》卷四、卷三十六載，〔註4〕五法是盡形壽受著衲衣、盡形壽受乞食之法、盡形壽受一食之法、盡形壽受露地坐法、盡形壽受斷肉法。依《五分律》五法就是：「一不食鹽；二不食酥乳；三不食魚肉若食善法不生；四乞食若受他請善法不生；五春夏八月日露坐多四月日住於草菴若受人屋舍善法不生。」〔註5〕

　　雖然各部律的五法不一樣，但是制定的目的是相同。這五法的根本旨趣是刻苦修行。提婆達多認為五法蘊含有「少欲知足、制欲、頭陀行、樂住、滅漏、精進」等特質，可使修行者較快速證得涅槃聖果。

　　其實，這五法其實與修行有關的生活規約，主張出家人應該畢生都住在與村落或城市有相當距離的閑靜處（阿蘭若），而不應住在人口密集的村落或城市之中。而且應住在樹下，不應住在房屋內。應該畢生托缽乞食，不可到信徒家用餐。應該畢生都穿著糞掃衣（自廢棄物堆中撿拾之破舊衣，洗淨後所裁製成之袈裟），不可以接受信徒所奉獻的衣服。應該畢生都不吃魚、肉，連三淨肉〔註6〕（魚）都不可以吃。

　　提婆達多認為修行若要較快見到成果，則生活上的刻苦是必要條件。這種具有苦行傾向的修行原則，在當時是頗為流行的，而且也較容易得到一般人的讚歎。但是釋尊之所以不能同意全面採行的原因，是偏於一邊的苦行或樂行都是不圓滿的，是違反中道原則的。在教導眾生時，不祇不盡能契機，而且也不靈活。因為釋尊之教的核心是三無漏學（戒定慧）中的「慧」，亦即對生命特質或生命原理的把握與體認。連「戒」與「定」都祇是輔助條件而已，更不用說是苦行、樂行之類的修行規定了。所以，儘管這類苦行方式頗為「難能」，但並不一定「可貴」。因為對苦行作僵化式的規定或過度的渲染，

〔註2〕　《毘尼母經》第四卷，大正藏24，頁823a。

〔註3〕　《根本說一切有部毘奈耶雜事》第十卷，大正藏24，頁149b。

〔註4〕　《十誦律》，大正藏23，頁24b、259a。

〔註5〕　《五分律》，大正藏22，頁164a。

〔註6〕　「三淨肉」：據十誦律卷三十七載，有三種肉，病者可食，稱為淨肉。（一）眼不見殺，自眼不見是生物為我而殺。（二）耳不聞殺，於可信之人，不聞是生物為我而殺。（三）不疑殺，知此處有屠家，或有自死之生物，故無為我而殺之嫌。（佛光大辭典，頁4960）。

也是一種偏執，並不符合佛法的中道精神。

　　依各部律的記載「破僧」有兩種：「破法輪僧」與「破羯磨僧」。如《毘尼母經》記載：「云何名爲破？破有二種：一破法輪；二破僧」。〔註7〕可見，《毘尼母經》所稱「破僧」就是「破羯磨僧」。

二、破僧的兩種

（一）破法輪僧

　　破法輪僧的定義，《毘尼母經》所寫：

> 法輪者，八正道不行，邪法流布，以智爲邪，用愚爲正，智障邪顯，
> 是名壞法輪。〔註8〕

　　這裡指出只要佛弟子不依八正道而學，不依八正道教人，即是破法輪。如印順法師說：這種破僧「以現代的話來說，應該稱之爲「叛教」。不只是自己失去信仰，改信別的宗教，而是在佛教僧團裡搞小組織，爭領導權，終於引導一部分僧眾從佛教中脫離出去，成立新的宗教，新的僧團。這稱爲「破法輪僧」，不但破壞僧伽的和合，而更破壞了正法輪。這種叛教的破僧罪，是最嚴重不過的五逆之一。」〔註9〕

　　由此可知，「破法輪僧」就是毀正歸邪，不但破壞僧伽的和合，而且破壞正法的存在，是犯五逆罪〔註10〕之一。像上面所講提婆達多破僧就是破法輪僧。

〔註7〕　《毘尼母經》第五卷，大正藏24，頁830b。
〔註8〕　《毘尼母經》第五卷，大正藏24，頁830b。
〔註9〕　印順法師，《戒律學論集》卷下，正聞出版社，2004，頁286。
〔註10〕　「五逆罪」：即五重罪。指罪大惡極，極逆於理者。有大乘五逆、小乘五逆之分。
　　　　（一）小乘五逆（單五逆）指：害母（梵 mātṛ-ghāta，又作殺母）、害父（梵 pitṛ-ghāta，又作殺父）、害阿羅漢（梵 arhad-ghāta，又作殺阿羅漢）、惡心出佛身血（梵 tathāgatasyāntike duṣṭa-citta-rudhirotpādana，又作出佛身血）、破僧（梵 saṃgha-bheda，又作破和合僧、鬥亂眾僧）等五者。前二者爲棄恩田，後三者則壞德田，故稱五逆、五重罪。以其行爲將成爲墮無間地獄之因，故亦稱五無間業（梵 pañcaanantarya-karmāṇi），略稱五無間或五不救罪。
　　　　（二）大乘五逆（複五逆），據大薩遮尼乾子所說經卷四舉出五大根本重罪，即：（1）破壞塔寺，燒燬經像，奪取三寶之物。或教唆他人行此等事，而心生歡喜。（2）毀謗聲聞、緣覺以及大乘法。（3）妨礙出家人修行，或殺害出家人。（4）犯小乘五逆罪之一。（5）主張所有皆無業報，而行十不善業；或不畏後世果報，而教唆他人行十惡等。（佛光大辭典，頁1143）。

（二）破羯磨僧

破羯磨僧的定義，《毘尼母經》所寫：

> 破僧者，一僧伽藍中一人布薩，乃至五人布薩，或一人爲二人羯磨，
> 乃至爲大衆羯磨，大衆爲大衆羯磨，是名破僧。〔註11〕

我們已知道僧伽的性質要清淨、和合，共同一個住處必要同一羯磨、布薩一說戒。如果有分兩或者多個布薩一說戒是羯磨不成，這樣就稱爲「破羯磨僧」。如印順法師於《戒律學論集》所說：

> 破僧，就是一定範圍（「界」）內的僧衆，凡有關全體或重要事項，
> 要一致參加：同一羯磨（會議辦事），同一說戒。如因故而未能出席，
> 也要向僧伽「與欲」，「與清淨」，僧衆是過著這樣的團體生活。這樣
> 的和合僧團，如引起諍執，互不相讓，發展到各自爲政，分裂爲兩
> 個僧團：不同一羯磨，不同一說戒，就是破僧。這樣的破僧，名爲
> 「破羯磨僧」。〔註12〕

由此可見，「破羯磨僧」就是在同一界之內，別行僧事，另作羯磨，不同說戒，使僧團破裂爲兩分。可以說，佛教的根本二部分裂是「破羯磨僧」。部派分裂是由於佛陀入滅後的百年之間，東方毘舍離跋耆族的跋闍子比丘提倡「十事」新說，與西方主張嚴持戒律的耶舍長老，引發行持上的爭議。耶舍比丘獲得離婆多長老協助，邀請七百位聖賢比丘爲律典作一結集，並在集會上一致決議「十事非法」；〔註13〕而主張此十事可行的比丘也同時舉行結集，因此而造成分裂。依印順法師於《印度佛教思想史》記載：

> 佛法的最初分化，法義上雖也不免存有歧見，而主要的還是戒律問
> 題。釋尊所制的僧伽 saṃgha 制度，原則上是「尊上座而重大衆」

〔註11〕《毘尼母經》第五卷，大正藏 24，頁 830b。

〔註12〕印順法師，《戒律學論集》卷下，正聞出版社，2004，頁 286。

〔註13〕「十事非法」：依《五分律》記載：「佛泥洹後百歲，毘舍離諸跋耆比丘始起十非法：一、鹽薑合共宿淨；二、兩指抄食食淨；三、復坐食淨；四、越聚落食淨；五、酥油蜜石蜜和酪淨；六、飲闍樓伽酒淨；七、作坐具隨意大小淨；八、習先所習淨；九、求聽淨；十、受畜金銀錢淨。」（《五分律》第30卷，大正藏 22，頁 192a。）依《十誦律》記載：「佛般涅槃後一百一十歲，毘耶離國十事出，是十事非法非善，遠離佛法，不入修妬路，不入毘尼。亦破法相，是十事。毘耶離國諸比丘用是法行是法言是法清淨。如是受持。何等十事？一者鹽淨；二者指淨；三者近聚落淨；四者生和合淨；五者如是淨；六者證知淨；七者貧住處淨；八者行法淨；九者縷邊不益尼師檀淨；十者金銀寶物淨。」（《十誦律》第60卷，大正藏 23，頁 450a。）

的。對於有學、有德、有修證的長老上座，受到相當的尊敬；但在
僧伽的處理事務，舉行會議──羯磨 karman 時，人人地位平等，依大
眾的意見而決定。西方系的佛教，漸漸形成上座的權威，所以有「五
師相承」的傳說；思想保守一些，對律制是「輕重等持」的。東方
系多青年比丘，人數多而思想自由些，對律制是重根本的。如引起
七百結集論諍的，主要是比丘手捉金銀，而在上座部系所傳，就有
「十事非法」。〔註14〕

由此可知，部派分裂的主因在於教理上的見解不同，特別是在戒律問題，
所以發生僧伽的羯磨不統一，於是原始的僧眾就分開兩邊東方與西方的兩個
羯磨。這樣分開羯磨就是一種「破羯磨僧」。

三、破法輪僧與破羯磨僧的比較

想找出兩種「破僧」的同異，我們先看下面兩段經文：

> 破羯磨僧破法輪僧有何差別？答：破羯磨者，謂一界內有二部僧各
> 各別住，作布灑陀〔註15〕羯磨說戒。破法輪者，謂立異師異道。如
> 提婆達多。言我是大師。非沙門喬答磨。〔註16〕五法是道，非喬答
> 磨所說八支聖道。所以者何？若能修習是五法者，速證涅槃非八支
> 道……破羯磨僧極少八人，四人已上方名為僧三人不爾，於一界內
> 有二部僧各各別住，作布灑陀羯磨說戒，乃得名為羯磨壞故。破法
> 輪僧極少九人。以一界內有二部僧各各別住。於無慚愧部中。定別
> 有一眾所尊重能教誨者。當知則是提婆達多。於正眾中極少四人。
> 於邪眾中極少五人。如是極少下至九人則法輪僧壞。〔註17〕

依《薩婆多毘尼毘婆沙》記載：

> 破僧輪，破羯磨僧俱偷蘭遮；而破僧輪犯逆罪偷蘭遮不可懺；破羯
> 磨僧犯非逆罪可懺偷蘭遮。復次破僧輪，入阿鼻獄〔註18〕受罪一劫；

〔註14〕　印順法師，《印度佛教思想史》，正聞出版社，1993，頁 39。
〔註15〕　「布灑陀」：即布薩的別稱。
〔註16〕　「喬答磨」：即瞿曇的別稱。
〔註17〕　《說一切有部發智大毘婆沙論》第 116 卷，大正藏 27，頁 603a。
〔註18〕　「阿鼻獄」：為八熱地獄之一。阿鼻，梵名 avīci。又作阿毘地獄、阿鼻旨地獄。
　　　　　意譯無間地獄。觀佛三昧海經卷五觀佛心品（大一五・六六八中）：「云何名
　　　　　阿鼻地獄？阿言無，鼻言遮；阿言無，鼻言救；阿言無間，鼻言無動；阿言

〔註19〕破羯磨僧，不墮阿鼻獄。復次破僧輪下至九人；破羯磨僧下
至八人。復次破僧輪，一人自稱作佛；破羯磨僧，不自稱作佛。復
次破僧輪，界內界外一切盡破；破羯磨僧，要在界內別作羯磨。復
次破僧輪，必男子；破羯磨僧，男子女人二俱能破。復次破僧輪，
破俗諦僧；破羯磨僧，俗諦僧第一義諦僧二俱能破。復次破僧輪，
但破閻浮提；〔註20〕破羯磨僧，通三天下。〔註21〕

極熱，鼻言極惱；阿言不閑，鼻言不住。不閑不住，名阿鼻地獄。阿言大火，
鼻言猛熱。猛火入心，名阿鼻地獄。（佛光大辭典，頁 3669）。

〔註19〕 「劫」：梵語 kalpa，巴利語 kappa。音譯劫波、劫跛、劫簸、羯臘波。意譯分別
時分、分別時節、長時、大時、時。原爲古代印度婆羅門教極大時限之時間單
位。佛教沿之，而視之爲不可計算之長大年月，故經論中多以譬喻故事喻顯之。
婆羅門教認爲世界應經歷無數劫，一說一劫相當於大梵天之一白晝，或一千時
（梵 yuga），即人間之四十三億二千萬年，劫末有劫火出現，燒燼一切，復重
創世界；另一說則以爲一劫有四時：（一）圓滿時（梵 kṛtayuga），相當於一百
七十二萬八千年。（二）三分時（梵 tretāyuga），相當於一百二十九萬六千年。
（三）二分時（梵 dvāyuga），相當於八十六萬四千年。（四）爭鬥時（梵 kaliyuga），
相當於四十三萬二千年。四者凡四百三十二萬年。據稱現正處於爭鬥時。此外，
根據上記「一劫四時」之說法，婆羅門教並認爲四時相較，時間上愈形短少，
人類道德亦日趨低落，若爭鬥時結束即爲劫末，世界即將毀滅。
佛教對於「時間」之觀念，以劫爲基礎，來說明世界生成與毀滅之過程。有
關劫之分類，諸經論有各種說法。大智度論卷三十八謂劫有二種，一爲大劫，
二爲小劫；妙法蓮華經優波提舍分五劫，即夜、晝、月、時、年；大毘婆沙
論卷一三五以劫有中間劫、成壞劫、大劫三種；俱舍論卷十二謂有壞劫、成
劫、中劫、大劫等四種；彰所知論卷上分劫有中劫、成劫、住劫、壞劫、空
劫、大劫等六種；瑜伽師地論略纂卷一下載有九種劫，即：（一）日月歲數。
（二）增減劫，即是饑、病、刀小三災劫，稱爲中劫。（三）二十劫爲一劫，
即梵眾天劫。（四）四十劫爲一劫，即梵前益天劫。（五）六十劫爲一劫，即
大梵天劫。（六）八十劫爲一劫，即火災劫。（七）七火爲一劫，即水災劫。（八）
七水爲一劫，即風災劫。（九）三大阿僧祇劫。
諸經論中又有小劫、中劫、大劫之名目，小劫、中劫同爲梵語 antara-kalpa 之
譯，大劫則爲梵語 mahā-kalpa 之譯。鳩摩羅什譯之法華經中，皆稱小劫，而
法意所譯之提婆達多品中則稱中劫；二者皆同爲 antara-kalpa 之譯。又大樓炭
經卷五以刀兵等三災爲三小劫，而起世經卷九稱之爲三種中劫。立世阿毘曇
論卷九以八十小劫爲一大劫，大毘婆沙論卷一三五則以八十中劫爲一大劫；
此等差異，均可視爲 antara-kalpa 之異譯。
蓋「劫」字原表示時限，其中雖有多種分別，但長時之「劫」常用於說明世
界之成立及破壞之過程。（佛光大辭典，頁 2811）。

〔註20〕 「閻浮提」：梵名 Jambu-dvīpa，巴利名 Jambu-dīpa 之音譯。又作閻浮利、贍部
提、閻浮提鞞波。閻浮，梵語 jambu，乃樹之名；提，梵語 dvīpa，洲之意。梵
漢兼譯則作剡浮洲、閻浮洲、贍部洲、譫浮洲。略稱閻浮。舊譯爲穢洲、穢樹

據上面所引的經文，我們立表統計如下：

	破 法 輪 僧	破 羯 磨 僧
形式	一立異師異道 一一人自稱作佛 一界內界外一切盡破	一一界內有二部僧各各別住，作布薩、羯磨說戒 一不自稱作佛 一要在界內別作羯磨
人數	最少九人	最少八人
性別	比丘	俱比丘與比丘尼
罪名	逆罪偷蘭遮不可懺	非逆罪可懺偷蘭遮
受罪	入阿鼻獄受罪一劫	不墮阿鼻獄
空間	閻浮提	三天之下

總之：

＊「破羯磨僧」：要在界內，有八個比丘以上，以一比丘起而號召四人以上，別行僧事，另作羯磨，使僧團破裂為兩分，這才叫做破僧。因為四人以上的比丘眾，方名僧伽，如果只有一個比丘乃至七個比丘，雖不和合，乃至鬥爭相罵，亦非破僧。在家居士，斗訟兩頭，令僧不和合，乃是犯的兩舌謗僧或說出家人過的罪愆，但卻不成破僧罪。

＊「破法輪僧」：輪是八聖道分，令人捨去八聖道而入八邪道中，便是破僧輪。但是破僧輪者，必須在九人以上的比丘僧團中，有一人起而自稱是佛，另有四人比丘眾為之附從，使僧團分裂為邪正兩部，才得名之為破法輪僧。因為女身不能成佛，成佛須轉男身，所以比丘尼也不能破法輪僧，只能破羯磨僧。

城，乃盛產閻浮樹之國土。又出產閻浮檀金，故又有勝金洲、好金土之譯名。此洲為須彌山四大洲之南洲，故又稱南閻浮提（梵 dakṣiṇa-jambu-dvīpa）、南閻浮洲、南贍部洲。

長阿含卷十八閻浮提洲品載，其土南狹北廣，縱廣七千由旬，人面亦像此地形。又阿耨達池之東有恆伽（殑伽）河，從牛之口出，從五百河入於東海。南有新頭（信度）河，從獅子之口出，從五百河入於南海。西有婆叉（縛芻）河，從馬之口出，從五百河入於西海。北有斯陀（徙多）河，從象之口出，從五百河入於北海。又大樓炭經卷一、起世經卷一、起世因本經卷一等之說亦同。俱舍論卷十一載，四大洲中，唯此洲中有金剛座，一切菩薩將登正覺，皆坐此座。

凡上所述，可知閻浮提原本係指印度之地，後則泛指人間世界。（佛光大辭典，頁 6337）。

〔註21〕《薩婆多毘尼毘婆沙》第三卷，大正藏23，頁 524a。

第二節 滅 罪

一、各種罪相

比丘的 250 個戒條分成五篇、七聚，看如下圖表：

罪　名	五　篇	七　聚
四波羅夷	波羅夷	波羅夷
十三僧殘	僧　殘	僧　殘
二 不 定		偷蘭遮
三十捨墮	波逸提	波逸提
九十單墮		
四 悔 過	提舍尼	提舍尼
一百眾學法	突吉羅	惡　作
七 滅 諍		惡　說

不過，《毘尼母經》只說犯戒有七種，那麼這七種屬於「七聚」：「一、波羅夷；二、僧伽婆尸沙；三、尼薩耆波逸提；四、波逸提；五、偷蘭遮；六、波羅提提舍尼；七、突吉羅。」〔註22〕

（一）波羅夷

「波羅夷」，梵語 pārājika，巴利語同稱。又作波羅闍已迦、波羅市迦。意譯為他勝、極惡、重禁、墮、墮不如、斷頭、無餘、棄。此罪如同斷首之刑，不可復生，永被棄於佛門之外，故稱極惡。又此罪能破沙門戒體，令彼墮落，魔必得勝，故亦稱他勝；善法名自，惡法名他，以惡法勝善法，故犯者稱他勝罪。依《毘尼母經》記載：

> 波羅夷者，破壞離散名「波羅夷」。又波羅夷者，為他刀稍所傷，絕滅命根，名「波羅夷」。佛法中波羅夷者，與煩惱共諍，為惡所害，名「波羅夷」。又復波羅夷者，為三十七住道法〔註23〕所棄，為四沙

〔註22〕《毘尼母經》第三卷，大正藏24，頁 813a。

〔註23〕「三十七住道法」：即是「三十七道品」，梵語 bodhi-pākṣika 之意譯，又作菩提分、覺支，即為追求智慧，進入涅槃境界之三十七種修行方法。又稱三十七覺支、三十七菩提分、三十七助道法、三十七品道法。循此三十七法而修，即可次第趨於菩提，故稱為菩提分法。三十七道品可分七科如下：

（一）四念處，又作四念住。（1）身念處，即觀此色身皆是不淨。（2）受念

門果所棄，爲戒定慧解脫解脫知見一切善法所棄者，名「波羅夷」。
又波羅夷者，於毘尼中正法中比丘法中，斷滅不復更生，名「波羅
夷」。世尊說言：「有涅槃彼岸，不能度到彼岸故名『波羅夷』」。波
羅夷者，如人爲他斫頭更不還活，爲惡所滅不成比丘，名「波羅夷」。
尊者迦葉惟說曰犯最重惡，於比丘法中更無所成，名「波羅夷」。又
波羅夷者，如人犯罪施其死罰更無生路，犯波羅夷永無懺悔之路，
於比丘法中更不可修，名「波羅夷」。如人欲到彼岸，愚癡故中道爲
他所誑而失彼岸，於佛教中，爲煩惱所誑，失涅槃彼岸，是名爲「墮」。
〔註24〕

從引文來看，我們知道「波羅夷」的定義有很多，如因爲它破壞、離散所以
稱爲「波羅夷」；因爲它如利刀砍人令絕滅命根，所以稱爲「波羅夷」；或爲
它令修行者三放棄十七道品、「四沙門果」、戒定慧解脫、解脫知見等一切善

處，觀苦樂等感受悉皆是苦。(3) 心念處，觀此識心念念生滅，更無常住。(4)
法念處，觀諸法因緣生，無自主自在之性，是爲諸法無我。

　(二) 四正勤，又作四正斷。(1) 已生惡令永斷。(2) 未生惡令不生。(3)
未生善令生。(4) 已生善令增長。

　(三) 四如意足，又作四神足。(1) 欲如意足，希慕所修之法能如願滿足。(2)
精進如意足，於所修之法，專注一心，無有間雜，而能如願滿足。(3) 念如
意足，於所修之法，記憶不忘，如願滿足。(4) 思惟如意足，心思所修之法，
不令忘失，如願滿足。

　(四) 五根，根，即能生之意，此五根能生一切善法。(1) 信根，篤信正道
及助道法，則能生出一切無漏禪定解脫。(2) 精進根，修於正法，無間無雜。
(3) 念根，乃於正法記憶不忘。(4) 定根，攝心不散，一心寂定，是爲定根。
(5) 慧根，對於諸法觀照明了，是爲慧根。

　(五) 五力，力即力用，能破惡成善。(1) 信力，信根增長，能破諸疑惑。(2)
精進力，精進根增長，能破身心懈息。(3) 念力，念根增長，能破諸邪念，
成就出世正念功德。(4) 定力，定根增長，能破諸亂想，發諸禪定。(5) 慧
力，慧根增長，能遮止三界見思之惑。

　(六) 七覺分，又作七覺支、七覺意。(1) 擇法覺分，能揀擇諸法之眞偽。(2)
精進覺分，修諸道法，無有間雜。(3) 喜覺分，契悟眞法，心得歡喜。(4)
除覺分，能斷除諸見煩惱。(5) 捨覺分，能捨離所見念著之境。(6) 定覺分，
能覺了所發之禪定。(7) 念覺分，能思惟所修之道法。

　(七) 八正道，又作八聖道、八道諦。(1) 正見，能見眞理。(2) 正思惟，
心無邪念。(3) 正語，言無虛妄。(4) 正業，住於清淨善業。(5) 正命，依
法乞食活命。(6) 正精進，修諸道行，能無間雜。(7) 正念，能專心憶念善
法。(8) 正定，身心寂靜，正住眞空之理。(佛光大辭典，頁 506)。

〔註24〕《毘尼母經》第七卷，大正藏 24，頁 842b。

法所以稱爲「波羅夷」。另外有說「犯波羅夷者，如人犯罪施其死罰更無生路，犯波羅夷永無懺悔之路」就說明「波羅夷罪」永遠不能懺悔。此罪如同斷首之刑，不可復生。如修行者想修行達到涅槃彼岸但犯了「波羅夷」，就墮落失涅槃彼岸的目的，像人被砍了頭，不能復生。

（二）僧伽婆尸沙

「僧伽婆尸沙」或「僧殘」，梵語 saṃghāvaśeṣa。又作眾餘、眾決斷、僧初殘。犯者尚有殘餘之法命，如人被他人所斫，幾瀕於死，但尚有殘命，宜速營救，依僧眾行懺悔法，除其罪，猶可留於僧團。依《毘尼母經》所講：

> 僧殘者，所犯僧中應懺悔，不應一人邊，乃至二三人邊不得懺悔，眾中懺悔名爲「僧殘」。一切比丘所懺悔事，皆應僧中，僧爲作是名「僧殘」。又言僧殘者，殘有少在不滅，名爲「僧殘」。又復殘者，如人爲他所斫殘有咽喉，名之爲殘。如二人共入陣鬥，一爲他所害命絕，二爲他所害少在不斷，不斷者若得好醫良藥可得除差，若無者不可差也，犯僧殘者亦復如是，有少可懺悔之理，若得清淨大眾爲如法，說懺悔除罪之法，此罪可除。若無清淨大眾不可除滅，是名「僧殘」。除滅罪法，教令別住，行六日行摩那埵行阿浮呵那，行阿浮呵那得清淨竟，於所犯處得解脱，得解脱起已更不復犯，是名「僧殘」。〔註25〕

從此觀看，「僧殘」就如一個人被他人所斫殘有咽喉，所以稱爲殘。如兩個人共入陣鬥，一個人被害命絕，另外一個所害少，所以還沒斷命，還沒斷命的人如果得到好醫良藥就可以得救，犯僧殘者也是相同。犯僧殘者雖然有重但如果誠懇懺悔就可以除罪。犯罪者要在僧中如法懺悔，然後除滅罪，所以稱爲「僧殘」。總之，僧伽婆尸沙罪可懺悔。犯者要行別住，行六日，行摩那埵，行阿浮呵那，得清淨之後，於所犯處得解脱。這些行別住，行六日，行摩那埵，行阿浮呵那的方式下面會分析。

（三）尼薩耆波逸提

「尼薩耆波逸提」，梵語 naiḥsargika-prāyaścittika，巴利語 nissaggiya pācittiya。又作泥薩祇波逸底迦、尼薩耆波夜提、尼薩祇貝逸提，略稱尼薩耆，意譯作盡捨墮、捨墮、棄墮。尼薩耆，盡捨之意；波逸提，墮之意。即波逸提

〔註25〕《毘尼母經》第七卷，大正藏24，頁842c。

之一種，謂應捨財物之墮罪。「單墮」之對稱，共有三十條戒，稱爲三十捨墮。此戒乃警戒由於貪心而集貯無用之長物，助長生死之業，遂墮落三途，故捨棄此等之財物、貪心、罪業，稱爲捨墮。或謂犯此罪將墮入三惡道，故稱墮；懺除之法必先捨其財物，故稱捨。蓋此戒與衣鉢等財物有關，故若以所犯之財物捨於眾中而懺悔之，稱爲盡捨；若不懺悔，則結墮惡之罪，稱爲墮。

不過，在《毘尼母經》中，尼薩耆波逸提的定義沒有具體提出。

（四）波逸提

「波逸提」，梵語 pāyattika，巴利語 pācittiya 或 pācittika。又作貝逸提、波羅逸尼柯、波逸提伽、波質底迦。意譯墮、令墮、能燒熱、應對治、應懺悔。乃輕罪之一種，謂所犯若經懺悔則能得滅罪，若不懺悔則墮於惡趣之諸過。有捨墮（梵 naiḥsargika-prāyaścittika）、單墮（梵 śuddha-prāyaścittika）二種。須捨財物而懺悔之隋罪，稱爲捨墮；單對他人懺悔即可得清淨之墮罪，稱爲單墮。在《毘尼母經》中所記「波逸提」如何？

> 波逸提者，所犯罪微，故名波逸提。又復波逸提者，非斷滅善根罪
> 枝條罪，名波逸提。又復波逸提者，如被斫者少傷其皮不至損命，
> 波逸提罪亦復如是，此罪傷善處少，名波逸提。〔註26〕

可見，「波逸提」算是輕罪，不是斷滅善根罪而只是枝條罪。此罪只像「被斫者少傷其皮不至損命」，所以所犯若經懺悔則能得滅罪。

（五）偷蘭遮

「偷蘭遮」，梵語爲 sthūlātyaya，巴利語 thullaccaya 或 thūlaccaya。音譯窣吐羅底也。又作偷蘭遮耶、偷羅遮、薩偷羅、土羅遮、窣吐羅。略稱偷蘭。意譯大罪、重罪、粗罪、粗惡、粗過、大障善道。乃觸犯將構成波羅夷、僧殘而未遂之諸罪；不屬於波羅夷等五篇之罪，除突吉羅罪外，其餘一切或輕或重的因罪、果罪皆總稱爲偷蘭遮。可分獨頭、方便之正、從二種，即：（一）獨頭偷蘭，又作自性偷蘭、根本偷蘭。即已成就罪過，能斷善根。（二）方便偷蘭，又作從生偷蘭。欲犯波羅夷罪或僧殘罪而行方便，終不成立之因罪。另有次於僧殘重罪之偷蘭遮，與次於提舍尼輕罪之偷蘭遮等兩種。《毘尼母經》所記載：

> 偷蘭遮者，於麁惡罪邊生，故名偷蘭遮。又復偷蘭遮者，欲起大事
> 不成，名爲「偷蘭遮」。又復偷蘭遮者，於突吉羅惡語重故，名爲「偷

〔註26〕《毘尼母經》第七卷，大正藏24，頁842c。

　　蘭」。一、食人肉偷蘭；二、畜人皮偷蘭；三、剃陰上毛腋下毛偷蘭；
　　四、用藥灌大便道偷蘭；五、畜人髮欽畔羅偷蘭；六、裸形行偷蘭；
　　七、畜石缽偷蘭；八、瞋恚破衣偷蘭；九、瞋恚破房偷蘭；十、瞋
　　恚破塔偷蘭，是名「自性偷蘭」。〔註27〕

可見，「偷蘭遮」是針對波羅夷及僧殘的未遂犯，但在其他戒條中亦有獨立處
罰的。

　　另外，如果犯突吉羅惡語，但比較重一點也是屬於「偷蘭遮」。上面所提
到兩種「偷蘭遮」如是：「獨頭偷蘭」（自性偷蘭）與「方便偷蘭」（從生偷蘭），
但經中只提到十種「自性偷蘭」如下：

　　一、食人肉偷蘭

　　二、畜人皮偷蘭

　　三、剃陰上毛腋下毛偷蘭

　　四、用藥灌大便道偷蘭

　　五、畜人髮欽畔羅偷蘭

　　六、裸形行偷蘭

　　七、畜石缽偷蘭

　　八、瞋恚破衣偷蘭

　　九、瞋恚破房偷蘭

　　十、瞋恚破塔偷蘭

　　另外一種，「從生偷蘭」經中沒有提到。

　　欲懺悔這種罪，應對人數自最多的二十人，到四人、三人、一人及自責
心悔。

（六）波羅提提舍尼

　　「波羅提提舍尼」，梵語 pratideśanīya，巴利語 pātidesanīya。又作波羅底
提舍尼、波胝提舍尼、缽喇底提舍那。或單稱提舍尼。意譯作對他說、向彼
悔、各對應說、悔過法、可呵法。犯此戒時，必須向其他之清淨比丘發露懺
悔，是輕罪之一種。依《毘尼母經》中所講：「波羅提提舍尼者，犯即懺悔，
數犯數悔故名波羅提提舍尼。又復名波羅提提舍尼者，忘誤作非故心作故，
名波羅提提舍尼。」〔註 28〕從此看來，如果犯波羅提提舍尼只要向清淨比丘

〔註27〕《毘尼母經》第七卷，大正藏 24，頁 843a。
〔註28〕《毘尼母經》第七卷，大正藏 24，頁 843a。

發露懺悔說出自己所犯過錯即可。應隨犯隨懺悔，但亦可在每半個月舉行「布薩」時悔。

（七）突吉羅

「突吉羅」，梵語 duṣkṛta，巴利語 dukkaṭa。犯「百眾學法」、「滅諍法」微細過錯的處罰。此類分為二，「惡作」及「惡說」，即舉止或言語小過失。《毗尼母經》中也定義：

> 突吉羅者，名為惡作，犯身口律儀名為惡作。惡語二種：一者、妄語；二者、非時語。非時語者，釋摩男釋子作平等心持藥布施眾僧，六群比丘謗言：「好者與上座惡者與我等」。施主答言：「我當市上更買好藥與尊者」。六群比丘謗他故名「惡語」，所說不當時，名「非時語」。〔註29〕

可見，此罪在七種罪裡而是最輕的，只是犯身口律儀而已，所以才稱為「惡作」與「惡說」。因為此罪很輕，所以只要對一人（故意作之時）或對自己責心懺悔（無意作之時），就可以除罪了。換言之，此罪原則上只要心念自責，決心悔改，罪即滅除。

二、滅罪的「摩呾理迦」

（一）別　住

如果比丘犯「僧伽婆尸沙」而覆藏不發露，首先要對比丘作羯磨行別住。行別住者，「別在一房，不得與僧同處。一切大僧下坐不得連草食。又復一切眾僧苦役，掃塔及僧房，乃至僧大小行來處，皆料理之。又復雖入僧中，不得與僧談論，若有問者亦不得答。」〔註30〕

由此可見，別住在一房，意思說與僧眾隔離，僧事都不能參加，還要為僧眾服務苦役，掃塔及僧房，乃至僧大小行來處等也要料理。如果有事情入僧中，也不能與別人談論，或有人問也不能回答，稱為「行別住」。

（二）本　事

在行別住當中，如果再犯僧殘罪，僧眾讓受者行「本事」。如《毗尼母經》所記載：「行本事者，別住時未竟，又復更犯，復從眾僧乞別住，僧還與本所

〔註29〕　《毗尼母經》第七卷，大正藏 24，頁 843a。
〔註30〕　《毗尼母經》第二卷，大正藏 24，頁 809a。

覆藏日作白四羯磨。」〔註31〕由此可見，「本事」就是行別住當中，如果再犯僧殘罪，前已行者即除却，還依本日多少自始行之。

（三）摩那埵

依經中所講，犯罪比丘行別住完，白僧乞求作六夜摩那埵。「摩那埵者，別住苦役與前住無異，但與日限少有異耳。若犯時即發露者，亦六日六夜行之。摩那埵者（秦言意喜）前唯自意歡喜，亦生慚愧，亦使眾僧歡喜。由前喜故與其少日，因少日故始得喜名，眾僧喜者，觀此人所行法不復還犯，眾僧歎者言：此人因此改悔，更不起煩惱成清淨人也；是故喜耳。」〔註32〕

可見，「摩那埵」是用於處置犯了僧伽婆尸沙法而沒有隱藏罪行的比丘，「摩那埵」，梵語 mānatta，巴利語也同，意譯作悅眾意、意喜，好、下意、遍淨、折伏貢高，即是犯僧殘罪時，於六日六夜期間謹慎懺悔，爲眾僧行苦役；包括清理塔、僧房、大小行處（浴廁）之清潔工作，令僧眾歡喜而作羯磨解罪。

（四）阿浮呵那

何謂「阿浮呵那」？「阿浮呵那」者，『翻爲「喚入」，亦云「拔罪」，謂比丘犯僧殘，行波利婆沙〔註33〕乃至摩那埵已，喚入眾中與作出罪羯磨，作羯磨已，便得與僧同共布薩說戒，自恣法事也』。〔註34〕可見，「阿浮呵那」的意思是喚入僧眾求作出罪羯磨，因而成爲清淨比丘能夠與僧同共布薩說戒，自恣等法事，所以還稱爲「拔罪」。如《毘尼母經》中所講：「阿浮呵那者，清淨戒生得淨解脫，於此戒中清淨無犯，善持起去，是名阿浮呵那義。」〔註35〕

總之，「阿浮呵那」是已調伏的比丘，自求出罪，然後成爲清淨無犯，因清淨而得淨解脫。因此，《薩婆多部毘尼摩得勒伽》〔註36〕已說：「阿浮呵那是摩那埵功德利。何以故？已調伏求清淨，自求出罪，諸比丘言：是比丘求清淨，求出罪，是賢善比丘，我等當與作阿浮呵那，是故阿浮呵那，是摩那埵功德利。何以故？阿浮呵那是清淨已起，得清淨無罪。」

〔註31〕 《毘尼母經》第二卷，大正藏 24，頁 809a。
〔註32〕 《毘尼母經》第二卷，大正藏 24，頁 809a。
〔註33〕 「行波利婆沙」：《毘尼母經》中稱爲「行本事」；《四分律》作爲「行本日治」名別意同，即指行別住時的比丘再犯僧殘罪，必須「行波利婆沙」。
〔註34〕 《四分律名義標釋》第 24 卷，續藏 44，頁 585a。
〔註35〕 《毘尼母經》第二卷，大正藏 24，頁 809a。
〔註36〕 《薩婆多部毘尼摩得勒伽》第五卷，大正藏 23，頁 595c。

（五）舍摩陀

「舍摩陀」梵語 śamatha，又作奢摩他、舍摩他、奢摩陀，意譯「止」、「寂靜」、「能滅」等。止，即止寂之義，即止息一切雜念的意思。止息諸根惡不善法，所以能夠熄滅一切散亂煩惱。這個意義在《毘尼母經》中所表示：

> 舍摩陀者（秦言名滅），何等比丘事應滅？若有比丘隨善法能除四受：一者、欲受；二者、見受；三者、戒取受；四者、我取受。能除此四受，隨順行出離法，善者念念增進，惡者捨之，是名為滅。又復滅者，從現前毘尼乃至敷草毘尼，滅此七諍亦名為滅也。……又復滅者，隨僧行法能隨順之，所有善法日日增進，其所行事常為解說，若有事能令僧喜行之不惓，是名滅法。〔註37〕

由此來看，「舍摩陀」的第一個意思就是能除四受（欲受、見受、戒取受、我取受），增長善法，捨離惡法稱為「滅」。第二個意義，「舍摩陀」是指七滅諍（現前毘尼、憶念毘尼、不癡毘尼、自言毘尼、覓罪相毘尼、多人覓罪相毘尼、如草覆地毘尼）。

（六）「犯」與「不犯」

「犯」就是犯戒、律的意思。「犯者三種人犯：一、不癡狂；二、不散亂心；三、不為苦痛所逼，是名為犯。復有犯者：一切所犯輕重，隨彼佛所制處廣應當知。不犯者，亦如是。」〔註38〕可見，不癡狂、不散亂心、不為苦痛所逼的人而犯戒就稱為「犯」，否則就稱為「不犯」。因此，兩個人犯同樣罪相，但根據他所犯的狀況而決定他犯或不犯。

（七）「輕犯」與「重犯」

依佛教的戒律，犯罪分輕與重兩種。這兩種在《毘尼母經》中所記載：

> 何者輕，犯波羅提提舍尼。此罪輕，或向一人說，若自心念，皆能滅也。自種性者，若比丘畜人皮革屣、食人肉，若畜食者偷蘭遮。種性者，肉及皮即是人身故言種性。突吉羅者，不攝身威儀得突吉羅。惡口者，說言汝是工師技兒諸根不具，如此說者得波逸提，是名惡口輕犯也。〔註39〕

〔註37〕　《毘尼母經》第二卷，大正藏24，頁808a。
〔註38〕　《毘尼母經》第二卷，大正藏24，頁809a。
〔註39〕　《毘尼母經》第二卷，大正藏24，頁809a。

由此可見，「輕犯」就指犯波羅提提舍尼罪或突吉羅罪。像上面所講，犯這兩種罪相只要向一個人說或自心懺悔即可除罪。

> 重者，波羅夷僧伽婆尸沙。此二邊所得偷蘭遮重也。或有所犯，於比丘重比丘尼輕。或有所犯，於比丘尼重比丘輕。比丘重者，故出精比丘得僧伽婆尸沙，比丘尼得波逸提。比丘尼重者，比丘尼婬欲心盛，手摩男子屏處，男子亦摩比丘尼屏處，俱著觸樂，比丘尼犯波羅夷。〔註40〕

那麼，「重犯」就是犯波羅夷、僧伽婆尸沙的罪相，另外，偷蘭遮重罪（因為偷蘭遮有分兩種輕罪與重罪）也稱為「重犯」。或者同一個罪相但比丘犯就得「重犯」而比丘尼犯就屬於輕犯，或反過來。例如：「故出精」戒，比丘犯的就屬於重犯，因為此犯是於僧伽婆尸沙罪，但比丘尼犯了只得波逸提屬於輕罪。反過來，比丘尼犯重、比丘犯輕。例如：比丘與比丘尼在屏處身觸，兩個都有觸樂，但比丘尼犯重，因為她所犯屬於「波羅夷」，而比丘所犯比比丘尼輕，因為他的所犯屬於僧伽婆尸沙。因為《四分律比丘戒本》所講：「若比丘！婬欲意，與女人，身相觸，若捉手、若捉髮。若觸一一身分者，僧伽婆尸沙。」〔註41〕

（八）「殘」與「無殘」

佛教的戒律也分罪名成「殘」與「無殘」。那麼，什麼稱為「殘」？什麼稱為「無殘」？據《毘尼母經》記載：「罪可除，是以故名殘也……；四波羅夷，罪不可除，是故名無殘。」〔註42〕可見，「四波羅夷」是罪不可除稱為「無殘」；其他可除的罪都屬於「殘」。總之，「殘」就是可懺悔而滅罪的意思。

（九）麤惡

何謂「麤惡」？依《四分律名義標釋》所寫：「麤惡罪謂四棄（四波羅夷）及十三殘（僧伽婆尸沙），名麤惡罪也」。〔註43〕那麼，根據引文「麤惡」就是「四波羅夷」與「十三僧伽婆尸沙」。但依《毘尼母經》所記載「麤惡」的內容有一點差別：「云何名麤惡犯？如人欲作四波羅夷事，身所作及口所說無有慚愧。因此二處必成波羅夷事，是名麤惡」。〔註44〕

〔註40〕《毘尼母經》第二卷，大正藏24，頁809a。
〔註41〕《四分律比丘戒本》，大正藏22，頁1016a。
〔註42〕《毘尼母經》第三卷，大正藏24，頁812c。
〔註43〕《四分律名義標釋》第11卷，續藏44，頁486a。
〔註44〕《毘尼母經》第三卷，大正藏24，頁812c。

從此觀之，身與口所造成「四波羅夷」就是「麤惡」。這樣，《毘尼母經》的「麤惡」唯一指「四波羅夷」。

另外，依《根本薩婆多部律攝》記載：「麤罪者，謂初二部及彼方便，此中意顯與婬相應，自性方便，是雜染故，名為麤惡」。〔註45〕這裡的初二部，即初二篇罪之五篇，就是指「波羅夷」與「僧伽婆尸沙」。因此這部律的「麤惡」包括波羅夷」、「僧伽婆尸沙」和一切方便所造成其兩篇罪。

總之，上面所比較我們知道，「麤惡」一般指「波羅夷」與「僧伽婆尸沙」，不過，《毘尼母經》中的「麤惡」特指「四波羅夷」。

（十）濁 重

何謂「濁重」？依《毘尼母經》中記載：「又復一處濁重，僧伽婆尸沙邊成婆尸沙方便是也，是二偷蘭名濁重犯。」〔註46〕

由此可見，一位比丘犯罪但還沒有屬於「僧伽婆尸沙」，稱為僧伽婆尸沙邊，就犯罪者所犯罪的程度，有可能引到僧伽婆尸沙罪，所以叫作偷蘭遮；另外，「婆尸沙方便」就是由那某一種因、某一種緣有可能造成僧伽婆尸沙，所以叫作「婆尸沙方便」，這種也稱為偷蘭遮。上面所講的兩種偷蘭遮《毘尼母經》中稱為「濁重」。

（十一）非麤惡濁重

何謂「非麤惡濁重」？據《毘尼母經》記載：「何者非麤濁重，波逸提、波羅提提舍尼、自性偷蘭遮、突吉羅，如此等亦是不善身口所作，但非大事方便，以是義故，非麤惡濁重也。」〔註47〕

可見，罪名不屬於麤惡也不屬於濁重稱為「非麤惡濁重」。如經中所講，波逸提、波羅提提舍尼、自性偷蘭遮、突吉羅雖然都是不善身口所作，但造成的罪不屬於「大事」，所以稱為「非麤惡濁重」。

第三節 小 結

「破僧」的起源是由提婆達多發生。據說，佛陀晚年時，提婆達多欲代佛陀領導僧團，但佛陀不允許。因此後來提婆達多率領他的徒眾脫離僧團，

〔註45〕《根本薩婆多部律攝》第九卷，大正藏24，頁575c。
〔註46〕《毘尼母經》第三卷，大正藏24，頁812c。
〔註47〕《毘尼母經》第三卷，大正藏24，頁812c。

自稱大師，制定五法，稱爲另外一個團體。這種「破僧」是毀正歸邪，不但破壞僧伽的和合，而且破壞正法的存在所以稱爲「破法輪僧」。另外一種「破僧」稱爲「破羯磨僧」即是同一個界內，別行僧事，另作羯磨，不同說戒，使僧團破裂爲兩分。佛教現今兩種「破僧」都有發生，不過第二種比較普遍。

　　「滅罪」意指滅罪的方法。在七種罪相裡面，「波羅夷」罪是最重，此罪不可懺悔。罪重第二是「僧伽婆尸沙」，此罪像人患重傷，但還有機會救火，所說機會就是向僧眾行懺悔法，除其罪。其他的罪相算是輕罪，相應每種罪就有某一種滅罪方法。

第八章　關於衣、藥的「摩呾理迦」

第一節　衣

一、「三衣」的總論

「衣」原爲一切衣服之總稱，於佛典中，則統稱僧尼所著用之袈裟、覆肩、裙褲等法衣。在《翻譯名義集》中所記載：

> 袈裟具云迦羅沙曳，此云不正色，從色得名。章服儀云：袈裟之目因於衣色，如經中壞色衣也。會正云：準此本是草名，可染衣故將彼草目此衣號。十誦以爲敷具謂同氈席之形。〔註1〕

可見，袈裟全名「迦羅沙曳」意謂「不正色」，所以各部律都有提到壞色衣的說法。壞色有三種：青、黑、木蘭；青謂銅青，黑謂雜泥，木蘭即樹皮。

「袈裟」又稱解脫服、福田衣。發心出家求解脫的行者，身被袈裟，安然無畏，不爲外道邪魔所擾，三業持修，進趣菩提、證解脫道，非白衣居士所能披，故稱解脫服。福田衣，是袈裟的德名，借田說法，譬喻持戒比丘，精進不懈，爲人世福田，能令眾生廣植福，如世間的稻田能長稻禾，資養色身。故比丘所著割截衣，形如田相，稱之爲福田衣。

而三衣爲出家之服，應法而作，又稱法服。沙門之衣，是賢聖標誌，佛令諸僧尼，如法護持，非白衣所能披。此僧伽黎、鬱多羅僧、安陀會三衣，又稱三事納，即五條、七條、九條三種納。

〔註1〕《翻譯名義集》第七卷，大正藏54，頁1170b。

　　「三衣」的由來〔註2〕如此：在釋迦牟尼成道以后的最初五六年中，根本沒有制定戒律的條文，也沒有著衣的規定。后來，在一年的冬季里，佛與弟子們在遊行乞化，他看見弟子們得到很多布料。有的帶在頭上，有的挂在肩上，有的纏在腰際，看起來既失威儀又十分累贅，於是佛陀開始定製衣服的要求。那時，正是印度的隆冬，佛陀在晚上親自試驗：初夜披一件就夠了；中夜覺得冷，於是加上一件；后夜時，還覺得冷，於是再加一件，這樣就足夠禦寒了。因此，佛陀規定比丘不得超過三衣，這就是所謂「三衣」的來源。

　　在當時，所謂的衣服只是一塊長方形的布。最初的三衣並沒有規定條數與塊數，也不是割截以后再拼湊而成的，佛陀僅僅規定有三種衣，三種衣的區別，並不在條數的多少，而在其層數的厚薄。

　　至於割截而成的「福田衣」，是在阿難隨佛出家以后。當時印度社會的治安不好，比丘們披了新衣，在人間遊化，往往會遭到土匪與小偷搶劫或偷盜。因為三衣是整塊布料，俗人稍微加以修改，照樣可以披著。佛陀為此頗為擔心。

　　有一天，佛往南方遊行，在路上看到道旁的耕地，一方方，一塊塊，溝畦分明，田畝整齊，便指著田野，對阿難說：「你能教比丘僧製作這樣形式的衣服嗎？」阿難很聰明，一口答應了。「福田衣」便這樣做成了。后來，佛陀告訴大家，過去一切如來及弟子都是這樣做的。第一，其形如田，比丘披著可由信徒來供養種福；第二，割截分裂，盜賊竊之無用，可以減少比丘的損失。

（一）安陀會

　　「安陀會」，梵語 antarvāsa，巴利語 antaravāsaka。又作安怛婆沙、安呾婆娑、安多婆裳、安陀羅跋薩、安多會、安陀衣、安多衛。意譯作內衣、裏

〔註2〕　《摩訶僧祇律》第八卷，大正藏22，頁291a。「佛在毘舍離大林重閣精舍，廣說如上。爾時長老難陀優波難陀遊諸聚落，多得衣物滿車載來。爾時世尊晨朝時聞重車聲，知而故問：諸比丘何等車聲？諸比丘白佛言：世尊！是長老難陀優波難陀，遊諸聚落多得衣物滿車載來，是彼車聲。世尊即時便作是念：我諸弟子乃爾多求衣物。後於一時冬中八夜大寒雨雪，時世尊初夜著一衣，在有覺有觀三昧。至中夜時，覺身小冷，復著第二衣至後夜時，復覺身冷。著第三衣。便作是念。我諸弟子齊是三衣。足遮大寒大熱，防諸蚊虻覆障慚愧不壞聖種，若性不堪寒者，聽弊故衣，隨意重納。於是世尊夜過晨朝。詣眾多比丘所。敷尼師檀坐。語諸比丘。我一時晨朝聞重車聲，問諸比丘：何等車聲？諸比丘言：長老難陀優波難陀，遊諸聚落多得衣物，是彼車聲。我作是念：我諸弟子多求衣物，廣生樂著，我復一時冬中八夜，乃至重著三衣，便作是念：我諸弟子齊此三衣，足止大寒大熱防諸蚊虻，覆障慚愧不壞聖種，我從今日聽諸比丘，齊畜三衣，若得新者兩重作僧伽梨，一重作欝多羅僧，一重作安陀會」。

衣、作衣、作務衣、中著衣。此衣係由五條布做成，故又稱五條衣，共有五條，每條一長一短，共有十隔。安陀會是在勞作、行路乃至就寢時穿用的，因此又稱爲「內衣」、「中宿衣」。安陀會的長度是佛的四肘〔註3〕（約爲常人的三倍），寬度是佛的二肘，所以較爲短小，而且行動靈活。

（二）鬱多羅僧

「鬱多羅僧」，梵語 uttarāsaṅga，巴利語 uttarāsaṅga。又作郁多羅僧、優多羅僧、漚多羅、嗢多羅僧、嗢怛囉僧伽，譯爲「入眾衣」，凡是誦戒聽法，隨眾之時，都會在安陀會外，加披鬱多羅僧。鬱多羅僧是用七條布縫製而成，每條兩長一短，共計二十一隔，所以稱爲「七條衣」；在三衣中它居中位，所以稱爲「中價衣」，又稱爲「上衣」、「上著衣」。關於此衣之長短寬窄，有長五肘、廣三肘之規定，然因各人身量長短不同，故此說亦不甚一定。

（三）僧伽黎

「僧伽黎」，梵語 saṅghatı，巴利語同。又作僧伽胝、僧伽致、伽胝，譯爲「重衣」或「雜碎衣」，唯有行化乞食、進入聚落說法教化時披它。僧伽黎共分爲九品：下下品九條、下中品十一條、下上品十三條，這三品衣全是每條兩長一短；中下品十五條、中中品十七條、中上品十九條，這三品衣全是每條三長一短；上下品二十一條、上中品二十三條、上上品二十五條，這三品衣著全是每條四長一短。這九品大衣，下下品九條，每條三隔，共計二十七隔；乃至上上品二十五條，每條四長一短，共計一百二十五隔。所以，僧伽黎又稱爲「大衣」。長多短少，乃表聖增凡減之意。

二、受衣的規定

前文述及佛陀成道以後，爲出家僧伽制定了三衣，且三衣又因其屬性而

〔註3〕「肘」：梵語 hasta，爲印度古代之長度單位。有舒肘量和拳肘量兩種。舒張手指，從肘之本端至中指末端之長度，稱爲舒肘量；從肘之本端至握拳之末的長度，稱爲拳肘量。一肘之量，其所表示之長短，諸經論所說不一，據俱舍論卷十二、大唐西域記卷二等所載，七穬麥（梵 yava）等於一指節（梵 aṅguliparva），二十四指節等於一肘，四肘等於一弓（梵 dhanus）。上記之穬麥、指節、弓等，皆爲印度古代之長度單位名稱。另據陀羅尼集經卷十二載，肘之長短，乃隨咒師臂肘之長短以爲量數。或謂一肘即二磔手（一磔手約二十三公分）。準此可知，於密教修法時，行者可依其自身之肘量而採用廣狹不同之長度。（佛光大辭典，頁 2989）。

有各種不同的別稱。其中，從衣料而來的別名有「十種衣」〔註4〕和「糞掃衣」。

> 爾時世尊在波羅奈，有諸比丘白佛：「我等應當畜何等衣？」……「聽
> 畜十種乃至糞掃衣」。又復比丘畜長衣不過十日，若有水火盜賊失衣
> 者，有檀越大持衣來施，得受三衣不得過取，比丘得新衣，應作三
> 「點淨」〔註5〕。〔註6〕

由此可見，除了規定衣類，佛陀還規定保存衣的時間，不能過十天。如果被水漂衣、火燒衣、小偷盜衣……可以再受衣，但不過三衣。另外，在顏色上也規定要先「點淨」，「點淨」是在新衣上有一處點上另一種顏色，不許用上色或純色，如黃、赤、青、黑、白五大色就不許著用。佛陀教導比丘們從樹根、樹皮、樹汁和花提煉染料，破壞衣色的整齊，免除對衣服的貪著，法定有三種壞色——青（青而黑的色）、黑、木蘭色（赤而黑的色）所以叫「三點淨」。

三、糞掃衣

在僧團成立的初期，佛陀和他的弟子們都穿糞掃衣，一種用破布製成的衣服。這些破布或來自墓地，或是在大街上、垃圾場撿來的。「糞掃衣」，梵語 pāṃsu-kūla，巴利語 paṃsu-kūla。略稱糞掃。又作衲衣、百衲衣。

後來佛陀也允許信徒供養僧伽布料，不過要先把它剪成幾塊，然後縫在一起，爲的是要減低它的價值，減少僧人的貪染。穿這樣的衣服除了表示僧侶過的是一種簡樸的宗教生活外，還有揀別外道的用意。因爲當時其他教派

〔註4〕　「十種衣」：指比丘眾能著用之十種衣服。從形狀區別，稱爲三衣或五衣；從質料區分，稱十種衣。即：（一）拘舍衣（梵 kauśa），又作高世耶衣、憍賒耶衣（梵 kauśeya）。爲蠶絲（絹布）所製。（二）劫貝衣（梵 karpāsa），又作吉貝衣、劫波育衣。爲棉布所製。（三）欽婆羅衣（梵 kambara），乃羊毛布作成。或稱繫奢（梵 keśa，毛髮）欽婆羅衣。（四）芻摩衣（梵 kṣauma），爲麻布衣之一。（五）叉摩衣（梵 kṣama），又作纖摩衣。亦爲麻之質料。（六）舍〔少/兔〕衣（梵 śāṇa），又作奢那衣、扇那衣。爲似麻之樹皮所製。（七）麻衣。（八）翅夷羅衣（梵 cīra），木皮布作成。（九）拘攝羅衣，又作拘遮羅衣、鳩夷羅衣。以拘翅羅鳥（梵 kokila）、鳩那羅鳥（梵 kuṇāla）之羽毛製成。（十）嚫羅鉢尼衣（梵 śaraparṇī），又作讖羅半尼衣、差羅波尼衣、廁羅婆尼衣。爲草所製，亦有以野蠶繭爲緯，麻苧爲經製成。（佛光大辭典，頁 487）。

〔註5〕　「點淨」：依佛制，比丘得使用三衣、坐具等，而在受用新袈裟時，須以少分故衣貼於新衣，或墨點於新衣上，稱爲點淨。淨即離過非而爲清淨之義；依此點法而受用，稱爲點淨。（佛光大辭典，頁 6545）。

〔註6〕　《毘尼母經》第七卷，大正藏 24，頁 840b。

的苦行者，有的穿著樹皮或草製成的衣服，有的穿用毛、羽絨或鹿皮製成的衣服，甚至有的人一絲不掛。佛陀不僅不主張縱欲的行為，也不提倡上述極端的苦行，因為他從經驗裡得知這種苦行對解脫並沒有任何助益，而糞掃衣能夠去除比丘對外在物質的貪欲，又足以達到遮蔽身軀、保護身體，防禦冷、熱、蚊、蟲、風等的功能。它毋寧是當時一種最好的、最簡便解決穿衣問題的方法。

　　雖然，佛陀鼓勵比丘儘量穿著糞掃衣，但在拾取糞掃衣的時候還是要注意到：不可以只求目的，不擇手段。比方：

> 若糞掃衣在四方牆內者，比丘不應取也衣若籬上及在城塹中亦不應取。若穿牆作孔出死人處牆外衣不應取也。佛所以制者，時世大疫，死者無數，不能得遠著塚間，穿牆外安之，王家有制，不聽牆外安屍，禁防者即告令言：誰持此死人衣去？當使負死人著塚間，諸人答曰：昨來沙門取之，禁防即勑沙門，負死人著塚間棄之。佛以是因緣制比丘不聽取也，塚間死屍未壞者，此屍上衣不應取也，死屍上起塔，塔上所懸衣不應取，如是等糞掃衣皆不應取。〔註7〕

　　由此可見，佛陀要求比丘穿著糞掃衣，不僅僅是要求外觀的樸質，更要求僧伽秉持糞掃衣的本意－被他人棄之不用的衣物－來取用糞掃衣。因為外在的形式雖然能達到提醒自我修行的目的；但絕不能為此形式傷害了修行的本質。用糞掃衣的時候，比丘們也應該先洗乾淨，後來才可以穿用。因此佛陀教：「汝等得糞掃衣，水中久漬，用純灰浣令淨，用奚墨伽香塗上，然後得著入塔。」〔註8〕

四、迦絺那衣

　　迦絺那，梵語 kaṭhina。又作迦郗那衣、羯恥那衣。舊譯作賞善罰惡衣。意譯堅衣、功德衣。此乃夏安居終了之後，凡四、五個月之間所允許著用之便衣；以其間緩和種種戒律之要求、故可著用。

　　傳說，佛陀在世的時候，安居結束之後，一切比丘都要向佛陀住處拜訪，但前安居日結束時還是雨季末尾，四處仍然潮濕、泥濘，衣服晾晒不易乾爽。各位比丘因為在下雨天趕路，衣服既濕且重，又路上多泥濘，不但路難走，

〔註7〕　《毘尼母經》第三卷，大正藏24，頁815b。
〔註8〕　《毘尼母經》第五卷，大正藏24，頁828b。

還令衣服沾上泥污，倍添旅途的辛苦。簡單的說比丘們的困難是下雨天帶著衣服趕路太辛苦因此佛陀允許比丘們受迦絺那衣。這是佛陀制定比丘能受迦絺那衣的因緣。

（一）五種功德

各部律都有記載受了迦絺那衣，有五種方便利益可受稱為「五種功德」或「五種利益」。《毘尼母經》中也提到「五種利益」：

> 佛聽畜迦絺那衣，有五種利：一、得中前數數食；二、得有檀越來請得別眾食；三、得畜長財不說淨；四、得離衣宿；五、不白得出界，是名受迦絺那衣利。〔註9〕

一般，受迦絺那衣後比丘們可以「數數食」（同「處處食」、「展轉食」）是在一處受食物供養後，又到別處受供養，這是第一種利益；第二如果有檀越來請得別眾食而不犯；第三、可以畜長財不說淨，就是可以保存多餘的衣物不犯；第四、得離衣宿，是離開三衣中的其中一衣過一夜不犯；第五、不白得出界，是在用餐前和用餐後去拜訪居士家，不須告訴其他的比丘。

關於「五種利益」各部律的看法：

《五分律》的五種利益是：「別眾食、數數食、不白餘比丘行入聚落、畜長衣、離衣宿。」〔註10〕

《僧祇律》的五種利益是：「別眾食、處處食、食前食後行不白、畜長衣、離衣宿。」〔註11〕

《四分律》的五種利益是：「有長衣、不失衣、別眾食、展轉食、食前食後不囑比丘入聚落。」〔註12〕

可見，各部律的五種利益除了順序不一，名稱稍異，其內容完全一致。從上文對五種利益和相關的戒條的說明以及決定五種利益的定義來看，這各部律的五種利益是完全和戒條有關，沒有關於戒條以外的特權。

（二）受衣與捨衣

1、受　衣

受迦絺那衣也要如法進行，這樣受到衣才算是如法衣：

〔註9〕　《毘尼母經》第四卷，大正藏24，頁821c。
〔註10〕　《五分律》卷22，大正藏22，頁153b。
〔註11〕　《摩訶僧祇律》卷28，大正藏22，頁452a。
〔註12〕　《四分律》卷43，大正藏22，頁877c-878a。

云何名「受迦絺那衣如法」？眾僧齊集現前無留難，〔註13〕檀越施新如法衣應受。如法者，非錦衣非上色衣，是名「如法衣」。界內眾僧病者營三寶事者與欲，然後白二羯磨，是名「如法」。〔註14〕

由此可見，如果有信眾供養衣，應接受，但要如法。如法衣就不用錦做衣，顏色也非上色，就是如黃、赤、青、黑、白五大色就不許著用，只能用青（青而黑的色）、黑、木蘭色（赤而黑的色）的。如法衣還要有時間的規定：「七月十六日應受。若事緣不及乃至八月十五日故得受。過是不得受。」〔註15〕

解夏安居之後，就是七月十六日那天（前安居）是能受迦絺那衣，如果後安居就於八月十五日的受，過了那段時間，如果受了衣也是非法的。

2、捨　衣

關於受「迦絺那衣」的時期也要限制：「捨迦絺那衣法，五月已滿，眾僧齊集，現前無留難者，界內眾僧如法與欲，白二羯磨不作餘羯磨，是名『如法捨』。」〔註16〕

由此可見，受「迦絺那衣」的時期最多是五個月，到時間也要做法捨，如果不捨那件「迦絺那衣」也非法了，沒有效力。捨「迦絺那衣」有八種：

有八種捨迦絺那衣：一者，受衣已後出園是名「去後捨」；二若比丘受功德衣已，出寺遊行求索在外，聞僧已捨衣竟，作是念：「我當更求餘衣」，是名「盡時捨」；三受功德衣已，出外遊行訖，聞寺上已捨衣竟，作是念：「我今更不求衣」，是名「究竟捨」；四若比丘受衣已出外求衣，得衣已賊即盜衣，聞寺上已捨竟，是名「失時捨」；五若比丘受衣已，出外乞索望得衣，乞不得，聞寺上已捨迦絺那衣，是名「希望斷時捨」；六若比丘受衣已出外求索，聞寺上已捨，作是念：「我當更求三衣」，是名「聞時捨」；七若比丘受衣已，出界外行望得，即還經多日迴在界外，聞寺上已捨衣，是名「在界外捨」；八若比丘受衣已出外求衣，若得不得即來還寺及僧捨衣，是名「如法捨」，除此八種已非法群品，皆不名受亦不名捨。〔註17〕

由此可見，八種捨「迦絺那衣」如下：

〔註13〕　「留難」：邪魔來留止人之善事，此為修行之障難，故稱為留難。
〔註14〕　《毘尼母經》第三卷，大正藏24，頁814c。
〔註15〕　《毘尼母經》第八卷，大正藏24，頁844b。
〔註16〕　《毘尼母經》第三卷，大正藏24，頁814c。
〔註17〕　《毘尼母經》第三卷，大正藏24，頁814c。

（1）「去後捨」：受衣之後出園。

（2）「盡時捨」：出寺遊行當中，到捨衣時間，自己想當更求餘衣。

（3）「究竟捨」：出寺遊行當中，到捨衣時間，自己想更不求衣。

（4）「失時捨」：比丘受衣了，出外再求衣，得衣了，然後衣被小偷偷走，那時聽見捨衣時到便捨。

（5）「希望斷時捨」：比丘受衣了，出外再求衣，求不得衣，那時聽見捨衣時到便捨。

（6）「聞時捨」：比丘受衣了，出外再求衣，到捨衣時間，自己想當更求三衣。

（7）「在界外捨」：比丘受衣了，出界外還希望得衣，即走多日，迴在界外，聽見到捨衣時便捨。

（8）「如法捨」：比丘受衣了，出外求衣，如果得衣也好，不得也好要立即回來寺院及僧捨衣。

五、重　衣

　　何謂稱重衣？依《毘尼母經》所記載：「重有二種：一者、價重；二者、能遮寒，故名為『重』。衣者，要淨受持，不淨不得。淨有二種：一、染已著色名為淨；二者、著色已安三點，亦名為淨。若衣作已浣染三點。諸檀越見知是沙門服非外道衣，是故名為『重衣』。」〔註18〕可見，重有兩種意思：第一是價值貴重；第二是有厚的意思，因為能遮寒冷。衣，如上面所講要染三種壞色或要點淨，讓信徒不跟外道衣混亂。

第二節　藥

一、各種藥

　　佛陀允許比丘服用的食品及藥物共有四種，包括時藥、非時藥、七日藥、盡形藥。〔註19〕

（一）時　藥

〔註18〕《毘尼母經》第三卷，大正藏24，頁815b。
〔註19〕《四分律刪補隨機羯磨》卷下，大正藏40，頁502b。

《四分律刪補隨機羯磨》所記載：「蒲闍尼有五種：謂飯、麨、乾飯、魚、肉；佉闍尼有五種：謂枝、葉、花、果、細末食、名爲時藥。」〔註20〕

由此可見，時藥有兩種：「蒲闍尼」與「佉闍尼」，每種又有五種，所以時藥總共有十種。

（二）非時藥

所謂非正餐的時間若必要進食，也只能喝取流質的物質，供應身體所需的養分，如下：

佛言：「聽以梨棗、蔗等汁作漿，若不醉人，應非時飲，亦不應日受漿留至明日若飲如法治」。〔註21〕

由此可見，一切漿類不醉人可以非時飲，如果讓人喝醉就不能喝。另外，如果今天受漿也不能留到明天喝。

（三）七日藥

於佛陀時期，印度的文化背景，提供高熱量及易儲存的食品，以供病體嚴重的僧侶食用七日如下規定：

佛言：「有酥、油、生酥、蜜、石蜜，世人所識，有病因緣聽時非時服」。僧祇亦：「諸脂亦七日服」。〔註22〕

由此可見，身體羸瘦的比丘須服用酥、油、生酥、蜜、石蜜等營養食品，隨時服用，受此藥後，可以貯存七日所以稱爲「七日藥」。

（四）盡形藥

「盡形藥」，是爲治病而需服用的，但不屬充饑、資養性食物的藥物。它被准終身使用，儲存在僧房中。「盡形藥」完全是針對治病而服用的，其藥材種類甚多，各部律的記載大致相同：《巴利律》中提到根藥（如生薑、菖蒲）、澀藥（如荏婆澀）、葉藥（如荏婆葉）、果藥（如胡椒）、樹藥、鹽藥（如黑鹽、赤鹽），以及外用的粉藥、塗藥。〔註23〕此外《十誦律》中提到五種樹膠藥、五種湯；〔註24〕《有部律》則說含五種黏藥、五種灰，並且「若更有餘物是

〔註20〕《四分律刪補隨機羯磨》卷下，大正藏40，頁502b。
〔註21〕《四分律刪補隨機羯磨》卷下，大正藏40，頁502b。
〔註22〕《四分律刪補隨機羯磨》卷下，大正藏40，頁502c。
〔註23〕《巴利律》〈大品藥犍度〉（漢譯南傳大藏經，頁269～273）。
〔註24〕《十誦律》第26卷，大正23，頁194a。

此體例堪爲藥者，隨意當用」。〔註 25〕《四分律刪補隨機羯磨》說到：「一切
鹹苦酢辛不任，爲食者有病因緣，聽盡形服乃至灰土、大小便等。」〔註 26〕
《毘尼母經》所記載：「盡形受藥者，薑椒蓽茇訶梨勒鹽菖蒲，如是等皆名『盡
形受藥』。」〔註 27〕

　　當「盡形藥」與「時藥」、「非時藥」或「七日藥」合在一起服用時，則
須遵守時藥、時分藥、七日藥之服用規定。〔註 28〕例如，由於時藥只能在明
相出至正午之間，也就是律中所謂的「時」服用，若盡形藥與時藥相合，應
在時中服，非時不應服；若盡形藥與非時藥相合，應在隔日明相出前服；若
盡形藥與七日藥相合，應在七日內服，過七日不應服。〔註 29〕

　　此外，在《毘尼母經》中佛陀又允許比丘受用四種藥：

　　　治病藥有四種：中前服藥不得中後七日終身服也；中後藥中前亦得
　　　服之，不得終身畜也；中後藥有得七日畜有不得者終身藥中；中前
　　　中後乃至七日皆得服也。〔註 30〕

　　根據上面引用經文，四種藥如下：

　（1）「中前服藥不得中後七日終身服」。這種是屬於「時藥」，因爲中午之
　　　　前是「時」可以服，中午後（非時）、七日、終身（盡形）不可服。
　（2）「中後藥中前亦得服之，不得終身畜也」，這就是「非時藥」。
　（3）「中後藥有得七日畜有不得者終身藥中」，這正是「七日藥」，所以
　　　　不能終身服。
　（4）「中前中後乃至七日皆得服也」，這正是「盡形藥」。

　　可見，雖然《毘尼母經》中的四種藥名稱不明顯，但是四種藥的內容與
各部律完全一樣。

（五）漿　法

　　所謂制漿法，可有如當今我們所經常食用之豆漿、米漿之流質食品，如
下所記載：

　　　作漿法，先研米與水和濾著一器中，後炊飯饙取飯汁著一處經一宿。

〔註 25〕《根本説一切有部毘奈耶藥事》第一卷，大正藏 24，頁 1。
〔註 26〕《四分律刪補隨機羯磨》卷下，大正藏 40，頁 502c。
〔註 27〕《毘尼母經》第四卷，大正藏 24，頁 820c。
〔註 28〕《四分律》第 15 卷，大正藏 22，頁 664a。
〔註 29〕《四分律》第 42 卷，大正 22，頁 870b-c。
〔註 30〕《毘尼母經》第五卷，大正藏 24，頁 825a。

中食時如法受飲之。薩婆多迦葉惟說曰：此漿中後乃至初夜得飲。
〔註31〕

依引文的意思，漿法是作漿的方法，要先研米與水然後濾在器中，繼續炊飯饋取飯汁，然後放在一起經一夜就可以飲用。這種漿過午後可以喝而不犯。

另外佛陀也規定八種漿可以受用治病：

一、菴羅漿；二、瞻婆漿；三、棗漿；四、壞味漿；五、多漿；六、沙林毘漿；七、破留沙漿；八、甘漿；如此漿等，佛聽比丘得服。
〔註32〕

這八種漿是屬於非時藥治病能用，只要未發酵，未現酒味且經濾過、澄清無雜質者，都可服用。

（六）蘇毘勒漿

除了上面八種漿之外，還有一種名「蘇毘勒漿」。這種漿用性複雜，所以要注意：

有比丘尼持蘇毘勒漿隨道行，道中見一人截手足而臥，比丘尼以蘇毘勒漿灌瘡上，此人即死。佛言：從今已去，不聽持蘇毘勒漿灌瘡上。有比丘持蘇毘勒漿到尸陀林，見一病人臥地，從比丘索蘇毘勒漿飲，比丘慈悲心故施之，此人即死。諸比丘生疑，無有所犯也？

佛言：「憐愍心故無犯」，是名「蘇毘勒漿」。〔註33〕

經文裡面所講，有一個比丘尼持「蘇毘勒漿」隨路行，路邊看到一個人截手足而臥，比丘尼便拿「蘇毘勒漿」灌在瘡上，那個人就死掉。由此，佛陀制定：從今以後，不允許持「蘇毘勒漿」灌在瘡上。另有一個比丘持「蘇毘勒漿」到尸陀林，看見一個病人躺在地上，比丘便拿「蘇毘勒漿」給他喝，一喝下去此人即死，比丘們生起疑惑，是否有犯罪？佛陀說：因為比丘們為了憐愍心所以不犯，這個故事稱為「蘇毘勒漿」。可見，這種「蘇毘勒漿」不能用灌在瘡上，也不能給病人喝，因為這樣做會讓人死。

（七）眼　藥

據《毘尼母經》所記載：

〔註31〕　《毘尼母經》第四卷，大正藏24，頁821c。
〔註32〕　《毘尼母經》第五卷，大正藏24，頁825a。
〔註33〕　《毘尼母經》第四卷，大正藏24，頁824c。

> 天竺土地常用藥塗眼當爲嚴飾，六群比丘如俗人法，日用藥塗治眼
> 當爲莊嚴，佛聞之，不聽用此藥日塗眼也。若病者聽用三種藥治眼。
> 〔註34〕

由此可見，比丘眼痛的時候，佛陀允許用三種藥治眼，而佛陀不允許像俗人用藥塗眼當爲莊飾。那三種藥治眼是什麼？佛制能用三種眼藥：「一者、羊膽；二者、其蘭禪；三者、蘇毘蘭禪，石上細磨之用塗眼，若有寶入眼藥者，佛亦聽之。」〔註35〕

（八）陳棄藥

現今社會仍有許多營養學家鼓勵飲用童子尿及童子糞便可治療特殊疾病，可見於二千五百多年前的佛陀已曾在僧團中教導此一處方如下所記載：

> 爾時佛在波羅奈，五比丘往白世尊：聽諸比丘畜何等藥？佛言：聽
> 諸比丘畜陳棄藥，乃至流離亦聽畜。〔註36〕

由此可見，第一種藥佛陀允許比丘們受用是「陳棄藥」。「陳棄藥」，梵語 pūtimukta-bhaiṣajya，巴利語 pūtimutta-bhesajja 是比丘所應依用的四法（四依）〔註37〕之一。梵語 pūtimukta，有惡臭或腐敗的排泄物之意，即指糞便而言，所以陳棄藥即指由排泄物所製成之藥物，又稱殘藥、棄藥、殘棄藥、陳腐藥、腐爛藥。根據各律典有關陳棄藥之說，而歸納就有二種：

（1）指大小便，即以小便治勞，以大便解熱，稱爲黃龍湯或黃湯、龍湯。

（2）指人所捨棄不用之各種藥材，因此亦有以陳棄藥乃他人棄捨之藥物，而非由排泄物製成者。

由於能令人安於不貪愛、無執著之生活，所以佛陀允許受用這種「陳棄藥」。

二、用酒治病的規定

飲酒行爲本身，不違國法，可是因飲酒而失去理智，後果很可怕，所以

〔註34〕《毘尼母經》第五卷，大正藏 24，頁 828a。
〔註35〕《毘尼母經》第五卷，大正藏 24，頁 828a。
〔註36〕《毘尼母經》第五卷，大正藏 24，頁 825a。
〔註37〕「四依」，即：（一）著糞掃衣；（二）常行乞食；（三）依樹下坐；（四）用陳腐藥。陳腐藥，又作腐尿藥，係指由排泄物製成之藥物，或將牛尿與大黃果埋入土中，待發酵後再食用，爲比丘發病時所依用之藥物。或謂陳腐藥乃指人所捨棄不用之各類藥材。若依止此四者而修行，能令人安於不貪愛、無執著之生活。（佛光大辭典，頁 4824）。

佛教特別強調不飲酒戒。飲酒不但害己，也殃及後代。佛弟子要守住酒戒，利益他人利益自己。但有病的人需要用酒佛陀解開：

> 佛制酒者，因莎提比丘飲酒醉，是故制之不聽飲也。尊者彌沙塞說曰：莎提比丘小小因酒長養身命，後出家已不得飲四大不調，諸比丘白佛。佛言：「病者聽甕上嗅之；若差不聽嗅；若嗅不差者聽用酒洗身；若復不差聽用酒和麵作酒餅食之；若復不差聽酒中自漬」。
>
> 〔註38〕

由此可見，病者，首先只能嗅酒，病治好了不能繼續嗅。如果嗅酒而病不好，可以用酒洗身；如果這樣洗身病還沒好也允許用酒作餅吃；再不好允許酒中自漬。那麼，佛陀用種種方便允許用酒治病，不過沒有允許直接飲酒。具體佛陀還規定有八種酒不能飲：

> 有八種酒不得飲：與麴和合作酒不得飲；若麵和合作酒，雖著種種藥亦不得飲；有酒酢能使人醉者亦不得飲；有酒雖甜能使人醉者亦不得飲；清酒不得飲；小酢酒亦不得飲；細末飯酒亦不得飲；有書陀酒不得飲，如是等酒甚多皆不得飲。〔註39〕

根據上面引用經文，八種酒如下：
- （1）與麴和合作酒不得飲
- （2）若麵和合作酒，雖著種種藥亦不得飲
- （3）有酒酢能使人醉者亦不得飲
- （4）有酒雖甜能使人醉者亦不得飲
- （5）清酒不得飲
- （6）小酢酒亦不得飲
- （7）細末飯酒亦不得飲
- （8）有書陀酒不得飲

第三節　小　結

「衣」主要指，僧眾常用的各種衣服以及其的用法規定。如僧眾「三衣」（「安陀會」、「鬱多羅僧」、「僧伽黎」）或迦絺那衣、糞掃衣。特別現在的僧

〔註38〕《毘尼母經》第五卷，大正藏24，頁825a。
〔註39〕《毘尼母經》第五卷，大正藏24，頁825a。

團很少用糞掃衣。換言之,糞掃衣只有在佛陀時代而已。

　　「藥」就是述論佛陀時代,僧團所用的各種藥及其用法規定。另外,還說明僧眾能用的各種漿以及用酒治病的規定。

第九章 關於僧眾生活的「摩呾理迦」

第一節 僧眾的用具法

一、畜鉢法

鉢，梵語 pātra，巴利語 patta 是鉢多羅、鉢和羅之略稱，又作鉢盂。僧侶以乞食爲生，鉢是裝食物的器具，一鉢之量剛夠一僧食用。應受人天供養所用之食器，又爲應腹分量而食之食器，故又譯作應器、應量器。其材料、顏色、大小，均有定制，爲如法之食器。「鉢是諸佛標誌，不得惡用及洗手，敬之如目」〔註1〕，因此律制規定，出家之行者必用制定之鉢保護鉢象保護自己的眼睛一樣。因此「不應架上安鉢，不應泥團上安鉢，乃至不應濕鉢置鉢囊中……；不應坐鉢上，不應臥鉢上，不應鉢中盛水洗手足，一切處不應用，除病；不應用鉢除糞，不應不愛護鉢，敬之如目。」〔註2〕

在架上安鉢就很容易摔掉使鉢壞；吃完要等鉢乾淨才能放回鉢囊，不能坐或躺在鉢上，也不能用鉢洗手腳……愛護鉢要像愛護自己的眼睛。

關於鉢的材料，佛陀有規定：「比丘不應畜木鉢、石鉢、金鉢、銀鉢、寶鉢、珠鉢。」〔註3〕因爲木鉢是外道所用；石鉢則僅限佛可使用；〔註4〕金鉢、

〔註1〕 《毘尼日用切要》，續藏 60，頁 158c。
〔註2〕 《毘尼母經》第七卷，大正藏 24，頁 840a。
〔註3〕 《毘尼母經》第七卷，大正藏 24，頁 840a。
〔註4〕 佛光大辭典，頁 5687。

銀缽、寶缽、珠缽太珍貴不適合出家人用，所以「除鐵缽瓦缽，餘一切缽皆不得畜」。〔註5〕

可見，比丘們只能用兩種普遍的缽是鐵缽與瓦缽，這兩種缽又耐用又很簡樸，適合出家人用而不怕被偷走，因爲沒什麼價值。

關於破損的缽，佛陀制定：「缽破未過五綴，不應捨更求餘缽。」〔註6〕

可見，破損的缽如破五綴〔註7〕以下始須修補，如破五綴以上，則不須修補，而可要求重換新缽。

二、熏缽爐

佛陀時代，缽如果用破掉也不容易丟掉而要熏，所以佛有規定用熏缽爐。如《毘尼母經》中記載：

> 諸比丘所用缽生穿破，破處飲食在中臭不可用。佛聽作熏缽爐，若麻子若胡麻子擣破用塗缽。爐上安缽，在中熏之，此爐熏缽已竟，好舉莫令見雨。〔註8〕

因爲佛陀規定缽如果破五綴以下，就不能換新缽，所以比丘們飲食時在缽的穿破處卡一些荣，生起臭味不可用。佛陀爲了這個原因而允許作熏缽爐。用麻子或胡麻子擣破用塗缽。

三、絡　囊

絡囊是保護缽的工具。在《毘尼母經》所記載也是這個意思：

> 云何名爲「絡囊」？乞食時至應安缽中置絡囊中，諸檀越施羹飯，手捉絡令瀉缽中，羹飯雖溢出缽污絡無患，但莫使熱來觸手，若有弟子乞食時至，應盛缽授與和尚阿闍梨。〔註9〕

經中所講，乞食時要把缽安中置絡囊中，因爲檀越施羹飯，只要手持著絡令瀉缽中，羹飯雖然滿出來，但有絡就不會燙到手。因此乞食時要有絡囊，這樣又方便，又可以保護手觸到熱湯。

〔註5〕　《毘尼母經》第二卷，大正藏24，頁809a。
〔註6〕　《毘尼母經》第七卷，大正藏24，頁840a。
〔註7〕　「一綴」：兩指之長度，約六公分。（佛光大辭典，頁5687。）
〔註8〕　《毘尼母經》第六卷，大正藏24，頁837a。
〔註9〕　《毘尼母經》第五卷，大正藏24，頁826b。

四、應畜物

佛制比丘儲存的日用等物不過七樣，比當今僧眾少了太多的身外之物，現代僧眾應多加省惕，如《毘尼母經》記載：「比丘正應所畜物：缽、三衣、坐具、缽針綖囊及瓶瓫是」。〔註10〕

佛制比丘能有的東西只有：缽、三衣、坐具、針、綖（與線同字）、囊及瓶瓫。

五、不應畜物

此項與當今僧眾除了女人與酒、鬥戰物之外，金銀、寶物仍有許多僧眾儲蓄收藏，所以僧眾們當自愛自重：

> 所不畜者，女人、金銀、一切寶物、一切鬥戰之具，酒盛、酒器，如此等物不應受畜。〔註11〕

有一些東西比丘不能存有，如：女人、金銀、一切寶物、一切鬥戰之具，酒盛、酒器。

六、洗足器

古代的寒冷季節無法在戶外洗足，佛陀開許可使用容器裝水至戶內洗足。可見當時的環境條件非常刻苦，不如現今修行道場皆已現代化設備。如《毘尼母經》中所記載：

> 有諸比丘，寒時露洗足，寒切極苦，佛聞之，聽用或銅或瓦或木作器著舍內就中洗足。〔註12〕

為什麼要有洗足器？因為冬天很寒冷，比丘們洗足很辛苦，佛知道然後允許用銅、瓦、木作洗足器放在舍內而洗，所以從此就有洗足器。

七、針　筒

針筒是裝縫製法衣用針之容器。用什麼材料作針筒佛陀都有規定：「不聽比丘畜骨、牙、角針筒」〔註13〕只能「用銅、鐵、鉛、錫、竹、葦、木、泥、

〔註10〕《毘尼母經》第三卷，大正藏24，頁815b。
〔註11〕《毘尼母經》第三卷，大正藏24，頁815b。
〔註12〕《毘尼母經》第六卷，大正藏24，頁837a。
〔註13〕《毘尼母經》第七卷，大正藏24，頁840b。

石作針筒聽畜」。〔註14〕可見，除了骨、牙、角的針筒比丘們不能用之外，另外也還有很多材料如銅、鐵、鉛、錫……比丘們可以用作針筒用而不犯戒。

八、臥　具

一般臥具指比丘們用敷在床榻的寢具，梵語 śayanāsana，巴利語 sayanāsana，音譯世耶那薩喃，又作敷具，指床榻、被褥、幃帳、枕等寢具。據《翻譯名義集》記載：「薩婆多云：臥具者三衣之名」〔註15〕可見，臥具還指比丘的三衣。

但是《毘尼母經》中所講臥具意思不同：

> 爾時復有諸比丘，貪著睡眠樂故廢捨三業，金剛力士默作此念：「如來三阿僧祇劫種種苦行乃得成佛，今諸比丘貪著睡臥樂故，不復行道。云何得爾心念口言」？諸比丘聞已，具以上事往白佛世尊，佛告諸比丘：「食人信施不應懈怠，夜三時中，二時應坐禪誦經、經行，一時中以自消息」，是名「臥具」。〔註16〕

從此觀之，「臥具」是指比丘們休息的時間。一夜分成三時中，比丘們要二時精進坐禪、誦經、經行等，只能乘下一時的時段才能休息，這一時的時段稱為臥具，臥就躺的意思，具是足夠，意思說比丘在一時的休息時間內就夠了，不用休息太多耽誤修行時間。

九、敷　具

敷具是一種寢具。《毘尼母經》中記載：「敷具者，床繩、床草敷、木葉敷及道人所有敷具，皆名敷具」。〔註17〕可見，敷具用來敷在床繩、床草等而睡覺。

十、敷具處所

何謂「敷具處所」？據《毘尼母經》所記載：

> 爾時有客比丘，寄他寺中安居，不自看房舍臥具，得下房下臥具，心中不悅修道有廢，瞋舊住比丘，有生謗之言：「比丘心有愛瞋癡

〔註14〕《毘尼母經》第七卷，大正藏 24，頁 840b。
〔註15〕《翻譯名義集》第七卷，大正藏 54，頁 1170b。
〔註16〕《毘尼母經》第五卷，大正藏 24，頁 829a。
〔註17〕《毘尼母經》第五卷，大正藏 24，頁 828c。

怖」。佛聞此言告諸比丘：「從今以去，夏安居時，要自看房舍臥具，
然後受之。若依上座次第得房，不看無咎，若分房者語，汝自看房，
懈怠不看者得突吉羅」。如來所以教諸比丘護敷具者，見五種過：一、
不欲令風吹；二、不令日曝；三、不令得天雨；四、不令塵土坌之；
五、不令蟲鳥敷具上放不淨。比丘夏安居法，差分房分敷具人，令
房房看之。何等房敷具多何處無？若多處分著無處，若遍有長敷具，
從上座次第賦之，是名「敷具處所」。〔註18〕

　　當時有客比丘，到另外寺院中安居，自己不去看房舍臥具，後來被分到
下房、下臥具，心中不快樂，修道的效力不高，埋怨舊住比丘，還說他們：「比
丘心有愛瞋癡怖」。佛聽到此話，對比丘們說：「從今以去，夏安居時，要自
己去看房舍、臥具，然後再受安居，如果偷懶不去看的人犯『突吉羅』」。

　　由此可見，安居之前比丘要自己去看房舍臥具，然後受用，懈怠不看犯
突吉羅，除順序上座分不犯。敷具處要避免五條：風吹、日曝、得天雨、塵
土坌、蟲鳥敷具上放不淨，這樣的作法稱為敷具處所。

十一、革屣

　　佛陀在世的時候，首先都赤腳走路，後來為了一位比丘不習慣赤腳走路
的原因而允許穿鞋屣：

爾時有長者字流盧奴，其初生時父歡喜故，施子二十萬億金錢，即
以二十億為名。此人豪貴巨富生年已來足不蹈地，後求佛出家，精
勤修學得阿羅漢果。行道苦故足皆流血。佛知其小小已來，富樂足
不蹈地，聽著一重革屣。流盧奴即白世尊：「弟子能捨豪富如此家業，
豈復貪著一革屣也？若世尊聽一切比丘著者。弟子當著」。佛因此故
聽一切比丘，著革屣者不得聽法，病者得著聽法。〔註19〕

　　可見，原因佛陀允許穿鞋屣的故事說起。當時，有長者字流盧奴，他生
於非常富有的家庭，從來足不蹈地，後來求佛出家，精勤修學得阿羅漢果。
他認真行道到處弘法，所以腳也流血。佛知道他的事情，允許著一重革屣。
流盧奴卻白世尊：「弟子能捨豪富如此家業，難道又貪著一革屣嗎？如果世尊
允許一切比丘都可以著革屣，弟子才著」。由這個原因佛就允許一切比丘可以

〔註18〕《毘尼母經》第四卷，大正藏24，頁824b。
〔註19〕《毘尼母經》第五卷，大正藏24，頁825b。

穿革屣。不過，比丘們對法就像對佛一樣，要尊重，因此聽法時不能穿鞋，除了病人就可以穿。

> 有比丘著革屣入塔，佛即制戒：「不聽著革屣入塔遶塔，乃至富羅亦不得著入塔」。所以爾者，彼土諸人著革屣、富羅〔註20〕者，皆起憍慢心，是故佛不聽著也。〔註21〕

佛在世的時候，塔是佛教高僧的埋骨建築。後來塔是一種供奉或收藏佛舍利（佛骨）、佛像、佛經、僧人遺體等的高聳型點式建築，又稱「佛塔」、「寶塔」。因此不管哪個時代，塔也是莊嚴的地方要像對佛一樣的敬重。有一些比丘對塔不尊敬起憍慢心，穿鞋入塔，佛陀為了防止他們的憍慢心而制戒不能穿鞋入塔。

另外，佛陀也不允許比丘們穿屐，原因是：

> 爾時佛在舍衛國，有六群比丘著高屐入禪坊，屐聲高大。坐禪比丘聞此，謂是賊軍馬來到，生大惶怖。佛聞之因而制戒。從今已去，比丘一切不得著屐。除病者上廁。是名屐因緣。〔註22〕

因為六群比丘穿高屐入禪坊，屐聲太大使坐禪比丘動念，這行為表示很粗魯沒有威儀，所以佛陀就制戒不能穿屐。

十二、拂

拂或者拂子，梵語 vyajana, vāla-vyajana，巴利語 vijanī，將獸毛、麻等紮成一束，再加一長柄，用以拂除蚊蟲者，稱為拂子。又稱拂塵、塵尾。於印度一般皆使用此物。戒律中允許比丘執持拂塵，以拂除蚊蟲之侵擾，然禁止使用如「白拂」等以較為華美貴重之物所成之拂子。「爾時六群比丘，捉珠拂自拂傷損眾生，諸檀越嫌之，云何出家人畜此拂，為莊飾故傷損眾生？佛因而制戒：從今已去，不得捉拂傷損眾生。」〔註23〕可見，用珠拂很容易傷損眾生，所以令未了避免檀越譏嫌，佛制不能用珠拂。

十三、扇

佛陀聽諸比丘畜扇的原因如何？先看《毘尼母經》的記載：

〔註20〕「富羅」：正言腹羅，譯云短靿靴。（《翻譯名義集》卷三，大正藏 54，頁 1108b）。
〔註21〕《毘尼母經》第五卷，大正藏 24，頁 825b。
〔註22〕《毘尼母經》第五卷，大正藏 24，頁 825b。
〔註23〕《毘尼母經》第五卷，大正藏 24，頁 827c。

> 爾時諸比丘齊集一處，時景盛熱，佛聽諸比丘畜扇，若破壞聽補治。
> 作扇法，若布若竹若紙皆得作也。爾時有夫婦二人年老出家，後此
> 道人乞食到尼寺，此老尼食上持扇扇之，比丘語言不須扇也，此尼
> 忿恚用扇打比丘直捨入房，佛聞之因而制曰：「從今已去，不聽尼捉
> 扇扇比丘也」。若時熱眾僧大集，聽和尚共行弟子扇之，阿闍梨聽共
> 宿弟子扇之，大眾差下座比丘扇之，如迦葉等八人捉扇扇佛，名之
> 爲「扇」。〔註24〕

當時比丘們聚集在一起，由於天氣悶熱，佛陀就允許比丘們用扇子。但後來，有兩個夫婦年老才出家。有一次那位比丘（夫）乞食到了尼寺，老比丘尼（婦）在比丘吃飯時持扇子給他扇扇，比丘說不必須扇，此老尼忿恚用扇打比丘，由此佛陀就制定：「從今已去，不聽比丘尼捉扇子扇比丘。」如果天氣悶熱時，允許弟子給和尚、阿闍梨扇扇，或者大眾差下座比丘扇扇，這樣說明用「扇」法。

由此可見，因爲天氣太熱而諸比丘齊集在一處就悶熱難受，所以佛陀允許諸比丘用扇子。可以用布、竹、紙作扇。跟扇有關的一件事就從一對夫婦開始（經文）而佛制定比丘尼不得捉扇扇比丘。

十四、蓋

蓋，現代語稱爲傘，是一種提供陰涼環境或遮蔽雨、雪的工具。蓋的製作材料通常包括了具延展性的布料，和其他可用作骨架的材料與纏線。使用時是以手將之舉起，雖然蓋在最初發明時的主要目的，是用來阻擋陽光，但是後來最常被當作雨天擋雨的雨具。這樣的工具爲什麼佛陀不允許比丘們用呢？因爲兩種理由：

> 爾時六群比丘，捉傘蓋著革屣隨路而行，諸檀越嫌之，云何比丘自
> 恣捉傘蓋著革屣隨路而行？佛因而制曰：「從今已去，不聽捉傘蓋著
> 革屣而行。若在寺中聽著革屣，木皮或草作蓋聽之，入聚落除老病」。
> 〔註25〕

第一個理由跟比丘威儀有關。因爲六群比丘拿傘穿鞋走路被信徒看見嘲笑，所以佛陀就禁止比丘蓋傘、穿鞋走路。如果在寺院可以用傘，但出去外

〔註24〕《毘尼母經》第五卷，大正藏 24，頁 827c。
〔註25〕《毘尼母經》第五卷，大正藏 24，頁 827c。

面病人才可以蓋傘，就是避免信徒嫌笑。

> 爾時，<u>跋難陀</u>，手捉奇妙寶蓋隨路而行，諸人遙見，謂是大國王，
> 至已知是比丘，諸人嫌言：云何出家之人捉如此妙蓋隨路而行？佛
> 聞已即制：「不聽比丘捉蓋行，除老病者」。〔註26〕

第二個理由是因爲跋難陀比丘，手拿著奇妙寶蓋走路，從遠遠走來的人看見以爲是國王，但原來是比丘因此被嫌笑。由此佛陀禁止拿傘走路。

十五、鏡

鏡，梵語 darpaṇa，爲鑑照面容之具。《毘尼母經》所定義：

> 云何名爲「鏡」？能令身體現處名之爲「鏡」。若病比丘面上有瘡欲
> 塗藥者，當喚比丘令塗。若無比丘，或水或缽或壁，於面可現處照
> 見自塗。〔註27〕

可見，能令身體出現的工具名爲「鏡」，比丘不得隨意以鏡照面，然於病癒、新剃頭或頭面生瘡時則允許使用。

十六、裝飾與花鬘瓔珞

福田經云，沙彌應知五德：

> 一者發心出家懷佩道故；二者毀其形好應法服故；三者割愛辭親無
> 適莫故；四者委棄身命尊崇道故；五者志求大乘爲度人故。〔註28〕

那麼，出家人應該「毀其形好應法服故」，所以對身材、外表不能裝飾與帶花鬘瓔珞也不能爲女人裝飾。「爾時六群比丘尼爲女人裝飾，佛聞之，喚比丘尼呵責：『從今已去，不聽尼與婦女裝飾』。」〔註29〕

關於花鬘瓔珞佛陀也制：「花鬘瓔珞自不得著；亦不得作花鬘瓔珞與俗人著。比丘若爲佛供養、若爲佛塔、聲聞塔、供養故作伎不犯。」〔註30〕

可見，不能自己帶花鬘瓔珞也不能與俗人帶。如果爲了莊嚴佛塔、聲聞塔就可以作花鬘瓔珞。花鬘瓔珞有下面十幾種：

〔註26〕《毘尼母經》第五卷，大正藏 24，頁 827c。
〔註27〕《毘尼母經》第五卷，大正藏 24，頁 828a。
〔註28〕《毘尼日用切要》，續藏 60，頁 160c。
〔註29〕《毘尼母經》第五卷，大正藏 24，頁 828a。
〔註30〕《毘尼母經》第五卷，大正藏 24，頁 828b。

一優缽羅花；二婆師迦花；三瞻蔔迦花；四阿提目多迦花；五打金
作花；六打銀作花；七白鑞花；八鉛錫花；九作木花；十作衣花；
十一作帶花。〔註31〕

優缽羅花

優缽羅，梵語 utpala，巴利語 uppala，即睡蓮。學名 Nymphaea tetragona，屬睡蓮科。又作烏缽羅花、漚缽羅花、優缽剌花、殟缽羅花，意譯作青蓮花。若冠青色（梵 nīla）之形容詞，則作泥盧缽羅花（梵 nīlotpala）。〔註32〕

婆師迦花

全名稱爲婆利師迦花。婆利師迦，梵語 vārṣika，意譯作雨時生、雨時、夏生、夏至、雨。又作婆師花、婆利師花、婆師迦花、靺師迦花、靺沙迦花、婆栗史迦花、婆利史迦羅花。學名 Jasminum sambac，產於印度，屬木犀科植物，乃素馨之一種，化白色，甚香。花名之由來，乃因其花爲雨期時所開；或因此花於夏時所生。〔註33〕

瞻蔔迦花

瞻蔔，梵語 campaka，巴利語同。又作瞻波樹、瞻博迦樹、占婆樹、瞻婆樹、占博迦樹。意譯爲金色化樹、黃化樹。產於印度熱帶森林及山地，樹身高大，葉面光滑，長六、七寸，葉裏粉白，並有軟毛；所生黃色香花，燦然若金，香聞數里，稱爲瞻蔔花，又作金色化、黃色花。其樹皮可分泌芳香之汁液，與葉、花等皆可製成藥材或香料。以此花所製之香，即稱爲瞻蔔花香。〔註34〕

阿提目多迦花

阿提目多迦，梵語 atimuktaka。又作阿地目得迦花。意譯龍舐花、苣藤。學名 Gaertncra racemosa。一般歸屬於蔓草類。開白色或赤色之花，甚爲芳香，種子可提煉香油。《翻譯名義集》卷八謂此植物又稱苣藤子，即胡麻，舊譯作善思夷花。〔註35〕

其他還有打金作花；打銀作花；白鑞花；鉛錫花；作木花；作衣花；作帶花，總共十一種。這十一種就是花鬘瓔珞，不能穿著。

〔註31〕《毘尼母經》第五卷，大正藏 24，頁 828b。
〔註32〕《佛光大辭典》，頁 6411。
〔註33〕《佛光大辭典》，頁 4454。
〔註34〕《佛光大辭典》，頁 6576。
〔註35〕《佛光大辭典》，頁 3661。

十七、禪　帶

禪帶又作善助，坐禪時所使用之帶，纏於腰間，防腹部受涼。佛陀時代「有諸比丘露地而坐，上座長宿皆患背痛，如是展轉乃徹世尊，佛告諸比丘：露地坐背痛者，除錦上色白皮革，餘一切得用作禪帶坐，時當用帶自束。作帶法，廣一磔手，長短隨身量作，是名『禪帶』。」〔註36〕

由此可知，因為比丘們於露地坐，有患背痛者，所以佛陀允許作禪帶護之。

除了錦上色或白皮革不能作禪帶，其他都可以作。作禪帶要合規定：廣一磔手，長短隨身量作。

十八、衣鉤紐

衣鉤紐又作勾紐是袈裟上安鉤，一般紐就在肩上安。安鉤紐的原由《毘尼母經》記載：

> 爾時舍利弗入白衣舍，值飄風急疾吹體上，袈裟落地露身而立。佛因而制曰：從今已去，比丘袈裟上皆應著紐，一邊安鉤鉤紐中，莫令衣墮，是名「衣安紐鉤法」。〔註37〕

一時，舍利弗入白衣家，大風吹在身體上令袈裟飄去，落在地上露出身形。佛因這個原因制定比丘袈裟上要安鉤紐，是為了避免大風吹來袈裟落在地上，白衣譏嫌。

十九、襵抄衣

「襵抄衣」就是佛陀對抄衣法的規定。根據《毘尼母經》的記載：

> 爾時六群比丘，抄泥洹僧〔註38〕背上，負重低頭而行，身體露現，為白衣所嫌。佛聞之因而作制：從今已去，不聽比丘負重襵抄。若有因緣，為三寶事須襵抄者，好自料理莫令身現，是名襵抄法。〔註39〕

有一次，六群比丘，抄泥洹僧在背上，負了很重的東西所以要低頭而走，身體就露現，白衣就譏嫌。佛為了這個理由而制比丘們負重的東西時，不能

〔註36〕《毘尼母經》第五卷，大正藏24，頁829a。
〔註37〕《毘尼母經》第五卷，大正藏24，頁829b。
〔註38〕「泥洹僧」：舊譯曰方衣，持律者云「解脱衣」；聲論者云「正外國音」，應言尼婆那，翻為君衣。（《翻梵語》卷三，大正藏54，頁1005a）。
〔註39〕《毘尼母經》第五卷，大正藏24，頁829b。

襞抄衣，除非三寶事須要襞抄也要好自料理避免身體露現。

二十、稚弩

「稚弩」是比丘護身的工具。《毘尼母經》中規定：

> 比丘應畜稚弩。何以故？若有賊時，應望空放弩令賊怖去。有法，
> 名同用異。如稚弩甘蔗，皆名憶初，有賊索憶初，知索稚弩，食時
> 索憶初，知索甘蔗，是同名用異。〔註40〕

從此觀之，稚弩用來嚇賊而不是用來打傷人，所以可以用甘蔗當做稚弩。為什麼稱為「同名用異」？據經文的意思來講，稚弩甘蔗都稱為憶初，有賊時甘蔗當做憶初（稚弩）嚇賊，而食時甘蔗就拿來吃，如此才稱為「同名用異」。

第二節　雜　事

一、房　舍

佛陀成道後的最初數年，沒有住處，在何處坐下說法，何處便是道場，乃至連茅棚都沒有。印度的氣候，印度的熱帶樹林，使人能在樹下居住而不以為苦，故在弟子們求度出家時，比丘有四依止：1、糞掃衣，2、常乞食，3、樹下住，4、陳棄藥。人不能離了衣食住藥而活命，但以最低的要求來達到活命的目的，所以規定依此四事，稱為四聖種。由樹下住的規定，可以見出佛教生活的基本精神。然而到後來，僧團中的人數多了，分子也複雜了，尤其是釋迦族的許多貴族子弟出了家，就有些人過不慣經常在樹下露宿的生活，加上如下因緣，佛陀允許作房：

> 時諸比丘清旦從耆闍崛山來王舍城中。有大長者見已，問言：「大德
> 在何處宿？」答言：「在山窟中、水邊、樹下、石邊、若草上。」長
> 者問言：「無房舍耶？」答言：「無」。「若作房者得不？」比丘答言：
> 「世尊未聽作房舍」。諸比丘白佛，佛言：「聽作房舍」。爾時長者聞
> 佛聽諸比丘作房舍，即於耆闍崛山作六十別房，一切所須皆令具足。
> 請佛及僧，明日食并施房舍，即於其夜辦種種多美飲食。明日往白
> 時到，世尊清旦著衣持缽，與大比丘千二百五十人俱，往大長者家，

〔註40〕《毘尼母經》第五卷，大正藏 24，頁 829b。

就座而坐。時長者手自斟酌種種多美飲食，皆令飽足。食已捨缽，取金瓶水授世尊，白佛言：我於耆闍崛山作六十房舍，一切所須皆令具足。為福德故，為大祠故，為生善道故，今以奉上佛及四方僧，願為慈愍納受。時世尊即便受之，以此勸喻，而勸喻之：

> 為障寒熱故，及以諸惡獸，
>
> 蚊虻諸毒蟲，亦以障疾雨，
>
> 暴疾諸惡風，如是得障翳。
>
> 持戒無毀缺，勤修於佛法，
>
> 為堅為樂故，禪定分別觀。
>
> 房舍施眾僧，世尊說第一。〔註41〕

可見，當時比丘們在樹下、水邊、石邊住的生活，是很危險的。佛陀可能也考慮到比丘們的安全，所以當有居士欲供養房舍時，便聽許了。可以說，佛陀允許作房子的主要功能是為了遮蔽寒熱、風雨，及免受野獸、蚊蟲、毒蛇等傷害。有了一個安頓色身的地方，更有助於勤修佛法。有了安頓色身的處所，有助於修行，僧眾須將心思放在道業的增上，才不會愧對居士歡喜供養的善心與善行。佛陀的關懷是為了令僧眾能安心辦道，讓居士廣修供養，所以世尊聽許僧眾接受居士供養的房舍。又告誡僧眾，須持續歡喜地持清淨戒，勤修佛法與禪觀，才能令布施的居士獲大功德。

不過佛陀也有規定房舍的大小：「爾時世尊在王舍城，聽阿羅毘比丘作私房，此阿羅毘比丘作房廣長，所須甚多求索非一。此比丘住處村舍諸人，遙見比丘皆避入舍不欲相見，佛聞此因緣集諸比丘，是名為緣，制者，比丘無主私乞作房，應量作若過犯僧殘。」〔註42〕

由此可見，雖然佛陀准許比丘可以造房，有的自己做，有的則由信施做，但長不過修伽陀〔註43〕的十二搩手，〔註44〕廣不過佛的七搩手。〔註45〕因此，如果作房過廣就犯僧殘。

〔註41〕《四分律》第50卷，大正藏22，頁936a。
〔註42〕《毘尼母經》第七卷，大正藏24，頁841b。
〔註43〕「修伽陀」：梵語 sugata，又作修伽度，意譯好去、好說、善逝，如來十號之一。
〔註44〕「搩手」：梵語 vitasti，又作磔手。乃古代印度之尺數名，搩，張開之意。搩手，即張開拇指與中指之距離，故一搩手，相當於今之二十三公分。（佛光大辭典，頁5464）。
〔註45〕《十誦律》第三卷，大正藏23，頁20b。

> 尊者闡陀私作房，從王索材。王言：「自恣聽取」。即伐路中一切人
> 所貴重樹。世人慊言：「云何比丘無慈心斷樹生命？」佛因是制戒：
> 「私作房不得伐路中大樹」。〔註46〕

> 世尊在拘睒彌國，闡陀比丘私作房用有蟲水和泥作房，作房竟有餘
> 長泥，盡取在房上，即崩壞。佛因此制戒，不聽私作房伐路中大樹，
> 不聽用有蟲水和泥，不聽泥著屋上。〔註47〕

闡陀比丘私作房，他伐路中一切貴重的樹，被人們譏嫌。因此，佛陀允
許比丘們作房，但不要失去自己的慈心，所以作房時不能伐路中大樹，使信
眾譏嫌。

佛教是最平等的宗教，所以雖然禽獸或蟲類的生命都像人一樣的被看重。
因此，作房時也不能用有蟲水。如果不這樣作房，就房子有蓋成也不如法。

二、房房中所作事

佛陀時代，僧眾一起生活，大眾都以佛當為唯一的導師。後來，出家弟
子逐漸增多，品質良莠不齊，一些比丘的舉止威儀開始受到他人的譏嫌。於
是佛制：「聽諸比丘有和尚，有和尚自然生心憂念弟子如兒，弟子自然生心敬
重和尚如父，勤相教誡更相敬難，則能增廣佛法使得久住。」〔註48〕因此，
依止師的規定就開始有。關於依止師本文前面已分析過，但是在這裡「房房
中所作事」所記載有另外一個意思：

> 佛告阿難，汝捉鑰可房房語諸比丘，吾欲南行按行諸國，誰能隨吾
> 去者，可自料理衣缽。阿難即受告勅，房房語之。諸長老比丘白阿
> 難言：「若師去者得隨佛去；若師不去自亦不得去。何以故？至彼中
> 更須覓依止師故」。爾時世尊即共堪能去者，相隨向南路上。佛見諸
> 比丘少，告阿難言：「汝不房房語也，比丘何故少？」阿難即具以上
> 事白世尊。佛告阿難：「從今已後，若比丘滿十臘知法者，應受十臘
> 乃至百臘不知法者依。止依止法，受具揵度中廣說」，此「房房中所
> 作事」。〔註49〕

〔註46〕《毘尼母經》第七卷，大正藏24，頁841b。
〔註47〕《毘尼母經》第七卷，大正藏24，頁841b。
〔註48〕《五分律》第16卷，大正藏22，頁110c。
〔註49〕《毘尼母經》第四卷，大正藏24，頁821a。

　　依經文所引，有一次佛陀要南行弘法，便叫阿難去各房告訴比丘們誰能隨佛去就準備行李跟著佛去。阿難已去各房以佛陀的話轉告，但後來，也很少人跟著佛陀南行。佛陀問阿難爲什麼比丘那麼少？阿難白佛：因爲比丘們說如果他們的師父去他們才隨佛去，否則不能去，因爲沒有「依止師」。由此，佛陀制：「從今已後，如果比丘滿十臘知法者，應受十臘乃至百臘不知法者當依止師，這樣的事情稱爲「房房中所作事」。

　　由此可見，依止師不但指和尚或者阿闍黎才能當，而且「比丘滿十臘知法者，應受十臘乃至百臘不知法者依止」。

三、剃髮法

　　剃髮，梵語 muṇḍanā，又作薙髮、削髮、祝髮、落剃、落飾、落髮、淨髮、莊髮。剃髮原意是指出家歸依佛門時，剃除髮、髭而成爲僧、尼。剃髮對佛教想法來說，一來可除憍慢自恃心、斷除煩惱及以習障，二來分別於外道，或避免世俗之虛飾，所以每次頭髮長就要剃掉，這是後來常用的剃髮意義。關於剃髮法，佛陀規定：

> 剃髮法，但除頭上毛及鬚，餘處毛一切不聽却也，所以剃髮者，爲除憍慢自恃心故。若髮長不得用剪刀甲，應用剃刀除之。佛所制剪刀者，六群比丘用剪刀剃髮，諸比丘白佛。佛因六群制不得用剪刀。若比丘頭上有瘡，用剪刀遶瘡甲之塗藥。比丘不聽作利木刀刮汗却毛也，若斷一毛一突吉羅。除頭上毛，若斷一一偷蘭遮，是名剪髮法。〔註50〕

　　可見，剃髮時不能用剪刀，必用剃刀，除了頭上有瘡，用剪刀遶瘡甲而塗藥就可以。

四、殘食法

　　「殘食」，又作「宿食」指隔夜之食物。佛對比丘們禁食宿食之戒，稱爲「殘食法」：

> 佛遊諸聚落，見諸比丘共諍，佛問比丘諍何等事？比丘白佛：「昨日食已有餘殘食，是故諍之」。佛言：「從今已去，宿食及在大界內食，無淨厨者一切不得食」。〔註51〕

〔註50〕《毘尼母經》第三卷，大正藏 24，頁 815b。
〔註51〕《毘尼母經》第二卷，大正藏 24，頁 809a。

可見，佛制「宿食及在大界內食，無淨廚者一切不得食」。「受食已，檀越來請，彼中食即足，應以此食轉施餘僧，彼僧得已應作殘食法而食。復有諸大師，為國主所重請食，彼中食足，餘殘將來施同住處僧，僧怖不食。佛言：『聽汝作殘食法食之無過』。」〔註52〕

那麼，有時候比丘可以殘食不犯。如已經吃了，有信徒送來的東西，吃不完送給別比丘，那位比丘可以作殘食法而食；或者有諸大師，為國主所重請食，宴裡已吃飽，剩下可以拿回去給同住處的僧眾，這也可以作殘食法食不犯。

五、自手作食

依佛教的戒律制定比丘們不能「自手作食」，除有因緣就不犯：「僧自手作食，若僧值世飢饉得食。餘時不得食」。〔註53〕可見，時世飢饉僧可以「自手作食」。

六、自　取

自取，就是自己拿東西吃的意思。《毘尼母經》中所記載：

爾時世尊，在波羅國，時世飢荒，諸比丘隨路而行，見熟菓皆落在地，不得自取待淨人〔註54〕頃，後有白衣來至即取持去。比丘白佛，佛言：「聽汝草覆頭待淨人」。草覆頭待淨人頃，復有白衣來披草見之即取持去，復白世尊，佛言：「聽汝手自取之持去至淨人所著地還如法受食之」。諸比丘白佛：「齊穀貴已來，願世尊，聽諸比丘食殘宿食手自作食自得取菓」。佛言：「齊穀貴已來可爾若比丘中前得食，更至餘處得食已足，還來以此食施施主，時世飢儉施主即食」。比丘往白佛，昨日有殘食，與施主望後日得食，施主即自食。佛言：「荒年聽無施主得自舉食」。〔註55〕

可見，佛陀有規定比丘不能自取，但有因緣可以自取不犯。像上面的場合，比丘先見熟菓，等淨人來檢然後送來才能吃。但淨人還沒來檢就被白衣

〔註52〕《毘尼母經》第二卷，大正藏 24，頁 809a。
〔註53〕《毘尼母經》第二卷，大正藏 24，頁 809a。
〔註54〕「淨人」：於寺院中，未行剃染而服種種淨業作務者。又稱道人、苦行、寺官。起源於印度。又禪林中，於僧堂給侍粥飯之職務；或浴室之行者，亦稱為淨人。（佛光大辭典，頁 4679）。
〔註55〕《毘尼母經》第三卷，大正藏 24，頁 814c。

拿走了，這樣的情況令佛陀允許比丘自手取，那去給淨人，然後如法受食。或者時世飢荒時候無施主送來也得自舉食。

七、亡比丘衣物

「亡比丘衣物」是指比丘死亡後之遺物。分亡比丘物法《毘尼母經》所記載：

> 分亡比丘物，衣、鉢、坐具、針、氈綖、囊、拘執、衣毛深、三指傘蓋、剃刀，是名可分眾具。尊者迦葉惟說曰：分亡比丘物法，先將亡者去藏已，眾僧還來到寺，現前僧應集，集已取亡比丘物著眾僧前，遣一人分處可分不，可分物，各別著一處。〔註56〕

可見，如衣、鉢、坐具、針、氈綖、囊、拘執、衣毛深、三指傘蓋、剃刀，稱為可分物。分亡比丘物法，首先要把亡者去藏已，然後以亡比丘的東西在現前僧面前，遣一人分成可分物和不可分物。

八、可分物

上面所講，亡比丘物有可分物和不可分物。可分物的分法如下：

> 三衣與看病者，餘物現前僧應分，……瓦鐵所作應可分物。鐵杓、鐵鐲、金斤斧、五尺刀、戶鉤、針筒、刀子、剪刀、鐵杖、香爐、火爐、槃傘蓋、蓋莖、香筲，如是等廣知，大銅盂、小銅盂、鐲金、銅杖，如是等名數皆如鐵也。〔註57〕

由此可見，亡比丘物的三衣給看病人，其他的要分給現前僧，瓦鐵所造的屬於可分物而鐵杓、鐵鐲、金斤斧等也算是鐵物。

九、不可分物

除了那些可分物之外，其他如人、動物、利息等屬於不可分物：

> 若有奴婢應放令去，若不放應使作僧祇淨人。象、駝、馬、牛、驢與寺中常住僧運致。此亡比丘，若有生息物在外，應遣寺中僧祇淨人推覓取之，得已入此寺常住僧。〔註58〕

〔註56〕《毘尼母經》第三卷，大正藏24，頁815b。
〔註57〕《毘尼母經》第三卷，大正藏24，頁815b。
〔註58〕《毘尼母經》第三卷，大正藏24，頁815b。

如果有奴婢應放他回自己的家，如果不放應讓他作僧祇淨人。如果有動物如象、駝、馬、牛、驢，就給常住僧運致，如果有外面的生息物應找回來進入常住僧用的，這些是不可分物法。

十、養生具

可提供人類維持生活之工具如下引文：「何者名養生之具，人所須是」。〔註 59〕

可見《毘尼母經》所回答，人所須要的稱爲養生具。

十一、非養生具

有如現代之硬體設備不是用來養護人身或動物身之使用成稱爲「非養生具」。那麼：

> 何者「非養生之具」？非人所用，名「非養生」。乃至畜生所須，名爲「養生」，非畜生所須，名「非養生」。〔註 60〕

依引文來講，非養生具是不屬於人所用的東西。畜生所須要的東西也算是養生具，或畜牛所不須要稱爲非養生具。

十二、「與得取」和「不與不得取」

此項不得他人不允許而動用他人之物。世俗法亦有此道德，故僧侶更應小心警惕，如《毘尼母經》中記載：「若比丘取他養生物，要語他，他與得取，不與不得取」。〔註 61〕

如果比丘想取別人的養生物，要跟他講，他允許才拿稱爲「與得取」，不允許不得拿，稱爲「不與不得取」。

十三、故作受用（食）

何謂「故作受用」？據《毘尼母經》中所記載：

> 佛在毘舍離，穀貴世荒乞食難得，比丘中有神力者，乘其通力至外

〔註 59〕《毘尼母經》第三卷，大正藏 24，頁 815b。
〔註 60〕《毘尼母經》第三卷，大正藏 24，頁 815b。
〔註 61〕《毘尼母經》第三卷，大正藏 24，頁 815b。

道國乞食，諸外道人見比丘來乞，慊其不淨，以食著地捨之而去。

諸比丘白佛：「食難得故，乘神通力至外道國乞食，外道見之污賤，以食著地捨之而去，此當云何」？佛言：「雖手不受將來著前，已是與竟，汝等但受之，此即是受食」，是名「故作受用」。〔註62〕

可見，爲了嫌棄諸比丘，所以外道不直接送荣給諸比丘，不過如佛陀所講：「雖手不受將來著前，已是與竟」，這比丘們可以受食。這意思稱爲「故作受用」。

十四、毘尼、不合毘尼、合毘尼

「毘尼」爲律（梵 vinaya）之舊音譯，新譯毘奈耶。「毘尼者，名滅滅諸惡法，故名『毘尼』。」〔註63〕據《毘尼母經》的意義就是能滅諸惡法而稱爲毘尼。如何稱爲「不合毘尼」？

不與毘尼合者，法名非法、非法名法，乃至說名非說、非說名說，是名不與毘尼合。又復不合者，比丘語諸比丘言：「我不能學此法，何用微細事爲？大德我亦知此法入毘尼入修妬路，如是廣應知」，是名「不合毘尼」。〔註64〕

依引文的意思，「不合毘尼」即是不合「法的事實」；或者對所受的戒不尊敬也稱爲「不合毘尼」。何謂「合毘尼」？

「合毘尼」者，如佛所說，此應作此不應作，此犯此非犯，如是不違佛所說，是名「合毘尼」義。〔註65〕

意思就說，不違反佛陀所教是「合毘尼」。佛陀所教有兩種「止持作犯」〔註66〕與「作持止犯」。〔註67〕「此應作」對善法要實行，屬於「作持止犯」；「此不應作」對惡法要停止，屬於「止持作犯」。

十五、人養生具

僧團中常有常住居士隨同僧眾修行作務也算是一種「人養生具」：「云何

〔註62〕《毘尼母經》第三卷，大正藏 24，頁 817a。
〔註63〕《毘尼母經》第三卷，大正藏 24，頁 801a。
〔註64〕《毘尼母經》第三卷，大正藏 24，頁 817a。
〔註65〕《毘尼母經》第三卷，大正藏 24，頁 817a。
〔註66〕「止持作犯」：對殺盜等惡法而言，止爲持戒，作爲犯戒。
〔註67〕「作持止犯」：對慈悲等善法而言，則以止爲犯戒，作爲持戒。

名爲『人養生具』？眾僧淨人是。」〔註68〕可見，「人養生具」就是眾僧的淨人。

十六、非人養生具

僧團中常有一些動物如象、駝、馬、驢、牛等，用來乘載僧眾去遠方弘法稱爲「非人養生具」如下經文所記載：「非人養生具，象、駝、馬、驢、牛，能與僧遠致者，名爲『非人養生具』。」〔註69〕

十七、菓與池菓

何謂「菓與池菓」？依經文記載：「有比丘外得菓來即與淨施主，施主值世飢饉不還本主，佛因而制戒：『從今已去，若飢饉世得自畜而食，池中菓一切菓亦如是』。」〔註70〕意思就說，如果有因緣如時世飢饉，比丘可以自畜外面得來的菓與池中菓而食不犯。

十八、淨　果

淨果就是種在僧淨地中的水果。關於這個淨果的問題也有發生一些例外：

> 僧淨地中忽生菓樹，此樹長大，有枝曲向不淨地中，佛語諸比丘，遣淨人繩繫牽向淨地。後諸比丘心疑，此菓本在不淨處，今牽在淨處，爲得食不？佛言：「若菓落不淨地者不得食；不落者得食。」
>
> 〔註71〕

由此可見，雖然樹長在淨地但是有果的時候，果在不淨地，如果果落下在不淨地就算是不淨果，不可以吃，否則是淨果，可以吃。

> 復有菓生不淨地中，但枝及蔓皆向淨地，若落淨地者得食。不落者
> 不得食。〔註72〕

與上面的場合反過來，就是樹生在不淨地中，但枝及蔓皆向淨地，如果果落下來就可以吃，否則不能吃。

〔註68〕《毘尼母經》第三卷，大正藏 24，頁 817a。
〔註69〕《毘尼母經》第三卷，大正藏 24，頁 817a。
〔註70〕《毘尼母經》第二卷，大正藏 24，頁 809a。
〔註71〕《毘尼母經》第三卷，大正藏 24，頁 817a。
〔註72〕《毘尼母經》第三卷，大正藏 24，頁 817a。

又於一時，諸比丘大得種種菓，但人少菓多食不可盡，殘者不知何
處用，白佛，佛言：「聽捺破取汁至初夜〔註73〕得飲。若不至初夜，
汁味有異成苦酒者，不得飲也。何以故？此酒兩已成故」。〔註74〕

如果有很多水果的時候，人少吃不完，可以打成果汁留到初夜飲。如果
果汁變成有酒味也不能飲了。

有比丘不淨菓而食，外道譏嫌言：「諸比丘無慈心此菓有命云何食
生命也」。爲世嫌故佛即制：「諸比丘菓要淨而食，不淨不得食。」
淨有五種：一、火淨；二、刀淨；三、鳥淨；四、菓上自有壞處淨；
五、却子淨。復有七種淨：一、却皮淨；二、破淨；三、爛淨；四、
萎淨；五、刨刮淨；六、水所漂淨；七、塵土坌淨。此是「淨法」。
〔註75〕

可見這裡，佛陀再有另外一種淨果的規定。如「火淨」就是水果被燒掉；
「刀淨」被割掉；「鳥淨」被鳥吃掉；或果上自己有壞；或却子就算是淨果可
以吃。另外還有七種淨果如：却皮、破壞、爛掉、萎掉、刨刮、水所漂、塵
土坌的水果都可以吃而不犯。

十九、食　果

在《毘尼母經》中所記載：

云何名爲「食菓」？爾時王舍城有大長者，此長者大有菓樹，長者
遣人持菓供養眾僧語使人言：汝到寺當覓跋難陀釋子示菓行與眾
僧。當於爾時，跋難陀出外食比來頃，日已過中，諸比丘竟不得菓
食。〔註76〕

當時，在王舍城有一位大長者，有一次長者遣人持菓供養眾僧，長者吩
咐使人來找跋難陀尊者告訴他把水果分與眾僧。但那天，跋難陀出外去，日
已過中，比丘們終於不得吃果。由此可知，食果的意思，單純講到一個故事
而提到過午不食的規定而已。

〔註73〕「初夜」：梵語 prathama-yāma，巴利語 paṭhama-yāma。又作初更，指夜分之
初，即今午後八時頃，係晝夜六時之一。（佛光大辭典，頁 2789）。
〔註74〕《毘尼母經》第三卷，大正藏 24，頁 817a。
〔註75〕《毘尼母經》第三卷，大正藏 24，頁 817a。
〔註76〕《毘尼母經》第三卷，大正藏 24，頁 817a。

二十、食　蒜

為什麼佛陀禁止吃蒜？因為：「爾時世尊在祇桓精舍，大眾中說法。有比丘食蒜，遠佛在大眾外坐。佛問阿難言：此比丘何故獨遠別坐？阿難白佛：此比丘食蒜，是以別坐。佛告阿難：如來善說法中，為此小事不聞法也。佛告阿難：自今已去，除病皆不得食蒜」。〔註77〕

我們知道，蒜的味道很重，如果吃蒜的人跟別人接近味道會很難受，所以那位比丘獨遠別坐，聽法不清楚，為了這個問題佛陀就禁止吃蒜。後來為了病人佛陀也解開了：「有一時中，舍利弗得風病，醫分處服蒜，即往白佛。佛言：病者聽服。」〔註78〕

關於蒜的問題《摩訶僧祇律》記載：

> 佛住王舍城，爾時彌祇居士請僧食蒜。時六群比丘詣園食蒜，狼藉棄地，復持還歸。時居士按行蒜園，見已即問園民，何故如是？園民即具說上事，居士言：「比丘但當食，何故棄地如是，復持去與誰？」諸比丘以是因緣往白世尊。乃至佛告諸比丘：「從今日不聽食蒜！」
>
> 〔註79〕

引文所講，一時佛住在王舍城，那時有一個居士名稱彌祇請眾僧食蒜。於是六群比丘到園食蒜，然後又把狼藉蒜丟在地上，有一些人還帶蒜回去。後來，居士來看蒜園，見很多狼藉蒜丟在地上，居士就說：「比丘為什麼不珍惜東西，吃了就好，還丟在地上」。由此原因，佛陀就禁止比丘吃蒜。

可見在《摩訶僧祇律》中，禁止吃蒜的原因有另外一個說法而《毘尼母經》沒有提到。對蒜的規定《摩訶僧祇律》也說得比較具體：「若種生若山蒜，如是比蒜及餘一切，若生、若熟、若葉、若皮、悉不得食。若癰腫、若癬瘡得用蒜塗。蒜塗已不得於眾中住，應在屏處。差已當淨洗浴還入僧中。病時醫言：長老！此病比丘服蒜當差。若不服不差，若更無餘方治者聽服，服已應七日行隨順法。在一邊小房中，不得臥僧床褥，不得上僧大小便處行，不得在僧洗腳處洗腳，不得入溫室講堂食屋，不得受僧次差會，不得入僧中食及禪坊，不得入說法布薩僧中。若比丘集處一切不得往，不應遶塔。若塔在露地者，得下風遙禮。七日行隨順法已。至八日，澡浴浣衣熏已得入僧中。」

〔註77〕　《毘尼母經》第五卷，大正藏24，頁826c。
〔註78〕　《毘尼母經》第五卷，大正藏24，頁826c。
〔註79〕　《摩訶僧祇律》第31卷，大正藏22，頁483b。

〔註80〕

可見，不能吃蒜包括生蒜、熟蒜、葉蒜、皮蒜都不能吃。如果病的時候需要塗蒜就七天之內要「行隨順法」，就是隨順一些僧的規定，如住在另外的小房，不能躺在僧床，不能上僧大小便處行等等……，到第八天洗澡然後回到僧中。

上面是關於比丘們的吃蒜法，另外佛陀也爲了一個特別的原因而給比丘尼禁止吃蒜：

> 爾時世尊在毘舍離，城外有一檀越大種蒜。<u>偷羅難陀</u>比丘尼數數過此蒜園邊行，檀越善心爲福德故問言：「尊者須蒜食不？」尼答言：「素自不能食，得蒜下食甚善」。檀越即施之，日許與眾僧五顆蒜。<u>偷羅難陀</u>即白尼眾：「某檀越日許僧五顆蒜，僧若須者遣沙彌尼往取」。有一尼須蒜，遣式叉摩尼沙彌尼往取。正值蒜主持蒜入城市易。有一淨人守蒜園。沙彌尼問：「蒜主何處去？」淨人答言：「入城市易」。沙彌尼從彼索蒜。淨人答言：「我不知也」。但知守蒜，沙彌尼怒曰：「大家見與汝豈得護？」手自掘之。此是和尚分，此是阿闍梨分，此是今日分，此是明日分，如是分處恣意持去。蒜主迴還見之，問守園人言：「此蒜誰持去？」守園者以上因緣具白大家。蒜主即大嫌責諸比丘尼。如是展轉世尊聞之。喚諸比丘尼種種呵責。告言：「從今已去，比丘尼不得食蒜，食者波夜提」〔註81〕。〔註82〕

一時，佛陀在毘舍離，城外有一檀越大種蒜，種蒜人跟偷羅難陀比丘尼說每天要供養比丘尼們五顆蒜。偷羅難陀就對尼眾說：某檀越有供養僧五顆蒜，僧如果須要就遣沙彌尼去拿。一天有一位比丘尼須蒜，遣式叉摩尼、沙彌尼去拿。剛好種蒜主進城市去，所以沙彌只見到一個淨人守蒜園。沙彌尼說要取蒜。淨人說他不知道，因爲他只是守園而已。沙彌尼生氣便自手掘蒜，然後拿了很多蒜。蒜主即嫌責比丘尼們。由此原因佛陀制定：從此以後，比丘尼不得吃蒜，如果吃就犯波夜提。這個禁止吃蒜的原因與《摩訶僧祇律》所講相同。不過，這裡特地於比丘尼的場合。

由此可見，爲了治療病情方便佛陀允許出家人吃蒜就很不對了，何況爲

〔註80〕《摩訶僧祇律》第31卷，大正藏22，頁483b。
〔註81〕「波夜提」：即波逸提的別稱。
〔註82〕《毘尼母經》第五卷，大正藏24，頁826c。

了吃蒜而鬧事讓信徒嫌責就太過分，這就是佛陀禁止比丘吃蒜的原因。

二十一、寺中應可作

「寺中應可作」的意思是說在寺院裡比丘所應該作的事情。那麼，比丘所應作是什麼？依《毘尼母經》記載：

> 寺中應可作者，從羯磨一切法事，乃至飲食臥起，及露著泥洹僧竭支皆中，復有中者，若寺中地見金銀，知主不知主，皆應取舉之。知主者後來當還；若不知主者，應當眾僧中唱：我昨日僧地中得金銀，是誰物也？有人來言是我物者，應問：此物頭數多少及與斤兩，裹持繫縛用何等物？若言一一相應者可還之：不相應者不應與也。復有寺中可中作者，若比丘比丘尼，用木葉作蓋，用木皮作蓋，或織草作蓋，如此等皆寺中得用。〔註83〕

可見，從羯磨一切法事，乃至飲、食、臥、起都算是比丘所應作。另外，寺中地見金銀也要知怎麼處理；或者寺中所用木葉、木皮、織草來作蓋也得用。這樣《毘尼母經》稱為「寺中應可作」。

二十二、寺中應畜物

《毘尼母經》所記載：「寺中應畜鐵鑰、木鑰、瓠杖、浴室中床，是名寺中應畜物。」〔註84〕可知，寺院中能畜有四種如：鐵鑰、木鑰、瓠杖、浴室中床。

二十三、入僧法

對出家人來說，一舉一動都要守威儀。如行、住、坐、臥都有規定，所以入僧眾中也規定：

> 入僧時用心法，如掃篲、掃地，不見是非普起慈心，應如是心入僧，是名入僧法。〔註85〕

入僧時當攝心正念，不看別人的所對或不對（不見是非），總起慈心對人。

〔註83〕《毘尼母經》第四卷，大正藏24，頁820c。
〔註84〕《毘尼母經》第四卷，大正藏24，頁821a。
〔註85〕《毘尼母經》第六卷，大正藏24，頁833b。

二十四、入僧中坐法

入僧時，首先要知道入僧中的坐法：

> 入僧中時應恭敬上座，自知坐處所，復不得寬縱多取坐處。若僧中
> 見作非法事欲諫者，恐僧不用其言，可憶識默然而坐。若比丘入僧
> 中時，應籌量僧所作法事，為如法為不如法，與毘尼相應不相應，
> 若相應者善，若不相應者，有同心如法行毘尼者可共諫之，若無默
> 然而坐，是名入僧中事。〔註86〕

由此可見，入僧中時對上座要恭敬，要知足不用貪心占太寬的座位免得
狹窄後人。僧所作法事，自己要知道事情如法或不如法與律相應或不相應而
然後決定該勸諫或不勸諫。如果不能勸諫就默然而坐。

二十五、上座法、中座法、下座法

什麼稱為「上座」？「從二十臘〔註87〕至四十九臘」〔註88〕是名上座。
上座對下座中座的規定表示長輩對後輩的關心：

> 若僧集時，眾中上座，應觀中座下座，威儀坐起如法不？不裸露不？
> 若坐不如法，兼有裸露者，上座應當彈指令中下座知。若猶不覺者，
> 應遣使語之。僧中事上座皆應料理。〔註89〕

可見，上座是僧眾最大的代表，所以僧中的事情都要上座料理。同樣，
中座比丘在眾中坐時也要看上座、下座：

> 中座比丘眾中坐時，應觀上座下座，坐如法不？衣服自覆形體不？
> 若不如法者，應彈指令知。若猶不覺，應語知法人使往語。上座自
> 知時，語下座言：長老自知時。於上座邊應供養恭敬尊重讚歎，是
> 名中座法。〔註90〕

什麼稱為「中座」？「從十臘至十九臘，是名中座」。〔註91〕中座法也像

〔註86〕《毘尼母經》第六卷，大正藏24，頁834c。
〔註87〕「臘」：又作臈。指戒臘、法臘，為比丘受具足戒後之年數。比丘出家之年歲
　　　　與世俗不同，係以受戒以後之夏安居數為年次，故有戒臘、夏臘、法臘、年
　　　　臘等稱。（佛光大辭典，頁6687）。
〔註88〕《毘尼母經》第六卷，大正藏24，頁834c。
〔註89〕《毘尼母經》第六卷，大正藏24，頁834c。
〔註90〕《毘尼母經》第六卷，大正藏24，頁834c。
〔註91〕《毘尼母經》第六卷，大正藏24，頁834c。

上座一樣，要觀看上座、下座坐如法了沒有？如果還沒如法，應提醒讓錯者知道，也要對上座有恭敬心。下座眾中坐法像其他兩及相同：

> 下座眾中坐法，眾坐已定，應看上座、中座。坐及衣服如法不？若不如法，應彈指令知。若復不知，亦遣知法人往語：大德自知時。於上中座復應供養恭敬尊重讚歎。下座僧中應取水灑地及塗掃令淨。僧浴室中應燃火。佛制下座僧中所應作法，皆應作之，是名下座法。〔註92〕

「下座」是「從無臘乃至九臘」。〔註93〕那麼下座是僧中最小的，所以雖然觀看法就跟上座、中座相同，但是對僧服務其他的事情也比較多如取水、灑地、燃火等都要用心去作。

二十六、入大眾法

云何稱爲「入大眾法」？「入大眾法」也是說「入大眾的威儀」。我們看《毘尼母經》所講如何？

> 比丘眾主入大眾法，應斂容整服端身直視謙言下身恭敬前人，威儀庠序諸根寂靜觀者無厭。入僧之法應修如此德行。眾者，四眾是。四眾中有如法眾，有不如法眾及自己眾。如己所行入大眾法，皆應教徒眾，如此入大眾也，是名「入大眾法」。〔註94〕

比丘眾主入眾時，不但自己威儀端正，整理衣服，恭敬前人等，而且要把自己所行教徒眾如此入大眾。「眾」就指「四眾」（比丘、比丘尼、優婆塞、優婆夷）。裡面有如法眾，有不如法眾及自己眾，應當知，這樣稱爲「入大眾法」。

二十七、眾主法

上面已講比丘眾主入眾法，這裡又說到比丘眾主的責任：

> 比丘作眾主法在眾中應觀此眾。於坐禪、經行默念思惟言辭往返論說經義樂何等法？若樂言辭論說者：「隨習何經？共論其所習莫違逆之，是名眾主法」。〔註95〕

〔註92〕《毘尼母經》第六卷，大正藏 24，頁 834c。
〔註93〕《毘尼母經》第六卷，大正藏 24，頁 834c。
〔註94〕《毘尼母經》第六卷，大正藏 24，頁 833b。
〔註95〕《毘尼母經》第六卷，大正藏 24，頁 833b。

可見，比丘眾主有責任觀看此眾，觀看他們論說經義喜歡何等法，喜歡隨習何經，然後隨順它們的所喜歡而論講或隨習。

二十八、眾中說法上座法

上面我們所講，上座是僧眾最大的代表，所以，在眾中說法時也要守上座法：

> 眾中上座應觀時人，當樂何法？爲樂施論、爲樂持戒論、爲樂生天論、爲樂涅槃論，隨眾樂何等論應爲說之。復應觀大眾於空、無相、無願法中，當樂何等法？隨眾中所宜而爲說之，是名「眾中說法上座法」。〔註96〕

可見，上座說法時應該先看時機與人的根機，自己要觀想何論讓人快樂，大眾樂在何論，就隨著眾中的樂去爲他們說其論。還要觀大眾於空、無相、無願〔註97〕法中樂何法就爲他們講，這樣稱爲「眾中說法上座法」。

二十九、養徒眾法

根據律典規定，要授人具足戒、作依止或養徒眾的和尚、阿闍梨，必須滿十歲（夏臘）或過十歲。〔註98〕而特別對養徒眾在《毘尼母經》所記載：

> 養徒眾法，應教授以二事因緣當攝徒眾：一、法事攝；二、衣食攝。隨力所能攝徒眾多少也。比丘養徒眾，主常應方便教授眷屬莫令多求，攝令坐禪、誦經、修福。於此三業中應教作種種方便。一、教多求法；二、教莫捨；三、教勤作方便而修習學。復應觀其徒眾，不樂多言？貪著多言不？於多言中不勤作方便不？復不樂多眠不？不貪著眠不？於眠中不勤求眠緣不？復觀徒眾，不多愛樂在家

〔註96〕《毘尼母經》第六卷，大正藏24，頁833b。

〔註97〕「空、無相、無願」：即是「三解脫門」，梵語 trīṇi vimokṣa-mukhāni，指得解脫到涅槃之三種法門，略稱三解脫、三脫門、三門。（一）空門（梵 śūnyatā），觀一切法皆無自性，由因緣和合而生；若能如此通達，則於諸法而得自在；（二）無相門（梵 animitta），又稱無想門。謂既知一切法空，乃觀男女一異等相實不可得；若能如此通達諸法無相，即離差別相而得自在；（三）無願門（梵 apraṇihita）。（佛光大辭典，頁6687）。

〔註98〕《四分律》第34卷，大正22，頁803b-806c。《五分律》第16卷，大正22，頁114a-c。

　　不？不貪著在家不？不勤求方便多作在家緣不？復應觀徒眾，不多
樂聚集調戲歡樂不？於調戲中不貪著不？復不勤方便作調戲緣不？
復應觀其徒眾中誰行如法、誰行不如法？若如法者，應加衣食乃至
法味數數教授。若不如法者，應語令去，後時脫有改悔心者，還聽
在眾，供給衣食教其法味，是名養徒眾法。〔註99〕

　　可見，想養徒眾首先要夠兩種：一、法事攝；二、衣食攝。「法事攝」就
是能夠教導徒眾所有法事；「衣食攝」即是有能力供給徒眾衣服、飲食。隨自
己的力量而受攝徒眾多少。應教他們不要多求，要多坐禪、誦經、修福。護
持三業，精勤修、學。然後應觀徒眾，有沒有不樂？貪著否？貪著眠否？生
活中等等的事情，這法稱爲「養徒眾法」。

三十、沙彌法

　　沙彌歲小所以要依止和尚而住，跟隨和尚學習佛法，種種生活規範及處
事態度。其行爲紀律問題是皆由和尚處理，而不是交僧團處置。其他比丘若
要懲罰或遣使沙彌，也必須徵求其和尚的同意。因此，對和尚，沙彌也要有
一定的任務：

　　沙彌得除草淨地、取楊枝、取花菓，取來已應白和尚。和尚、阿闍
梨應當受取受用。沙彌法應知慚愧。應善住奉事師法中不應懈怠放
恣。應當自慎身口卑已敬人。應常樂持戒，莫樂調戲。亦不應自恃
才力，復莫輕躁。應知慚恥。復不應說無定亂言。敢有言說應庠序
合理。常應自知淨不淨法；常應隨逐和尚、阿闍梨讀誦經法，一切
僧中有所作皆不得違逆。〔註100〕

　　從引文的意思來說，沙彌要除草淨地、取楊枝（梵語 danta-kāṣṭha，音
譯作憚哆家瑟詫、禪多抳瑟插。又作齒木，即磨齒刮舌之木片）、取花菓侍
候和尚、阿闍梨等的小任務。自己要保護三業，常樂持戒，莫樂調戲，常應
隨著和尚、阿闍梨讀誦經法，一切僧中有所作皆不得違逆。這些事情的目的
針對訓練沙彌熟悉及融入僧團的生活。在物質上，沙彌與比丘們享有同等的
利益。唯一不同的是，沙彌不可參與僧團的羯磨，唯有受了具足戒的比丘方
有參與羯磨的資格。如《行事鈔》所說：「沙彌行事法用同僧，羯磨一法不

〔註99〕《毘尼母經》第六卷，大正藏 24，頁 833b。
〔註100〕《毘尼母經》第六卷，大正藏 24，頁 835a。

在數例」。〔註101〕

三十一、失依止

　　根據律典，新受戒比丘須依止如法、善能教誡之長老比丘，學習出家威儀戒律。依止時間一般為五年，但若五年期滿尚不能自立，於佛法戒律不能善解，依止的時間可能延長。若受依止人欲移餘處應先問和尚阿闍梨，知道彼處有可依止之人後，方可去。同時，諸弟子不可臨行時方告和尚阿闍梨，應該在二三日前先告知師長，讓師長考量彼處是否有可依止之人，師長答應後方可去。〔註102〕關於失依止《毘尼母經》記載：

　　　若和尚阿闍梨有所犯，眾僧羯磨驅出，羯磨成已弟子即「失依止」。若弟子犯事，眾僧羯磨成已亦失依止。若弟子和尚阿闍梨語言：「從今已去不須我邊住，心決定者，爾時即失依止。若明相未現，與和尚阿闍梨別亦『失依止』。」〔註103〕

　　由此可見，有四法失依止：

（1）若和尚阿闍梨有所犯，眾僧羯磨驅出，羯磨成已弟子即失依止。

（2）若弟子犯事，眾僧羯磨成已亦失依止。

（3）若弟子和尚阿闍梨語言：從今已去不須我邊住，心決定者，那時即失依止。

（4）若明相未現，與和尚阿闍梨別亦失依止。

三十二、前行比丘法

　　在僧團裡面，每次出去都要共同一團，順序有前後、大小。一般，戒臘大的比丘走在前面，戒臘小的走在後面，前後的人都有一定的威儀。關於前行比丘《毘尼母經》所記載：

　　　共伴行時，前行比丘法，在前應迴顧看後者，所著衣齊整不？不參差不？不騫縮不？不攝心不？作不威儀行不？若入他家於妙色上不起染心不？若見珍琦異寶不起盜心不？有比丘僧遣比丘到檀越邊懺悔，受使比丘到檀越舍在前入，應作如是語語檀越言：此比丘眾僧

〔註101〕《四分律刪繁補闕行事鈔》第四卷下，大正藏40，頁151a。
〔註102〕《四分律》第34卷，大正藏22，頁805a。
〔註103〕《毘尼母經》第六卷，大正藏24，頁837a。

已譴罰竟，可受此比丘懺悔，是名「前行比丘法」。〔註104〕

由此可知，前行比丘要迴顧看走在後面的人所有的一舉一動是否有威儀如：所著衣齊整不？攝心不？看色塵是否起染心？等等。目的讓後面的人要注意他們自己的威儀，避免信徒的譏嫌，同時也表示比丘們互相照顧的精神。

三十三、後行比丘法

像前行比丘一樣，後行比丘也要有一定的德行：

> 後行比丘應成就五法，一、行時不應在前而去；二、不得遠在後，要次後而行；三、前比丘若是和尚、阿闍梨、若是上座，其所言說不得違逆。若問行道誦經所修之業，皆應實答不得藏隱，除得禪得聖果。若前有所說善法，勝者應隨喜讚歎；四、若有不達忘誤處，應語此處所說不合佛意大欲語不是處者要屛猥語，五、若得如法財，及投缽中所得，皆應為取料理，是名後比丘五德。〔註105〕

可見，後行比丘要成就五法：

（1）行時不應在前而去。

（2）不得遠在後，要次後而行。

（3）前比丘若是和尚、阿闍梨、若是上座，其所言說不得違逆。

（4）若有不達忘誤處，應語此處所說不合佛意夫欲語不是處者要屛猥語：就是如果別人為了了解不太深刻所以誤解問題，應用柔軟的語言解釋，不應該用猥語講。

（5）若得如法財，及投缽中所得，皆應為取料理。

三十四、為檀越師

何謂「為檀越師」？就是比丘為在家人作師。根據《毘尼母經》記載：

> 若比丘為在家人作師，教化作福田者，有五事不得：一、不應依此檀越舍止住；二、不應繫心貪其利養；三、不應為檀越總說法示教利喜，應別教轉修餘法。餘法者，布施、持戒、受八齋法。如是一一說之；四、不得與在家人戲樂共相娛樂；五、不得繫心常欲相見。
> 復有五事不得：一、若檀越未親舊處，不得強作舊意而往；二、復

〔註104〕《毘尼母經》第六卷，大正藏24，頁835a。
〔註105〕《毘尼母經》第六卷，大正藏24，頁835c。

不得求其形勢料理檀越家業；三、不得私共檀越竊言；四、不中語
檀越良時吉日祠祀鬼神；五、不得於親舊檀越處過度所求。比丘應
成就五法當為檀越尊重恭敬。何者為五：一者、非親舊處不應往返；
二、不自求形勢料理檀越家業。三、不共檀越竊言令他家中生疑；
四、不教檀越良時吉日祠祀鬼神；五、不過度所求。〔註106〕

可見，比丘為在家人作師總有十事不得作：

（1）不應依此檀越舍止住

（2）不應繫心貪其利養

（3）不應為檀越總說法示教利喜，應別教轉修餘法。（餘法包括布施、
持戒、受八齋法）

（4）不得與在家人戲樂共相娛樂

（5）不得繫心常欲相見

（6）若檀越未親舊處，不得強作舊意而往

（7）不得求其形勢料理檀越家業

（8）不得私共檀越竊言

（9）不中語檀越良時吉日祠祀鬼神

（10）不得於親舊檀越處過度所求

另外，比丘應成就五法讓檀越尊重恭敬：

（1）非親舊處不應往返

（2）不自求形勢料理檀越家業

（3）不共檀越竊言令他家中生疑

（4）不教檀越良時吉日祠祀鬼神

（5）不過度所求

這一切稱為比丘為在家人作師法。

三十五、入檀越舍

因為出家眾是人天師，一切威儀要讓在家人當個榜樣，所以，入他們家
也要束斂三業，像《毘尼母經》中所講：

比丘入檀越家，應成就五法：一、入時小語；二、斂身口意業；三、

〔註106〕《毘尼母經》第六卷，大正藏24，頁835c。

攝心卑恭而行；四、收攝諸根；五、威儀庠序發人善心，是名入檀
越舍五法用。〔註107〕

依引文可見，比丘想入檀越家要成就五法如入家時要小語；斂身口意業；
攝心卑恭而行；收攝諸根；威儀庠序發人善心。這些雖然說五法，但總之來
說，只要收攝三業身、口、意而已。

三十六、入家中比丘坐法

入家中之後，坐下來也要有比丘坐法：

不應調戲，不應自恃憍慢，不應輕躁，不應無忌難所說，不應雜亂
無端緒語，不應坐處遠故低身就他共語。復不應相逼坐共談，不應
偏蹲危坐，不中大笑而坐，雖執威儀不應示現有德相貌而坐，不應
累髀而坐，不應累膝而坐，不應累腳而坐，不應用手左右撈摸而坐，
不應動腳不住而坐，不中太甕器上而坐，不中與比丘尼獨靜房內而
坐，不中與女人獨房內坐，不得下處坐為高坐人說法，比丘應一切
衰利中常應忍辱，是名入家中比丘坐法。〔註108〕

經中所講，入眾時，不應調戲，不應自恃憍慢，不應雜亂無端緒語，不應
遠坐然後低身跟別人說話，也不應大笑而坐，雖然有執持威儀但不應該表現有
德相貌而坐，不應累髀而坐，不應累膝而坐，不應累腳而坐，特別不能別與比
丘尼獨靜房內而坐，以及與女人獨房內坐等等。可見，入家中比丘坐法有很多
不應該的坐法，不過這些都屬於比丘的戒本的「百眾學」〔註109〕。總之，比丘
到檀越家要自己莊嚴，坐法要持威儀避免信徒譏嫌而失去對佛法的信心。

三十七、入家中上座法

一般的比丘入檀越家上面已講，而上坐比丘有另外一些法，比一般的比
丘責任重：

入家中上座比丘法，上座應知時、知齊量、知己身、知大眾、知人
德行高下。應教諸比丘威儀，應為諸白衣如法而說，教令聽法，教

〔註107〕《毘尼母經》第六卷，大正藏 24，頁 835c。
〔註108〕《毘尼母經》第六卷，大正藏 24，頁 836c。
〔註109〕「百眾學」：眾學，梵語 śikṣā-karaṇi，巴利語 sikkhā karaṇīya。意譯應當學、
　　　　應學作。乃戒禁觸犯突吉羅罪（梵 duṣkṛta，意譯惡作）之戒法。

令讀誦，如是應廣種種教諸善法。呪願時到復應呪願，是名家中上
座法。〔註110〕

可見，入檀越家時，上座要知時、知齊量（能吃多少）、知己身、知大眾、
知人德行高下。對下面的比丘要教他們持威儀。對白衣要如法說法，教他們
聽法，誦經，這些稱為入家中上座法。

三十八、道行中息

「道行中息」是什麼？據《毘尼母經》所講：

比丘行道中，若見同出家人及見白衣，應當問來方所語言：善安隱來
不？是名言語法。一時有眾多比丘在路而行，身體疲極意欲止息，心
疑不敢。後時往白世尊。佛言：聽諸比丘遠行之時路邊止息。〔註111〕

比丘走路中如果遇到同出家人或者見白衣，就要向他們問候：您安隱來
否？這樣的話稱為「言語法」。那麼，何謂「道行中息」？「道行中息」就是
路邊休息的意思。因為比丘們行程太長，覺得疲倦，佛就允許遠行之時路邊
止息，那即是稱為「道行中息」。

三十九、應入林

古代僧團林間修行是有規定必要實行的。如《毘尼母經》中記載：

比丘僧差入林者，應與七日，若七日不得來，應與十五日，若十五
日不得來者，應與一月，是名應入林。〔註112〕

那「應入林」是什麼意思？依經文所講，「應入林」應該是應入林的時間規定。

四十、入聚落乞食

世尊當時制定僧伽應「乞食」以養色身，「如教奉行」以養慧命。為什麼
僧眾入聚落乞食？這些理由《瑜伽師地論》〔註113〕中記載由「十因緣」須要
「乞食」：

（一）當顯杜多功德故。

〔註110〕《毘尼母經》第六卷，大正藏24，頁836c。
〔註111〕《毘尼母經》第六卷，大正藏24，頁837a。
〔註112〕《毘尼母經》第四卷，大正藏24，頁821a。
〔註113〕《瑜伽師地論》第86卷，大正藏30，頁784a。

（二）爲欲引彼一分令入乞食故。

（三）爲欲以同事行攝彼一分故。

（四）爲與未來眾生作大照明故，乃至令彼暫起觸證故。

（五）爲欲引彼麤弊勝解諸外道故。

（六）爲彼承聲起謗故，現妙色寂靜威儀，令其驚歎心生歸向故。

（七）爲彼處中眾生以其少功而樹多福故。

（八）爲令壞信放逸深生恥愧，雖用小功而獲大福故，如爲放逸者懈怠
者亦然。

（九）爲彼盲聾癲狂心亂眾生，種種災害皆令靜息故。

（十）爲令無量無邊廣大威德天龍、藥叉、健達縛、阿素洛、揭路茶、
緊捺洛、牟呼洛伽等，隨從如來至所入家，深生羨仰勤加賓衛，
不爲惱害故。

由此觀之，如是「十因緣」，爲如來制定僧伽應「乞食」以養色身之因緣。
廣深而言，世尊常時制定「乞食」制度，乃有其深刻用義。但入聚落乞食要
如法。佛陀制定：「比丘若入白衣舍時，如月光喻攝心。若入聚落行時，應卑
恭慚愧而行，不應高心放逸無有慚愧散亂而行。」〔註114〕

首先，比丘到在家人家要用有比丘的威儀，所以要像月光攝心，不能放
逸而失去風格。因此佛陀教比丘們：

汝行時恒常　　如蜂採花木

所獲好惡中　　或遲或疾得

如蜂取花味　　不壞其色香

仙人行世間　　修善亦如是

彼此不相違　　正觀其過患

應自觀其身　　好惡作不作

汝敷具有不　　家繫縛脫未

猶座而自纏　　如蠶蟲處繭〔註115〕

由此可見，蜜蜂採花的行爲，非常值得比丘們學習。蜜蜂採花，只採取
花的味，而不損壞花的色彩和香氣。也就是說，蜜蜂採花，只要蜜蜂自己所
需要的那一部份，它不去損害其他的部份，其他的那部份讓給他人分享。這

〔註114〕《毘尼母經》第六卷，大正藏 24，頁 836a。

〔註115〕《毘尼母經》第六卷，大正藏 24，頁 836a。

是蜜蜂採花的風格。「仙人行世間，修善亦如是」，就是說，比丘乞食也是這樣，接受飲食，只爲消除饑渴，不執著飲食之相好壞，不執著飲食之味好壞；比丘也是這樣，「受人供養」，接受大眾供養的飲食，或好吃或不好吃，都只是接受自己的那一份，讓其餘的飲食讓給他人。這樣我有得吃你也有得吃，大家都有得吃，物得其所，物得其用，沒有浪費。不分別不執著平等受食，自然開心無煩惱。對於好吃的飲食，可能有人會多求，接受好吃的飲食，施主供養多少就多少，千萬不可多要。有人說，我一定要多求。多求就是貪，你貪心還將傷害到施主的佈施善心。施主因供養你不開心，甚至退善心，那麼接受供養的人不但形象受損，而且折善損德。

> 欲入聚落乞食之時，當制六根令不著色聲香味觸法，又不分別男女
> 等相。得與不得其心平等。若好若惡不生增減。不得食時應作是念，
> 釋迦如來捨轉輪王位出家成道，入里乞食猶有不得，況我無福薄德
> 之人而有得耶？是爲乞食法行者。若受請食，若眾僧食，起諸漏因
> 緣。所以者何？受請食者若得食，便作是念：我是福德好人故得，
> 若不得食則嫌恨請者，彼無所別識不應請者請，應請者不請，或自
> 鄙薄懊惱自責而生憂苦，是貪愛法則能遮道。僧食者，入眾中當隨
> 眾法，斷事擯人，料理僧事，處分作使，心則散亂妨廢行道，有如
> 是等惱亂事故，應受常乞食法。〔註116〕

佛陀規定，出家人托缽，不管貧窮或富貴人家，都要沒有揀擇的挨戶乞食。爲什麼出家人要去乞食呢？這個乞食，就是給眾生種福。因此，托缽不能揀貧窮或富貴，應該次第一戶一戶地托缽，要以平等心乞食才是。因爲富貴人家今生雖有福，如果不再種福，福享完就沒有了，所以還是要向富貴人家乞食；貧窮人今生苦，他沒有多餘的食物，你向他乞食，他必須從減口艱苦來供養你；雖然少吃一口，但他種了福，來世就不會再受貧窮的苦。所以，比丘是福田讓眾生種福，乞富乞貧都是爲了利益眾生，要平等才對。佛在世的時候，他有兩位弟子做法剛好相反。苦行第一迦葉尊者，他托缽時專找貧苦的人家化緣。因爲他看貧窮的人太可憐了，就是前世沒有布施，今生才會這樣苦；如果今生再不布施，來世還是苦。他是以這種慈悲心來向他們化緣，使他們能種福。須菩提尊者，他托缽是專找富有人家，貧窮的人家他不去，不管路程多麼遠，他都要趕到富貴人家去，否則寧願餓肚子也不向貧窮人乞

〔註116〕《佛說十二頭陀經》，大正藏17，頁720c。

食。他則認為富貴人今生能享福，當然是前世有布施，今生若不布施，來世就會貧窮；而貧苦之人已經夠苦了，再向他們化緣，會增加他們的負擔。這兩位尊者各有他們的觀點，也各有其利人的善心，但總是偏於一邊，因此都被佛責怪。所以，乞食要有平等心，不要有分別相。如經中說：

> 若善入聚落　　衰利心平等
> 同梵共入聚　　不生嫉妒心
> 汝所親識舍　　無別親舊處
> 是名師行法〔註117〕

可見，平等心對比丘們非常重要，有這樣的心，入聚落才是如法。「若比丘非時入聚落，應白和尚、阿闍梨語比坐而入，是名入聚落法。」〔註118〕所以，比丘們除了跟著僧眾正時入聚落乞食之外其他時入聚落就算非時，要白和尚、阿闍梨請知。

四十一、非時集

何謂「非時集」？「非時集會者，除食時、食粥時、飲甜漿時是餘一切作法事時，如法、如毘尼、如佛教，是名非時集。」〔註119〕

可見，在僧團裡面，有事情才能集合稱為「正時集」如食時、食粥時、飲甜漿時或者一切作法事時，如法、如毘尼、如佛教等僧事，否則就是「非時集」。

四十二、非時上座集法

上面我們已講比丘「非時集」，但是如果在比丘「非時集」中有上座，那上座該作什麼法？經文已講：

> 若非時諸比丘集，此中有上座，上座應問諸大德，何故僧非時集？
> 諸比丘答曰：「有如此等法事，應當作故集，上座應作羯磨，若白一
> 若白二若白四」，是名「非時上座集法」。〔註120〕

從引文看來，如果比丘「非時集」中有上座，上座應問非時集的理由，

〔註117〕《毘尼母經》第六卷，大正藏24，頁835c。
〔註118〕《毘尼母經》第六卷，大正藏24，頁830c。
〔註119〕《毘尼母經》第六卷，大正藏24，頁830c。
〔註120〕《毘尼母經》第六卷，大正藏24，頁830c。

然後要作羯磨，這樣稱爲「非時上座集法」？

四十三、法　會

法會，是佛教儀式之一。又作法事、佛事、齋會、法要，乃爲講說佛法及供佛施僧等所舉行之集會。即聚集淨食，莊嚴法物，供養諸佛菩薩，或設齋、施食、說法、讚歎佛德。印度古來即盛行此類集會，其種類名目甚多。其中《毘尼母經》有講一種「五天一會」：

> 有五日一會法，會時有上中下三眾盡集，集已皆斂容整服端身靜坐，兼復各相恭敬，威儀法則觀者無厭，能生人善心，此是五日聚會法。〔註121〕

依經文所講，一個法會總有五天，在五天之內，三級上座、中座、下座都要精進靜坐，守著法則威儀，互相恭敬讓信徒生起善心，稱爲「五日聚會法」。

四十四、法會上座

上面已講，法會中會有三級上、中、下座，其中上座對法會責任最大。因此法會成功或失敗，跟上座的德行有關：

> 法會座中若有上座，應先須臾靜坐，靜坐竟當自爲大眾略說少法，說已觀此眾中，有七能〔註122〕者，上座當自請爲大眾說法。上座復應觀，此法師所說法次第義味及與才辯，此文句不前後顚倒不？義相應不？文及義次第相續不斷絕不？並才了了不？所說與三藏合不？復觀法師說法稱眾情不？若所說文句及義不合三藏，乃至言說不了了者，不得譏嫌。上座應當語說法者，可略說法，眾中法師眾多，皆欲令說。若法師所說文句次第義理亦善，乃至所說才辯了了合三藏經稱大眾心。上座先應勞謝法師稱讚微妙，大眾亦應同共讚嘆隨喜。此座中有篤信檀越，上座應當廣爲說聽法因緣所得利益，令增進善心轉固不退。於此座中有比丘，欲爲四眾說法者，不得直爾而說，先語比坐，比坐比丘復當向上座說，上座不得輒聽說法，要先觀其所知德行，若

〔註121〕《毘尼母經》第六卷，大正藏24，頁830c。
〔註122〕「七能」：別名爲七華，即七覺支：一、擇法；二、精進；三、喜；四、輕安；五、捨；六、定；七、念）七覺調停生眞智因華，故智論云無學實覺，此七能到故以爲華。（請參閱《翻譯名義集》，卷五，大正藏54，頁1143a。）

必能者上座應當於大眾前請其說法。若知才不任默然置之。若有外道
來至會中欲壞正法者，上座應當與往返論議而降伏之，如法、如毘尼、
如佛教示其義趣，有如此之德，名會中上座。〔註123〕

依上面所引，辦理法會時，如果有上座，上座應該先靜坐一下子，靜坐
結束要爲大眾略說法，然後觀看眾中，有沒有「七能」者，就請他爲大眾說
法。後來上座又要觀看，這位法師所說法次第、意義及才辯、文句前後有沒
有顛倒？意義有沒有相應？次第相續還是斷絕？他所說的話適合三藏否？如
果所說文句及意義不合三藏，乃至言說不明了也不要譏嫌。反而，上座要先
謝恩法師稱讚微妙，也讓大眾同共讚嘆隨喜。法會中如有篤信檀越，上座要
爲他們廣說聽法因緣所得利益，令增進善心轉固不退。如果有外道來法會中
欲壞正法，上座要與他們論議而降伏他們。由此觀之，法會中的各種作法上
座的責任很重要，不管自己的靜坐，請法師說法，或爲增加篤信檀越的菩心，
以及對付外道的破壞正法等事，上座每每都巧妙應付適合才能讓法會完滿成
功，這樣如法表現上座的品德稱爲「法會上座法」。

四十五、說法者

說法，梵語 dharma-deśanā，巴利語 dhamma-desanā。即宣說佛法，以化
導利益眾生。與說教、說經、演說、法施、法讀、法談、談義、讚歎、勸化、
唱導等同義。佛之說法乃應眾生之能力、根機等，各施以適當之教法，以達
完全效果。關於說法人的威儀《毘尼母經》中講：

若說法者，持波羅提木叉，自攝身口意善行三業，奉和尚、阿闍梨、
奉上座如上文中所說，此人當成就四念處法，於微罪中，生大怖想，
應善學如是隨順行法。〔註124〕

首先，說法人要持波羅提木叉，守護身口意三業，奉和尚、阿闍梨、上
座的教導，對小戒微罪也起心恐怖。另外，說法人還要觀四眾的根機（了解
佛法的程度）：

復次說法者，欲說法時，應當先觀四眾比丘、比丘尼、優婆塞、優
婆夷眾。若比丘、比丘尼，應爲說持戒、定、慧、涅槃；若優婆塞、
優婆夷，應爲說持戒布施生天乃至清淨法。復次若說法者，應除貪

〔註123〕《毘尼母經》第六卷，大正藏 24，頁 831b。
〔註124〕《毘尼母經》第六卷，大正藏 24，頁 831b。

心不染心不惡心不愚癡心不自輕心不輕大眾心。應慈心、喜心、利益心、堪忍心、不動心、無惑心，立如此等心應當說法。復次說法者，不應用餘緣說法，應故說法。〔註125〕

對兩個出家眾比丘、比丘尼應爲他們說持戒而達到定、慧然後到涅槃彼岸；但對兩在家眾優婆塞、優婆夷，要爲他們說持戒、布施而達到生天的結果。說法者，不能存有貪心，就是「不應眼見利養而生貪心爲人說法」，〔註126〕也不能存有染心、惡心、愚癡心、自輕心、輕大眾心；反之，要用有慈心、喜心、利益心、堪忍心、不動心、無惑心而爲人說法，如此應有或不應該有的那些心說法稱爲應說法。

四十六、說者眾上座

如果說法的人是上座，那要實行什麼法？看看《毘尼母經》如何記載：

若說法眾中有上座，觀說法者乃至不稱眾情，上座應語說法者，長老不應作如是說。……若說法者，語言辯了殊音亦正，所習文句及義皆悉具足，復稱眾情，如此說者，一切大眾皆應稱歎隨喜。復有五法因緣，能令正法不速隱沒：一者、所誦習經文句具足，前後次第所有義味悉能究盡，復教徒眾弟子同己所知，如此人者能令佛法久住於世；二者、廣知三藏文義具足，復能爲四部之眾如所解教之，其身雖滅令後代正法相續不絕，如此人者能使正法不墜於地；三者、僧中若有大德上座爲四部所重者，能勤修三業捨營世事，其徒眾弟子遞代相續皆亦如是，此亦復令正法久住；四者、若有比丘其性柔和言無違逆，聞善從之聞惡遠避，若有高才智德者訓誨，其言奉而修行，是亦能令佛法久住；五者、若比丘共相和順，不爲形勢利養朋黨相助共諍是非，如此五事能令正法流傳不絕，是名「說法中上座」。〔註127〕

如果在說法眾中有上座，看到說法者說出法不適合眾僧的情況，上座應該對法師說：長老不應該這麼說。或者法師說法殊勝所習文句與意義都具足又適應眾情，上座跟一切大眾應該稱歎隨喜。可見，上座說法的責任能令正法不速隱沒，而依經文所講有五種事能令正法流傳承不絕：

〔註125〕《毘尼母經》第六卷，大正藏24，頁831c。
〔註126〕《毘尼母經》第六卷，大正藏24，頁831c。
〔註127〕《毘尼母經》第六卷，大正藏24，頁832b。

（1）所誦習經文句具足，前後次第所有義味悉能了解，然後教徒眾弟子像自己一樣所知。

（2）廣知三藏文義具足，然後能爲四眾如所解教。

（3）能勤修三業捨營世事，其徒眾弟子遞代相續皆亦如是。

（4）若有比丘其性柔和言無違逆，聞善從之聞惡遠避，若有高才智德者訓誨，其言奉而修行。

（5）若比丘共相和順，不爲形勢利養朋黨相助共諍是非。

上面所講五事能令正法流傳不絕，這稱爲說法中上座。

四十七、語法、不語法

「語法」的意思跟瓶沙王有關，換言之，是瓶沙王的一個故事：

> 爾時瓶沙王篤信三寶，若佛及僧有所須者與欲隨意，乃至浴池皆亦如是。瓶沙王晨朝大將人眾詣池欲洗，遙聞池中言語誦經音聲極高，即問邊人：「此是何人？」從者白王：「此是六群比丘」。王即止所將侍從不聽更前恐驚動沙門。王住極久，比丘浴猶未訖，王不得洗即迴駕還宮，如是展轉世尊聞之，即制諸比丘：「從今已去聽十五日一浴，浴時不聽高聲大語」，是名「語法」也。〔註128〕

當時瓶沙王篤信三寶，所以佛陀和僧眾如果有所須要，他會隨意供養，乃至浴池也是一樣。但有一次瓶沙王早晨想到浴池洗澡，離浴池還遠就聽到誦經音聲極高，即問邊人才知道六群比丘的聲音。瓶沙王恐驚動諸比丘，便令隨從停步。王住很久，但比丘們也還沒浴完，王不得洗只好回宮去。這件事展轉到佛陀之後，佛陀就制定比丘們只能十五日洗一次澡，洗時不得高聲大語，這個稱爲「語法」。從此觀之，比丘戒本裡規定比丘只能「十五日一浴」的那條戒理由就從這裡出來的。那何謂「不語法」？

> 爾時諸比丘聚集一處，意欲繫念思惟不樂言說。佛知諸比丘意，即告言：「聽汝等默然若繫念思惟，若默然經行不言、定心思義皆亦聽之」，是名「不語法」也。〔註129〕

一時，比丘們聚集在一處，只想定心思惟而不喜歡說話但不知道這樣作會不會犯戒？佛陀了解比丘們的心意，便允許比丘們都可以默然思惟、默然

〔註128〕《毘尼母經》第六卷，大正藏24，頁832b。
〔註129〕《毘尼母經》第六卷，大正藏24，頁833b。

經行或定心思義，這樣的故事稱爲「不語法」。

四十八、經　行

　　經行，梵語 caṅkramana，巴利語 caṅkamana，意指在一定的場所中往復回旋之行走。通常在食後、疲倦時，或坐禪昏沈瞌睡時，即起而經行，爲一種調劑身心之安靜散步，經行時要如法：

> 經行處經行，不得餘處經行。坐禪處坐禪，不得餘處。行時不中生疲厭心，不中生散亂心而行。若經行處地不平者，應當平之莫令高下。爾時世尊在波羅祇國，告侍者那伽波羅，取吾洗浴衣來，得已著衣經行。佛經行時，帝釋化作金舍，前禮佛足白世尊言：「願受此金舍經行」！爾時佛在毘舍離經行，六群比丘著革屣隨佛經行。佛言：「弟子法，和尚、阿闍梨前著革屣經行乃至經行處亦不得經行，況吾前著革屣吾經行處經行耶？」如是廣應知。有行摩那埵比丘，眾僧經行處經行。佛見之即制：「不聽有罪比丘，清淨比丘經行處，經行」。復於一時比丘尼住處，下座比丘尼在上座尼前經行，憍慢自大無恭敬心。六群比丘尼見諸下座尼惱上座亦學，故來上座前經行，以是因緣世尊聞之，不聽下座比丘尼上座前經行，上座尼經行處，下座尼不得在中經行。〔註130〕

　　比丘們想經行時，也要遵守規定，在經行處而經行，否則不能經行。如果經行處地上不平也要弄成平地。關於經行的規定《毘尼母經》中有講一個故事：爾時佛在毘舍離經行，六群比丘著革屣隨佛經行。佛言：「弟子不能在和尚、阿闍梨前面著革屣經行，乃至和尚、阿闍梨的經行處也不得經行，何況你們在我面前著革屣以及在我經行處經行呀。」這樣說明在佛陀、和尚、阿闍梨面前不能著革屣以及在他們的經行處經行。

　　還有一次，有行摩那埵的比丘到眾僧經行處經行。佛陀看到就制定：「有罪比丘不能在清淨比丘經行處經行」。有另外一次下座比丘尼在上座比丘尼前經行，憍慢自大沒有恭敬心，然後六群比丘尼看到這樣也走到上座前經行，由此因緣佛陀就禁止下座比丘尼在上座比丘尼前經行，而且也不能在上座尼經行處經行。總之，後輩不能在長輩前面以及其的經行處經行。由此可見，

〔註130〕《毘尼母經》第六卷，大正藏24，頁837a。

經行處、坐禪處有僧的規定，所以不能在不對的地方經行。

四十九、經行舍

「經行舍」是為了寒冷天氣而作，原由如此：「有比丘露地經行，值天大雨污濕衣盡愁憂不樂。佛聞已告諸比丘：聽比丘作經行舍。比丘在耆闍崛山〔註 131〕中露地經行，值天卒風暴雨兼復日熱所逼，佛聞此因緣聽諸比丘作經行舍。」〔註 132〕

可見，當時印度的冬天寒冷，風暴雨大，比丘們如果露地經行，會被淋雨，令他們心情不樂，所以佛允許作「經行舍」。

五十、共作法

何謂「共作法」？依《毘尼母經》記載：

> 略說共作法，若比丘性行調柔，持戒小具，威儀可觀，如此人者，僧應與共同一切法事，乃至飲食臥起皆應共同，是名「略說共作法」。〔註 133〕

從此觀之，如果比丘們順柔在一起作法事乃至飲、食、臥、起都要共同，稱為「共作法」。

五十一、略　問

根據《毘尼母經》所記載：

> 若比丘行來到他寺上，應問此寺中一比丘結大界處，復問離衣宿處，兼問眾僧淨厨處，亦問布薩說戒處，如是等處皆問一人，故名略問。〔註 134〕

〔註 131〕「耆闍崛山」：梵名 gṛdhrakūṭa，巴利名 Gijjha-kūṭa，又作祇闍崛山、耆闍多山、崛山，意譯作靈鷲山、鷲頭、靈山。位於中印度摩羯陀國首都王舍城之東北側，為著名的佛陀說法之地。其山名之由來，一說以山頂形狀類於鷲鳥，另說因山頂棲有眾多鷲鳥，故稱之。梵語 gṛdhra 本為「貪食者」之意，其後轉指兀鷲；此類鷲鳥羽翼略黑，頭部灰白少毛，好食死屍，棲於林野。（佛光大辭典，頁 4287）。

〔註 132〕《毘尼母經》第六卷，大正藏 24，頁 837a。

〔註 133〕《毘尼母經》第四卷，大正藏 24，頁 821a。

〔註 134〕《毘尼母經》第四卷，大正藏 24，頁 821a。

那意思就說，如果比丘到另外一座寺院要問一些所須要的問題如結大界處、
離衣宿處、眾僧淨厨處、布薩說戒處等事就稱為「略問」。

五十二、隨國應作

「隨國應作」的原意是帶的隨緣的意思，謂隨順因緣、順應國土之緣而
制定行止，《毘尼母經》的所記載亦明顯分析這個意思：

> 有國大熱處聽日日洗；荊棘多處聽著厚革屣；作革屣法隨土地所有厚
> 皮聽作。有諸比丘在雪山〔註135〕中夏安居，手脚頭耳皆凍壞，安居
> 已記，各執衣持缽來詣佛所，頭面禮足退立一面。佛知而故問：汝等
> 何故身體皆壞？比丘白佛：雪山中寒凍故是以皆壞。佛問言：應著何
> 等不令身壞？諸比丘白佛：若脚著皮革鞾上著複衣應當不壞。佛即聽
> 著富羅，復聽著羅目伽〔註136〕上聽著駒執，〔註137〕復聽著複衣〔註
> 138〕若用羊毛、駱駝毛乃至綿紵之聽著。有二婆羅門比丘：一字烏嗟
> 呵，二字散摩陀，往到佛所白世尊言：佛弟子中，有種種性，種種國
> 土人，種種郡縣人，言音不同語既不正，皆壞佛正義，唯願世尊，聽
> 我等依闡陀〔註139〕至持論，撰集佛經次比文句，使言音辯了義亦得
> 顯。佛告比丘：吾佛法中不與美言為是，但使義理不失，是吾意也，
> 隨諸眾生應與何音而得受悟應為說之，是故名為隨國應作。〔註140〕

〔註135〕「雪山」：梵名 himālaya, Himavat, himavān，巴利名同，西藏名 gaṅs-can，雪藏
之意。又作雪嶺、冬王山。橫亙於印度西北方之山脈。古今所指雪山不同，或
有以之為喜馬拉雅山者，或有以之為蔥嶺西南，興都庫什山脈之總稱者。此地
邊國於阿育王時代即有佛教弘傳，善見律毘婆沙卷二即載大德末示摩（巴
Majjhima）等至雪山邊（梵 Himavantadesabhāga）宣說初轉法輪經，得道八億
人，出家五千人。又根本上座部曾入雪山宣揚宗義，故一名雪山部。（佛光大
辭典，頁 4828）。

〔註136〕「羅目伽」：僧祇云尼目呵；十誦云阿尼目佉，亦重屣屬。（《四分律名義標釋》
第 26 卷，續藏 44，頁 605b。）

〔註137〕「駒執」：或作拘執，又言拘攝。應法師云：此皆梵音譌轉耳，謂罽之垂毛者
也，若毛長四五指，若過四五指，不聽私畜。根本部云長毛毯也（罽：音記，
織毛為之）。（《四分律名義標釋》第 26 卷，續藏 44，頁 514a。）

〔註138〕「複衣」：僧伽黎的別稱。

〔註139〕「闡陀」：即闡陀論，為古代印度外道六論之一。闡陀，係吠陀經典中由韻文
所組成之部分；闡陀論，即講述音韻等之論書，屬於吠陀之輔助學。（佛光大
辭典，頁 6842）。

〔註140〕《毘尼母經》第四卷，大正藏 24，頁 821c。

　　當時，有一個國家天氣很熱，所以比丘們天天都洗澡；荊棘的地方佛陀聽著厚革屣。但還沒有制定寒凍的地方能穿皮鞋，所以諸比丘在雪山中夏安居，手腳頭耳都被凍壞，安居結束，各位比丘回到佛陀住的地方，佛陀看到各位比丘身體都壞，便問緣故。諸比丘白佛因為雪山中寒凍所以這樣。佛陀即聽著富羅，能穿羊毛、駱駝毛複衣乃至綿紵。

　　由此可知，佛教隨緣的精神表示非常明顯，具體佛陀有規定「十五日一浴」但大熱處佛陀也聽日日洗；或者佛陀禁止比丘穿皮鞋，但寒凍地方佛陀也允許穿。對誦經的音韻也是，因為人有種種性，種種國土，種種郡縣，言音不同，所以可以隨國土而作音，免得了解它的意義就好。因為有這樣的精神所以才稱為「隨國應作」。可見，佛教的戒律不是一種堅硬而是隨著國家、根機等而拿捏。

五十三、營　事

　　「營事」是什麼？依《毘尼母經》營事有二種：「一者作；二者覆。作者，有檀越欲為眾僧起房，僧差營事人白二羯磨令料理，若此營事人，意欲成此房已盡形受用者，僧當令其十二年住，後眾僧隨意分處，若營事人二三年中不能成房，僧當觀其力能，若堪辦者聽使作竟，若不能者更差餘人，是名作者。云何名為覆者？若作者作牆壁已不能覆，後僧更差堪能者令覆，若覆者意欲盡形住，僧當聽六年住，後隨僧分處，是名覆處者。」〔註141〕

　　這兩種就是蓋房子的兩個階段：作房子與覆蓋房子的。這兩種由僧眾作白二羯磨料理，然後分給檀越隨能力而負責作，稱為「營事」。

五十四、散

　　「散」是古印度用來指「藥粉」的意思。《毘尼母經》所規定：

> 佛為病比丘故聽服六種散：一、離畔散；二、破羅私散；三、怖羅羅散；四、阿犯却羅散；五、波却羅散；六、阿半陀散，如是等散眾多不一，若比丘病，隨醫分處服之。〔註142〕

　　可見，比丘病的時候須要服散可有六種，散的作用各各不同，所以要隨醫生吩咐而服用。

〔註141〕《毘尼母經》第四卷，大正藏24，頁824b。
〔註142〕《毘尼母經》第四卷，大正藏24，頁824c。

五十五、香與雜香澡豆

《毘尼母經》所記載：「爾時離車子〔註143〕有寶缽，滿中盛細末旃檀，〔註144〕持用奉佛。佛言：吾佛法中不聽受寶器。離車子言：若不受寶，願世尊可受旃檀香。佛即爲受。」〔註145〕由此觀之，佛陀可以接受旃檀香。但是對沙彌乃至比丘來說，佛陀有制：不用花香等的一切裝飾，也不得以香水、香油等物擦臉塗身，所以在這經文佛陀在制定「……比丘法不得用雜香澡豆洗身，乃至病亦不得用。」〔註146〕

五十六、歌舞

「沙彌十戒」中佛陀已制定，沙彌不得自作歌舞、音樂、伎藝等世俗遊戲，亦不得存心去觀賞世俗的歌舞、音樂和伎藝等的演唱。那麼，沙彌已如此，何況比丘，所以佛陀再次肯定：

> 比丘法自不得舞，亦不得教人舞。佛所不聽，阿犯祇富那婆蘇六群
>
> 比丘等自歌舞作伎也，佛聞之制：一切比丘不得歌舞作伎也。〔註147〕

此道理乃爲了不使已經出家的身心，再爲世俗的娛樂所迷，引發貪戀欲情的心理。

五十七、地　法

《毘尼母經》中記載：「有檀越施僧地，佛聽受用，是名爲地。」〔註148〕這樣稱爲地法。

五十八、樹

〔註143〕「離車子」：爲中印度毘舍離城（梵 vaisāli）之刹帝利種族，乃跋祇族（梵 vṛji）之一部。

〔註144〕「旃檀」：指旃檀樹。旃檀，梵語candana，巴利語同。又作栴檀樹、眞檀樹、栴陀那樹、栴彈那樹、栴檀那樹、眞檀。本草綱目稱爲白檀、檀香。屬檀香科。爲常綠之喬木，幹高數丈，其材芳香，可供彫刻；研根爲粉末，可爲檀香，或製香油，葉長約五公分，鎗鋒狀對生，房狀花。球形核果，大如鸞豆，熟時呈黑色，頗富汁液，核甚堅硬，豎之有三凸陵。（佛光大辭典，頁4120）。

〔註145〕《毘尼母經》第四卷，大正藏24，頁825a。

〔註146〕《毘尼母經》第四卷，大正藏24，頁825a。

〔註147〕《毘尼母經》第五卷，大正藏24，頁828a。

〔註148〕《毘尼母經》第五卷，大正藏24，頁829c。

　　何謂「樹」？依《毘尼母經》所講，「樹」是佛陀規定有關樹類的意思：

　　有五種樹不得斫，一、菩提樹；二、神樹；三、路中大樹；四、尸
　　陀林中樹；五、尼拘陀樹除因緣。因緣者，若佛塔壞；若僧伽藍壞、
　　爲水火燒得斫四種除菩提樹。有五種樹應得受用：一者、火燒；二
　　者、龍火燒；三者、自乾；四者、風吹來；五者、水漂，如是等樹
　　得受用。〔註149〕

　　可見，有五種樹不能斫如：菩提樹；〔註150〕神樹；路中大樹；尸陀林
〔註151〕中樹；尼拘陀樹，〔註152〕除因緣如那幾種樹破壞佛塔、破壞僧伽藍
等就可以斫四種樹而菩提樹絕對不能斫。另外佛所制五種樹能受用如：火
燒、龍火燒、自乾、風吹來；水漂；那些對樹類的規定稱爲「樹」法。

五十九、鬥諍言訟

　　六何名爲「鬥諍言訟」？所謂「言訟鬥者，二人共競名之爲鬥，徒黨相
助是名爲諍，往徹僧者名之爲言，各說其理是名爲訟。」〔註153〕那麼，依引
文的意思來講，兩個人競名稱爲鬥；徒黨相助稱爲諍；向徹僧說稱爲言；各
說各的理論稱爲訟。

　　又有四種諍：「一、言語諍；二、不受諫諍；三、所犯諍；四、所作諍，
是名爲『諍』。」〔註154〕

　　可見，諍總有四種如言語諍；「不受諫諍」（爲了不受勸誘而發生諍）；「所

〔註149〕《毘尼母經》第五卷，大正藏24，頁830a。
〔註150〕「菩提樹」：梵語 bodhi-druma, bodhi-taru, bodhi-vṛkṣa，或單稱 bodhi，巴利語
　　　　bodhi-rukkha。又稱覺樹、道樹、道場樹、思惟樹、佛樹。釋尊即於中印度摩
　　　　揭陀國伽耶城南菩提樹下證得無上正覺。此樹原稱鉢多（梵 aśvattha），又作
　　　　貝多、阿說他、阿沛多，意譯爲吉祥、元吉。學名 Ficus religiosa。其果實稱
　　　　畢鉢羅（梵 pippala），故亦稱畢鉢羅樹。屬桑科，原產於東印度，爲常綠喬
　　　　木，高達三公尺以上，其葉呈心形而末端尖長，花隱於球形花囊中，花囊熟
　　　　時呈暗橙色，內藏小果。（佛光大辭典，頁 5208）。
〔註151〕「尸陀林」：梵名 śītavana，巴利名 sīta-vana。又作屍陀林、寒林、尸多婆那
　　　　林、尸摩賒那林、深摩舍那林。爲位於中印度摩揭陀國王舍城北方之森林。
　　　　林中幽邃且寒，初爲該城人民棄屍之所，後爲罪人之居地。其後泛稱棄置死
　　　　屍之所爲寒林。（佛光大辭典，頁 943）。
〔註152〕「尼拘陀」：梵名 Nyagrodha，巴利名 Nigrodha，意譯爲無恚、不瞋。
〔註153〕《毘尼母經》第五卷，大正藏24，頁830a。
〔註154〕《毘尼母經》第五卷，大正藏24，頁830b。

犯淨」（爲了所犯而淨）；「所作淨」（爲了所作而淨）。

六十、掃地法

《毘尼母經》所記載：「不中眾在下，不得在上風掃地。」〔註155〕
這樣的規定稱爲「掃地法」。

六十一、食粥法

《毘尼母經》記載：「不得張口哈作聲，粥冷已徐徐密哈之，是名食粥法。」
〔註156〕
可見所謂「食粥法」就是食粥時不得張口哈作聲，粥冷已徐徐密哈，可
以別稱「食粥威儀」。

六十二、嚼楊枝法

楊枝，梵語 danta-kāṣṭha，巴利語 danta-kaṭṭha 或 danta-poṇa，音譯作憚哆
家瑟詫、禪多捉瑟插。又作齒木，即磨齒刮舌之木片。據《毘尼日用切要解》
〔註157〕所載，有四種楊木可作梳齒之用，即水楊、白楊、赤楊、黃楊。

水楊，又曰青楊，葉長橢圓形而稍厚，先端尖銳，緣邊有微細之淺鋸齒，
葉身生毛，背面灰白色。

白楊，葉互生，卵形或橢圓形，先端尖，邊緣有純鋸齒。

赤楊，葉互生，卵形而尖，緣邊有淺鋸齒。

黃楊，葉對生，橢圓形，全邊革質，有光澤。

嚼者就是咀嚼。《毘尼母經》記載：「不嚼楊枝有五過患：一、口氣臭；
二、咽喉中不淨；三、痰癊宿食風冷不消；四、不思飲食；五、增人眼病。
嚼楊枝有五種功德：一、口氣香潔；二、咽喉清淨；三、除痰癊宿食；四、
思食；五、眼無病。」〔註158〕

不嚼楊枝有這樣的五個過患，所以佛陀制不嚼楊枝得越法罪。《毘奈耶雜
事》云：

〔註155〕《毘尼母經》第六卷，大正藏 24，頁 837c。
〔註156〕《毘尼母經》第六卷，大正藏 24，頁 837c。
〔註157〕佛瑩法師，《毘尼日用切要解》，淨律寺出版社，2008 年，頁 110。
〔註158〕《毘尼母經》第六卷，大正藏 24，頁 838b。

　　諸長者婆羅門皆來禮拜河邊苾芻，此諸苾芻即爲長者婆羅門，宣說
法要口出臭氣。時彼諸人左右顧眄，共相謂曰：此之臭氣從何而來。
諸苾芻曰：此之臭氣從我口出。白言：聖者，豈可日日不嚼齒木耶？
答曰：不嚼。彼曰：何故？諸苾芻曰：佛未聽許。答曰：聖者，若
不嚼齒木得清淨耶？時諸苾芻默然無對。以緣白佛：佛言彼婆羅門
長者，所作譏恥正合其儀，我於餘處已教苾芻嚼其齒木，而汝不知。
是故我今制諸苾芻應嚼齒木。何以故？嚼齒木者有五勝利：云何爲
五？一者、能除黃熱；二者、能去痰癊；三者、口無臭氣；四者、
能喰飲食；五者、眼目明淨。〔註159〕

　　可見這五個利益跟《毘尼母經》的五種功德是相同的。因爲這五個功德
所以比丘們必要日日嚼楊枝，不能不嚼。

　　嚼楊枝時也要守威儀。如「或就僧坊內，或就眾僧淨地，或在經行處，
或就師前，或大德上座前。」〔註160〕都不能嚼楊枝。

　　嚼楊枝不能太短或太長。佛陀規定：「長者一磔手，〔註161〕短者四指。」
〔註162〕

　　因爲嚼短楊枝有時不小心入咽喉中會作患，太長也不方便，所以只能剛
好的度量。

六十三、涕唾法

　　何謂「涕唾法」？我們先看《毘尼母經》所記載：「塔前、眾僧前、和尚、
阿闍梨前不得張口大涕唾著地，若欲涕唾當屏猥處，莫令人惡賤，是名唾法。」
〔註163〕從引文來看，佛對「涕唾」所制，稱爲「涕唾法」，如塔前、眾僧前、
和尚、阿闍梨前不得涕唾，想涕唾要找屏處，避免他人惡賤。

六十四、摘齒法

　　「摘齒」是古代用詞，像現代人「剔牙」一樣。食後很多末荣夾在牙裡

〔註159〕《根本說一切有部毘奈耶雜事》第13卷，大正藏24，頁263b。
〔註160〕《毘尼母經》第六卷，大正藏24，頁838b。
〔註161〕「磔手」：即是「搩手」。
〔註162〕《毘尼母經》第六卷，大正藏24，頁838b。
〔註163〕《毘尼母經》第六卷，大正藏24，頁838b。

面，如果不摘齒會有臭味，所以佛制：

> 諸比丘食後須摘齒者，當用銅、鐵、骨、竹、木、葦作，不得令頭
> 太尖傷破，若摘齒竟應洗淨，莫令有陳宿食使他污賤，是名摘齒法。
>
> 〔註164〕

可見，可以用銅、鐵、骨、竹、木、葦「摘齒」，用完要洗乾淨避免他人污賤。

六十五、却耳垢法

《毘尼母經》中所記載：「諸比丘耳中塵垢滿時，佛聽用銅、鐵、骨、角、竹、木、葦作却耳中垢。」〔註165〕

那麼，佛陀也規定比丘們應該用銅、鐵、骨、角、竹、木、葦去挖耳中的垢，這是叫「却耳垢法」。

六十六、刮舌法

「刮舌」也是比丘經常要做的動作：「晨起嚼楊枝竟，須刮舌者。佛聽用銅、鐵、木、竹作刮，是名刮舌法。」〔註166〕「刮舌」時也能用銅、鐵、木、竹作刮，稱爲刮舌法。

六十七、行法、非行法

云何名爲「行」？根據《毘尼母經》記載：「受具足者名之爲行，不受具足名爲不行。」〔註167〕受具足即是成爲比丘、或比丘尼，而依引文的意思受比丘（尼）就是「行」，反之就是「不行」。

云何名爲「行法人」？「受具足者名行法人，不受具足名不行法人，是名行法。」〔註168〕依上面所講的意思，比丘（尼）就是「行法人」；反之，就是「不行法人」。另外，「行」還有其他的意思：「又行者，佛所聽者行，名爲行；佛所不聽者，雖行名爲不行。」〔註169〕

〔註164〕《毘尼母經》第六卷，大正藏24，頁838b。
〔註165〕《毘尼母經》第六卷，大正藏24，頁838c。
〔註166〕《毘尼母經》第六卷，大正藏24，頁838c。
〔註167〕《毘尼母經》第六卷，大正藏24，頁838c。
〔註168〕《毘尼母經》第六卷，大正藏24，頁838c。
〔註169〕《毘尼母經》第六卷，大正藏24，頁838c。

可見，佛陀所允許弟子作的也稱爲「行」，所不允許作稱爲「不行」。還有「法言是法，非法言非法，輕言是輕，重言是重，是名爲行；非行者，法言非法，非法言法，輕言是重，重言是輕，是名非行法。」〔註170〕那麼，把法的本性眞時說出來稱爲「行」；反之，稱爲「不行」。

六十八、捨　法

何謂「捨法」？所謂「捨法」《毘尼母經》記載如下：

> 若比丘僧中有所犯事，僧與譴罰，若此比丘求乞一日，假至後日者，上座應聽呵責羯磨、驅出羯磨、發起善心羯磨、實示現羯磨、覆鉢〔註171〕羯磨、不語羯磨，如此羯磨懺悔已，後眾僧與作捨羯磨，是名放捨法。〔註172〕

從此觀之，一位比丘犯罪時，僧眾作種種羯磨處罪，後來那位比丘已回心轉意，所以要作捨羯磨，這種捨羯磨稱爲捨法。

六十九、然　火

「然火」，或「燃火」別稱爲「點火」，比丘法有很多事情要遵守佛所制的，所以「點火」也不例外：

> 有比丘體上生瘡，醫教治法，用唾塗瘡上，燒熱瓦熨之，令加脫瘡得差，醫如此分處，佛即聽之。有一時諸比丘，在僧房中新塗治彩畫，爲寒故燃火，煙熏彩色皆壞，佛聞之不聽。若寒者教露地燃火自炙，諸比丘後時白世尊，露地燃火自炙，炙前後寒炙後前寒，不能令溫。佛聞之，聽房中燃火自炙但使無煙。〔註173〕

可見，爲了治病所須要然火，佛陀允許燃，乃至在房中燃，不過如果在僧房中燃火要令無煙。

〔註170〕《毘尼母經》第六卷，大正藏24，頁838c。

〔註171〕「覆鉢」：指向下之半球體，狀如倒覆之鉢。即於佛塔塔身之上所作半圓之覆鉢形狀。俗稱斗形。於各種樣式之佛塔中，形制最古者爲覆鉢形塔，係由欄楯、基壇、塔身、覆鉢、平頭、輪竿、相輪、寶瓶等各部分組成。依印度佛塔古制，覆鉢爲九輪之基部，其上設置露盤。今則以露盤爲相輪之基部，上安置覆鉢，與古制有異。覆鉢羯磨指不去乞食羯磨的意思。

〔註172〕《毘尼母經》第六卷，大正藏24，頁837a。

〔註173〕《毘尼母經》第六卷，大正藏24，頁837a。

七十、有瘡聽

《毘尼母經》記載：

> 若比丘身上生瘡，比丘用麁澁散洗瘡，佛言聽。諸比丘用細末柔軟散洗瘡，舉散法，著瓶中塞口乃至著概上。若比丘有白癩病自裂膿血流出，諸比丘用麁澁散塗洗，佛言：當用細末柔軟散塗洗。若比丘新生瘡病痛不壞者，當用壞藥傅之，後時當畜種種愈瘡藥治之令差。若比丘下分中有痔病者，當作裏瘡衣莫令膿血流出污衣，隨醫師分處作衣聽畜之。若諸比丘頭上生瘡，若面上生瘡，若脣上生瘡，若肩頭生瘡，若腋下生瘡，若脇上生瘡，若臍上生瘡，若坐處生瘡，若膝頭生瘡，若上生瘡，若頭上有瘡者，聽裏頭覆頭入白衣舍，若面上有瘡者，聽缽水中自照，或壁上自照見瘡，得自塗藥。脣上有瘡者，得聽兩脣不相到嚼食。若舌上有瘡者，聽著口中不嚼吞之。若肩頭有瘡者，聽以手捉瘡以衣覆上入白衣舍。復聽肩頭瘡上衣不覆得入白衣舍。若腋下有瘡者，聽手扠腰入白衣舍。若脇上有瘡者，聽反抄衣入白衣舍。若臍上有瘡者，聽下繫泥洹僧。若坐處有瘡者，聽入白衣舍蹲坐。若膝上有瘡，聽裏衣過膝入白衣舍。若上有瘡者，聽高著泥洹僧入白衣舍，是故名有瘡聽也。〔註174〕

由此可見，「有瘡聽」就是佛對有瘡人治病的所允許。如果頭上有瘡的人，佛允許裏頭覆頭入白衣舍，如果面上有瘡的人，佛允許缽水中自照，或壁上自照見瘡，得自塗藥。如果脣上有瘡的人，允許兩脣不相到嚼食。如果舌上有瘡的人，允許口中不嚼吞下去。如果肩頭有瘡的人，允許用手捉瘡以衣覆上入白衣舍。如果腋下有瘡的人，允許手扠腰入白衣舍。如果脇上有瘡的人，允許反抄衣入白衣舍，這樣種種情況佛陀讓有瘡人所方便。

七十一、浴室法

沐浴是古代用詞，即現代洗澡的意思。沐者，濯髮也。浴者，澡去身垢也。起初，僧團裡還沒有浴室，僧眾都在溪或河裡洗澡，後來有一個原因佛陀就允許比丘們作浴室：「爾時世尊在毘舍離，諸離車子等設食請僧，有種種美食。僧食過多皆患不樂，耆婆醫王觀病處藥，若得浴室此病可差。復欲令

〔註174〕《毘尼母經》第四卷，大正藏24，頁821a。

祇桓精舍中浴室得立，以是因緣比丘往白世尊，佛聽諸比丘作浴室。」〔註175〕

《增壹阿含經》記載：「造作浴室有五功德：云何爲五？一者、除風；二者、病得差；三者、除去塵垢；四者、身體輕便；五者、得肥白。」〔註176〕

由此可見，有浴室讓比丘們得到多利益，所以總是應該作浴室。佛陀規定：

> 浴室法，應壘泥作，若土不可得處，用木作之，當以泥塗此浴室中，
> 一壁下燃火令熱，餘壁下敷床洗浴。〔註177〕

依引文所講，浴室要用泥來作，或有地方不便就用木來作，浴室裡一壁下燃火令熱，餘壁下敷床洗浴。僧眾數量多，如果沒有什麼規定肯定就很亂，所以有浴室就要有入浴室洗法。

七十二、入浴室洗法

《毘尼母經》所講：

> 入浴室洗法，隨上座須熱當閉戶須冷當開，下座不得違上座。入浴
> 室洗時，上座應先入取好床洗浴，此入浴室中洗法，因六群比丘佛
> 制也。〔註178〕

洗澡的時候，也要先恭敬上座，下座要順上座的需要。比丘入浴室「應一心小語好持威儀收攝諸根。」〔註179〕

> 又一時比丘，共俗人入浴室洗。佛聞之不聽，比丘不得與白衣一時
> 浴室中共洗，若有篤信檀越聽之。〔註180〕

比丘也不能和俗人一起洗澡。爲了浴室太少僧眾也可以一起洗澡：

> 諸比丘，皆裸身入浴室中共洗，各各相視皆生慚愧，因此展轉乃徹
> 世尊。佛言：從今已去不聽裸身共入浴室洗，復不得相洗。〔註181〕

一起洗澡的時候各各人都不能裸身，也不能你我相洗，避免發生邪心。

〔註175〕《毘尼母經》第六卷，大正藏24，頁835a。
〔註176〕《增壹阿含經》第28卷，大正藏2，頁703a。
〔註177〕《毘尼母經》第六卷，大正藏24，頁835a。
〔註178〕《毘尼母經》第六卷，大正藏24，頁835a。
〔註179〕《十誦律》第57卷，大正藏23，頁418c。
〔註180〕《毘尼母經》第六卷，大正藏24，頁835a。
〔註181〕《毘尼母經》第六卷，大正藏24，頁835a。

七十三、浴室上座所作法

除了遵守大眾入浴室法之外，上座還要知道「浴室上座所作法」：

> 入浴室洗僧中上座，若見浴室中大熱小開戶令暫冷，復應爲入浴室眾僧説洗因緣洗者不爲嚴身淨潔故洗，當爲説厭患身法。復爲説調伏心法，當生慈心。……此澡浴者不爲餘緣，但欲令除身中風冷病，得安隱行道故洗，是名浴室中上座所作法用。〔註182〕

首先如果看到浴室中大熱，上座該小開戶令暫冷，然後爲入浴室眾僧講洗澡的目的是爲了除塵垢，除身中風冷病然後安隱行道，所以洗澡時要懂得爲了厭患身法、不爲嚴身淨潔而洗，心裡默念偈咒：

> 洗浴身體
>
> 當願眾生
>
> 身心無垢
>
> 内外光潔
>
> 唵，跋折囉惱迦吒莎訶。〔註183〕

由此可見，洗澡不只除身塵垢，而且還洗出心裡的塵垢煩惱。

七十四、小便法與小便處

佛陀實在對比丘們很週到，所以小便事情他也仔細教導。在《毘尼母經》中他已説「小便法，欲覺知時即應起去，不得耐久住，是名小便法。」〔註184〕這樣的教導稱爲小便法。有時「諸比丘住處房前巷間，處處小便污地，臭氣皆不可行。佛聞之告諸比丘：從今已去不聽諸比丘僧伽藍〔註185〕中處處小行。當聚一屏猥處，若瓦瓶、若木筒埋地中就中小行，小行已，以物蓋頭莫令有臭。」〔註186〕

從此以後，佛禁止比丘不得在僧伽藍中小便，要找一個屏猥的地方，或者用瓦瓶、或木筒埋在地中小便，事完要蓋頭避免臭味出來。

〔註182〕《毘尼母經》第六卷，大正藏24，頁835a。

〔註183〕《毘尼日用切要》，續藏60，頁160c。

〔註184〕《毘尼母經》第六卷，大正藏24，頁838c。

〔註185〕「僧伽藍」：全名爲「僧伽藍摩」，梵語 saṃghārāma。意譯眾園，又稱僧園、僧院。原意指僧眾所居之園林，然一般用以稱僧侶所居之寺院、堂舍。（佛光大辭典，頁2769）。

〔註186〕《毘尼母經》第六卷，大正藏24，頁837a。

對小便處佛陀還規定一些事情：

> 小便處應安木屐，欲小行時，當著屐屐上，莫令唾小便污上。諸比
> 丘住處，若有老病不堪遠上廁者，聽私屏處若大甕、若木箱埋地中
> 作起止處，好覆上莫令人見，此行來處上應安好板莫令不淨污之。
> 〔註187〕

可見，小便處要安木屐，讓比丘來上廁時要換木屐避免唾小便污上。如
果有病人不能走太遠上廁，佛陀允許在屏處埋大甕或木箱而小便，不過要覆
好避免人見或臭味出來。

七十五、上廁法

「上廁法」是《毘尼母經》中指登廁的事情。登者，升也。廁者，便所
也。也稱為上廁。因為佛陀認為廁中常有噉糞鬼在噉糞，所以「上廁去時，
應先取籌草至戶前三彈指作聲，若人非人令得覺知。」〔註188〕以前，「有一比
丘，不彈指來大小便瀆，污中鬼面上，魔鬼大恚欲殺，沙門持戒，魔鬼隨逐
伺覓其短，不能得便」。〔註189〕因此，上廁時一定要彈指，不然對生命有危險。

七十六、廁籌法

佛陀時代，僧眾上廁時「以籌〔註190〕草刮下道」。〔註191〕上廁用廁籌法
有規定：

> 用籌淨刮令淨，若無籌不得壁上拭令淨。不得廁板梁栿上拭令淨。不得
> 用石，不得用青草，不聽諸比丘土塊軟木皮軟葉奇木，皆不得用。所應用者，
> 木竹葦作籌。度量法，極長者一磔，短者四指。已用者不得振令污淨者，不
> 得著淨籌中。〔註192〕

上廁用廁籌的時候，除了籌草制之外，木、竹、葦也可以用，石、青草

〔註187〕《毘尼母經》第六卷，大正藏24，頁 838c。
〔註188〕《毘尼母經》第六卷，大正藏24，頁 838a。
〔註189〕《諸經要集》第 20 卷，大正藏 54，頁 190a。
〔註190〕「籌」：梵語 salākā，巴利語 salākā。音譯舍羅，以竹、木、銅、鐵、牙、角、
骨等作成之細棒，約有一肘長，粗如小指。廁所中用以揩拭不淨之木橛亦稱
籌。未經使用之籌稱淨籌；已經使用之籌稱觸籌。（佛光大辭典，頁 6777）。
〔註191〕《毘尼母經》第六卷，大正藏24，頁 838a。
〔註192〕《毘尼母經》第六卷，大正藏24，頁 838a。

不能用作籌。廁籌長度是一磔，短是四指不能超過。

另外，上廁也有種種威儀要知，如《毘尼母經》記載：

> 戶前安衣處脫衣著上，若值天雨無藏衣處，持衣好自纏身。開戶看廁內，無諸毒虫不？看已欲便利時，應徐徐次第抄衣而上，不得忽裹令露身體。坐起法，不中倚側當中而坐，莫令污廁兩邊，欲起時衣，次第漸漸而下，不得忽放。〔註193〕

因為僧眾穿的衣服好多層，裡面是短衣，外面還要長衣，所以上廁時要脫掉長衣，不然會不方便。脫衣後也要在規定的地方掛好。進入之前要開門看看有沒有毒蟲……。總之，上廁行為要安祥自在，不能匆匆忙忙失去威儀。更多《摩訶僧祇律》記載：「不得著僧臥具上廁，不得廁上嚼齒木覆頭覆右肩，應當偏袒。不得在中誦經禪定不淨觀及以睡眠令妨餘人。」〔註194〕

七十七、上廁用水法

因為佛陀時代上廁時，主要是用水來洗淨，所以，怎麼用水佛陀也有規定：廁戶前著淨瓶水，復應著一小瓶。若自有瓶者當自用，若無瓶者用廁邊小瓶，不得直用僧大瓶水令污。〔註195〕

從此觀之，每個比丘要自己有個小瓶，上廁的時候要用來裝水洗淨，如果自己沒有也只能用廁邊小瓶，不能直用僧大瓶水避免污髒。用手洗淨時也要注意，「應用二指頭洗之。」〔註196〕這一條屬於上廁的威儀，不過還有很多威儀經文沒提到。最具體與完整的上廁規定於《大比丘三千威儀》記載共有二十五條：

> 一者、欲大小便當行時，不得道上為上座作禮；二者、亦莫受人禮；三者、往時當直低頭視地；四者、往當三彈指；五者、已有人彈指不得逼；六者、已止住三彈指乃踞；七者、正踞中；八者、不得一足前一足却；九者、不得令身倚；十者、歛衣不得使垂圊中；十一者、不得大咽使而赤；十二者、當直視前不得顧聽；十三者、不得唾污四壁；十四者、不得低頭視圊中；十五者、不得視陰；十六者、

〔註193〕《毘尼母經》第六卷，大正藏24，頁838a。
〔註194〕《摩訶僧祇律》第34卷，大正藏22，頁504a。
〔註195〕《毘尼母經》第六卷，大正藏24，頁838b。
〔註196〕《毘尼母經》第四卷，大正藏24，頁821a。

不得以手持陰；十七者、不得持草畫地作字；十八者、不得持草畫
壁作字；十九者、用水不得大費；二十者、不得污濺；二十一者、
用水不得使前手著後手；二十二者、用土當三過；二十三者、當澡
豆；二十四者、三過水；二十五者設見水草土盡，當語直日主者。

〔註197〕

由此可見，從第一條到第三條是上廁人對別人的禮貌威儀。這種對別人
的禮貌《毘尼母經》沒有提到。從第四到第二十五條也是上廁種種威儀而《毘
尼母經》與《摩訶僧祇律》中已有提到。

第三節　小　結

本章說明僧眾的用具法與僧眾的雜事。意思就說僧眾除了四事（飲食、
臥具、衣、藥）之外生活中尚有各種用具而佛陀具體規定它們的用法，如齋
鉢法、熏鉢爐、絡囊、應畜物、不應畜物、洗足器、針筒、革屣、拂、扇、
蓋、鏡等，同時透過所分析我們知道它們的由來。另外，從本章我們也了解
到僧眾的各種雜事如入眾法、入眾坐法、入聚落乞食法、嚼楊枝法、涕唾法、
擿齒法等等都被佛陀仔細對比丘們教導。

〔註197〕《大比丘三千威儀》，卷下，大正藏24，頁925b。

第十章 結 論

第一節 研究的成果總論

透過研究《毘尼母經》中的「摩呾理迦」我們了解到，如今已失傳《八十誦律》的內容，同時了解到原始佛教教團的規範。具體表現於「羯磨」、「受具」、「布薩」、「安居」、「自恣」、「破僧」、「滅罪」、「衣」、「藥」、「僧眾生活」等的各種儀式、規矩。《毘尼母經》除記載僧團生活、弟子行事外，間接也顯出了古印度政治、經濟、風俗各種面貌，更理解當時佛陀制戒因緣與背景。以下略述部分章節所進行的探究。

第二章對於佛教的論書形成背景的掌握，本章認為「摩呾理迦」的兩種：「法」的與「律」的在佛教的論書裡有很重要的地位。可以說它是最早的形式，也最能保留佛陀的教法。特別是《毘尼母經》的「摩呾理迦」含有原始佛教僧伽的各種生活起居、行事作務的相關規定的面貌，也可以說它是根本律的基礎。

為了能清楚了解原始佛教僧伽的行事作務而進行第三章——「羯磨」。經過詮釋「羯磨」的幾項目如羯磨的對象、白二羯磨、白四羯磨、應止羯磨、不應止羯磨、擯出羯磨、呵責羯磨、失性羯磨、止語羯磨、依法羯磨、依人羯磨等，筆者了解到原始僧團的「羯磨」儀式。這儀式對僧團來說非常重要，它能規範僧侶們的言行舉止，除了修行利益之外，也不致使俗人們造成誤解而毀謗。

第四章就是透過分析、詮釋受具足戒的儀式進行了解「受具」的原意並

了解到當時受具多種方式。如比丘有善來受具、三語受具、白四羯磨受具、佛聽受具、上受具；比丘尼也有隨師教而行受具、白四羯磨受具、遣使現前受具、善來受具及上受具。

　　第五章論述僧團布薩制度。透過分析詮釋布薩（說戒）的制度筆者了解到布薩的起源與日期，同時也知道布薩的儀式仍然保存到現在，具體於略說戒的規定、不得不誦戒、止說戒或者不成說戒的理由，顯出布薩制度對僧團非常重要。

　　「安居」與「自恣」在原始佛教僧團也不能缺少，這個內容表示於本文第六章。透過其分析筆者了解到僧團安居起源與意義、安居的限期、並且也明白安居的羯磨的儀式如受安居法、出外界方式與破安居法等。同時透過分析、詮釋自恣的意義而了解自恣的羯磨也要進行幾個自恣法如「與自恣欲」、「取自恣欲」、「止自恣」等。

　　第七章所研究到是原始佛教的「破僧」與懺悔滅罪的方法。對於「破僧」來說就有了兩種：「破法輪僧」就從提婆達多開始而「破羯磨僧」可以說從部派分裂開始。對於懺悔滅罪的方法筆者透過分析、詮釋當時所有的罪相而進一步了解到佛弟子犯了任何罪名，都有其「懺悔」的方式來除罪。

　　僧眾日常生活中一般所需要的有四事如衣服、飲食、臥具、醫藥，所以本文的第八章研究到佛陀時代僧眾所用「衣」與「藥」。「衣」指僧眾所用的「袈裟」。常用有三衣如安陀會、鬱多羅僧和僧伽黎，另外還有糞掃衣、迦絺那衣。透過分析各種「衣」，筆者更了解到它們的用途與受衣方式。對於「藥」，筆者也進一步明白佛陀時代的各種藥與其用藥規定。

　　第九章筆者進行分析僧眾除了四事之外尚有用具如畜缽法、熏缽爐、絡囊、應畜物、不應畜物、洗足器、針筩、臥具、革屣、拂、扇、蓋、鏡等，從此分析筆者知道它們的由來與用法規定。另一方面本章也說出僧眾的雜事如入眾法、入眾坐法、入聚落乞食法、嚼楊枝法、洟唾法、摘齒法等。

　　如果跟《十誦律》、《毘尼摩得勒迦》、《僧祇律》的「摩咀理迦」比較起來（請參考附錄），我們了解到《毘尼母經》本較廣，而說一切有部本（《十誦律》和《毘尼摩得勒迦》），最為詳廣。特別，於「上座」事，《僧祇律》本，有（140）「上座布薩」、（141）「第二上座布薩」，（143）「上座食」，（144）「第二上座食」──四項。而《毘尼母經》本，有（176）「去上座」，（179）「非時上座集法」，（181）「法會上座」，（183）「說者眾上座」，（189）「眾中說法

眾上座」,（194）「安居中上座」,（205）「浴室上座」,（214）「入家中上座」
——八項。而《毘尼摩得勒迦》本,廣列（212）「眾僧上座」,（213）「林上
座」,（239）「阿練若比丘上座」,（241）「聚落中上座」,（243）「客上座」,（245）
「行上座」,（247）「洗足上座」,（249）「集上座」,（251）「說法上座」,（254）
「非時僧集上座」,（259）「安居上座」,（264）「安居中上座」,（268）「說戒
上座」,（274）「浴室上座」,（285）「白衣家上座」,（296）「廁上座」,（303）
「小便上座」——十七項。由此可知,《僧祇律》（大眾部）的條列最少,上
座部,說一切有部本,條列最為詳備,也就可見上座地位的特別受到重視了。
又如《毘尼母經》（98）「五百結集」,（99）「七百結集」,（100）「毘尼緣」是
毘尼藏略說;（101）「大廣說」（說一切有部本,分為「白」、「黑」二類）是
結集經律的取捨標準。說一切有部本相同,而《僧祇律》本卻沒有「大廣說」。
此下,《毘尼母經》自（102）「和合」起,（108）「有癱聽」止;（116）「方」
起,（119）「漿」止,共 　 一項目。《毘尼摩得勒迦》本,自（111）「等因」起,
（120）「酢漿淨」止,共十項,都是「淨法」。這部分,《毘尼母經》本沒有,
這是值得我們研究的問題。

第二節　戒律實踐的要義

　　戒律是佛教倫理道德最具代表的體現,也是一切佛法的基礎。戒律在佛
典中有時稱做「城塹」的意思,是說它是防禦罪惡災害的堅強堡壘;有時也
稱做「根本」,意思是說,它是求解脫利益的堅固基石;有時更把它也稱做「莊
嚴具」、「塗香」、「熏香」,主要意思是說,它是使我們思想純潔,品行端正,
增長善法,獲得種種善譽的法寶,使整個教團清淨和樂,戒律有最極豐富的
內容。

　　但有人覺得戒律於當今世代,早就有不適用之處了;甚至有人說佛制的
戒律已過時了。那麼戒律是否過時?在今天這個時代,如何認識戒律的價值?
如何繼承戒律,發揮戒律在現實僧團中的作用?對於這些問題,筆者認為應
該從佛陀制戒的緣起及意義中領會。唯有認識佛陀最初制戒的意義,才能更
完整地認識戒律的價值,發揮戒律在當代僧團中的作用。

　　佛陀制戒的精神意義可分為「根本精神」與「實踐精神」。

　　戒律的根本精神意義,就是佛教的精神宗旨。在許多經典裡都提到的「七

佛通偈」，〔註1〕就是此種精神的最好寫照，即是整個佛教的總體面貌如「諸惡莫作，眾善奉行；自淨其意，是諸佛教。」

第一句「諸惡莫作」，可涵攝一切禁止性的戒條。第二句「眾善奉行」，則盡攝「十善業道」〔註2〕乃至一切「饒益有情」〔註3〕作爲性的戒條。第三句「自淨其意」是戒的根本問題，意義至爲深廣。如果說前二句性質爲「身」及「口」二業的清淨——即行爲的表現問題，則此第三句性質爲「意」業——即一切外表戒行所從出者。

事實上，在佛陀制第一條淫戒之前，已轉法輪十二年；在此期間，就是以此通偈及「護口意清淨，身行亦清淨。淨此三行跡，修行仙人道」等偈，以作攝眾的規範而已。這些偈的內容同七佛通偈並沒什麼大差異。後來制定了數以百計的戒條，亦無非是從這「通偈」流出，亦即是這一根本精神的具體化與細密化。

戒律的實踐精神表現在多方面，包括受戒的慎重、持戒的教化意義、還淨之法等。

〔註1〕 「七佛通偈」：即「七佛通戒偈」乃指過去七佛通戒之偈頌。迄今仍爲佛教徒所傳誦。此偈之義，依增一阿含經卷一序品（大二·五五一上）：「四阿含義，一偈之中盡具足諸佛之教及辟支佛、聲聞之教。所以然者，諸惡莫作，戒具之禁，清白之行；諸善奉行，心意清淨；自淨其意，除邪顛倒；是諸佛教，去愚惑想。」因諸佛出世之初，弟子清淨，不須別制禁戒，但以一偈通爲禁戒，故又稱通戒、略戒。又據增一阿含經卷四十四載，過去七佛之偈頌爲：（一）毘婆尸佛：忍辱爲第一，佛說無爲最，不以剃鬚髮，害他爲沙門。（二）試結（尸棄）佛：若眼見非邪，慧者護不著，棄捐於眾惡，在世爲點慧。（三）毘舍羅婆（毘舍婆）佛：不害亦不非，奉行於大戒，於食知止足，座床亦復然，執志爲專一，是則諸佛教。（四）拘樓孫佛：譬如蜂採花，其色甚香潔，以味惠施他，道士游聚落，不誹謗於人，亦不觀是非，但自觀身行，諦觀正不正。（五）拘那含牟尼佛：執志莫輕戲，當學尊寂道，賢者無愁憂，當滅志所念。（六）迦葉佛：一切惡莫作，當奉行其善，自淨其志意，是則諸佛教。（七）釋迦牟尼佛：護口意清淨，身行亦清淨，淨此三行跡，修行仙人道。後世佛教所通用之通戒偈乃迦葉佛之偈，但文字上略有不同，即《增一阿含經》卷一，阿難所引「諸惡莫作，諸善奉行，自淨其意，是諸佛教」四句。（佛光大辭典，頁5464）。

〔註2〕 「十善業道」：即：（一）殺生；（二）偷盜；（三）邪淫；（四）妄語；（五）兩舌，即說離間語、破語；（六）惡口，即惡語、惡罵；（七）綺語，即雜穢語、非應語、散語、無義語，乃從染心所發者；（八）貪欲，即貪愛、貪取、慳貪；（九）瞋恚；（十）邪見，即愚癡。依此順序，屬身業者三，屬口業者四，屬意業者三，稱爲「身三、口四、意三」。

〔註3〕 「饒益有情」即「三聚淨戒」（tri-vidhāniśīlāni）之一。「三聚淨戒」爲：攝律儀戒；攝善法戒；攝眾生戒（又作饒益有情戒）。

（一）受戒的愼重

比起捨戒的容易，佛教的任何戒（包括五戒、八戒、五眾出家戒及菩薩戒）的授受均有一定的儀軌，還有年齡等等的限制，可謂相當愼重。有些地方且演變爲過分嚴重了，變成不合理的苛細，有悖根本佛教的原意。約要以言，佛教戒律的授受，不僅在求律條的認識與遵守而已，更重要的是通過受戒的儀式便是身份的取得（如未受具足戒，根本就不是僧尼），故授受戒律的儀式具有實質的意義，其愼重是理所當然的。

（二）教化意義

禁止爲惡性質的戒條，雖然旨在規範個人行爲，強調出家眾個人去堅守，但佛教極重視集體的力量，以達「毘尼清淨」之目的。故有關布薩說戒（每半個月說波羅提本叉）、每年夏安居後的「自恣」制度、犯較重的罪須通過「羯磨」程式以求懺悔清淨等等，無非在發揮強大的集體教化力量，在這種力量所形成的氣氛籠罩的環境中，個人受到督責與熏習，自然較易生起持戒的效果。

（三）還淨之法

懺悔是犯戒的解決方法。除了大罪（如四波羅夷）必須擯出僧團者外，佛門弟子犯了任何戒條，只要透過「懺悔」程序，便可回復其清淨之身；如屬比丘及比丘尼，亦回復其僧權。至於「僧殘」中的別住、「舍墮」罪的捨棄不應持有之財物等，也是懺悔的方法之一。實際上，絕大多數的罪條，只要自己內心切實悔過並不再犯即可。

另一個方面，佛陀制戒應時、應地、應事、因人而制；並非事先所施設的。換言之，戒律是由因緣所顯，既然它是因緣所顯，就有它的普遍性，也有局限性的。

其普遍性在於，戒律是針對人性弱點制定，這種弱點存在於任何時代、任何地區。其局限性在於，戒律的制定離不開特定的文化背景、法律法規和當時的習俗、觀念，尤其是「息世譏嫌戒」部分，是和特定習俗發生衝突後才制定的。具體表示：

※戒律的局限性

有些戒律和特定因緣有關，但這些文化背景、法律法規卻是變化的。比如盜戒，雖是屬於性罪，在任何時代、任何地區都是不道德的行爲。但盜戒有輕重之分，所謂重罪，在印度屬於判處死刑的罪。究竟偷多少東西才能判

爲重罪呢？其衡量標準是因地制宜的。佛陀制定盜戒時，根據當時摩揭陀國的法律規定，只要盜了五錢以上就屬於重罪，五錢以下則是輕罪。可見，佛陀對罪的判決是有特定背景的。

此外，比丘戒中不可鋤草、掘地等戒條，則和印度習俗有關。在印度，婆羅門的一生分爲兒童教養期、成家立業期、森林期（遁世潛修）幾部分。完成世俗責任後，就會拋家舍業，前往山林修行。這種重視精神生活的傳統，使印度各種宗教特別發達，民眾也以供養修行人爲榮。所以，印度的出家人多以乞食爲生，沒人覺得乞食是低人一等，是不勞而獲。相反，如果出家人去種地經商，反而會遭人譏嫌。

但這種傳統卻很難爲中國社會所容，所以乞食制度在中國始終沒有普遍實行過。俗話說，「饞當廚子懶出家」，這就充分反映了社會對出家人接受供養的偏見。如果再去乞食，就更容易遭人誤解甚至誹謗。根據這種國情，所以各位祖師提倡的就不是乞食，而是「一日不作，一日不食」

※戒律的普遍性

雖然戒律有特定的時代背景，但也有其普遍性。因爲戒律是針對人性弱點制定，這種弱點在任何時代都有其共同性。比如貪、嗔、癡，不論古今中外，只要還是凡夫，就離不開貪、嗔、癡，離不開殺、盜、淫、妄的行爲。

戒律的制定，正是爲了對治殺、盜、淫、妄，再從根本上對治貪、嗔、癡。所以，律中有許多關於衣、食、住的規定非常細緻。通過這些具體規範，幫助我們減少對物欲的貪著。

凡夫的生活，是充滿貪著的生活。因爲有貪心，就會不斷產生需求，進而試圖佔有。戒律，就是通過遠離而減少貪著。從這個意義上說，戒律永遠不會過時。因爲凡夫都有這些弱點，要改變這些無始以來的不良習氣，就離不開持戒。

因此想正確看待戒律，要避免兩個極端，一方面看到它的普遍性，一方面了解它的局限性。戒律的普遍性，就是佛陀制戒的精神。比如乞食、樹下坐等頭陀行，雖然就形式來說，在今天的環境很難長期執行，但這種簡樸的精神卻是我們必須繼承的，因爲這是修行的增上緣，是和解脫相應的生活。它所傳達的精神，在任何時代都是有現實意義的。

但也有一些戒，如不得立大小便之類，那是因爲印度的出家人穿裙子，但我們今天執行起來，可能對修行的意義並不是很大。如果一定要機械照辦，

反而會使某些人因此產生情緒矛盾，因而增加普及戒律的難度，這便需要靈活把握其要義。

全面了解戒律的普遍性和局限性，立足於佛陀制戒的根本精神及開、遮、持、犯（開，許可之意；遮，禁止之意。又作開制、遮開是戒律用語，即於戒律中，有時要開許，有時要遮止。小乘戒之戒法較嚴，並無開許；大乘戒法則本慈悲願行，與活用戒法之精神，時有開許，稱爲開、遮、持、犯，是大乘戒之特徵）的原理，才能更好地傳承戒律及弘揚戒律，使之在現實僧團發揮更大的作用。

另外，我們也該了解到戒律精神隨時隨行，具體於《五分律》中，佛陀明確告訴弟子們：

> 雖是我所制，而於余方不以爲清淨者，皆不應用。雖非我所制，而於余方必應行者，皆不得不行。〔註4〕

雖然是佛陀制定的戒律（主要指息世譏嫌戒），如果在其他地方執行起來和當地民俗、法律產生很大衝突，就不必執行。雖然在戒經中沒有相關規定，但在其他地方卻必須去做，否則就會引起大家譏嫌，甚至影響僧團乃至佛教的整體形象。所以就應該根據實際情況制定相應法規。這段開示，充分體現了佛陀民主、開放的態度。

當今發生的很多新鮮事物，如去卡拉 OK、電子遊戲、炒股票等等，都是佛陀時代所沒有的，也是戒律不曾規定的，但只要我們去做，一定會引起世人譏嫌，就要堅決禁止，不能因爲戒律無此條文就任意妄爲。

想讓大家進一步了解戒律隨時與隨行的精神，筆者略述三壇大戒制度於中國、台灣、越南爲何？

1、中國的戒壇制度

關於中國戒壇之始建，根據《佛祖統紀》卷第三十六記載：

> （元嘉）十一年，求那跋摩於南林寺立戒壇爲僧尼受戒，爲震旦戒壇之始。時師子國比丘尼八人來，未幾，復有尼鐵索羅三人至。足爲十眾，乃請僧伽跋摩爲師，爲景福寺尼慧果等，於南林戒壇依二眾重受具戒，度三百餘人。〔註5〕

由此可知，劉宋元嘉十一年（434）罽賓國沙門求那跋摩於南林寺建立戒壇，

〔註4〕 《五分律》第 22 卷，大正藏 22，頁 153a。
〔註5〕 〔宋〕志磐，《佛祖統紀》第 36 卷，大正藏 49，頁 344c。

為中土僧尼傳授具足戒，這是中國建立戒壇的最早記錄。〔註6〕晉、宋以來，中國南方所裡戒壇甚多，至唐初為止，自渝州（今重慶）以下至江淮（江蘇、安徽）之間，統計戒壇有三百餘所，然諸戒壇之形制已不可考。至唐乾封二年（667），道宣律師於終南山淨業寺建立三層式戒壇；〔註7〕至此，中國戒壇才開始有了制度化與固定的形式。道宣律師之《關中創立戒壇圖經》〔註8〕一卷的行世，該書對戒壇之起源、名稱、形狀、高下廣狹等規格，均有詳細的記載。道宣律師以後，建壇之風遍行全中國，官制與私設之戒壇皆有，名稱亦有種種的不同。

近代以後的中國佛教，已失卻其健全漸趨於危險的狀態，其原因是多方面的，但主要在於律風之不振。昔十誦宏盛於關中，四分光大於隋唐，都已成為過去的歷史，只能令人追慕而已。其實，自南宋以後，戒律的弘揚，就已經趨於式微了。到了元代蒙人入宋以後，中國的佛教，已是強弩之末的時期，律宗更是顯得門庭冷落。同時，由於禪宗一度盛行，對唐宋之間律學的撰述，無人問津，許多重要的律學典籍也就逐漸散失殆盡。明朝末葉，弘律的大德，又相續而起，如蓮池、智旭、弘贊、元賢等均有律學著述存世。與蓮池大師同時的古心律師，專弘戒法。另寂光三昧律師有著名的弟子香雪及見月二律師，亦極力弘揚戒律。此一時期，戒律的振興又顯出了一線希望的曙光。可是，自香雪與見月二律師之後，弘揚戒律的法師又廖若晨星。戒律的書有《南山鈔記》、《東瀛四分律行事鈔資持記釋》、《四分律刪繁補闕行事鈔》等律部要典，並著有《南山道宣律師弘傳佛教年譜》、《四分律比丘戒相表記》、《南山律在家備覽略編》、《隨機羯磨隨講別錄》等三十二種。尤其《四分律比丘戒相表記》一書，是精簡古人繁瑣的律典而成的一部律學方面「經典性」的力作，對戒律的弘揚具有不可替代的作用。

2、台灣的傳戒狀況

台灣的傳戒狀況表示在三壇受戒是初壇沙彌、二壇比丘、三壇出家菩薩。

〔註6〕 道宣《關中創立戒壇圖經》，大正藏45，頁812c。

〔註7〕 道宣律師所建之戒壇，「其制凡三層，下層縱廣二丈九尺八寸，中層縱廣二丈三尺，上層畟方七尺。其高度下層三尺，中層四尺五寸，上層二寸，總高七尺七寸；周圍上下有獅子神王等雕飾。」（藍吉富主編，《中華佛教百科全書》，中華佛教百科文獻基金會，1994，頁4581～4582）。

〔註8〕 道宣《關中創立戒壇圖經》，大正藏45。

　　依照《傳戒正範》，〔註9〕三壇中的每一壇都有三次佛事，其一是「請戒」，
其二是「懺摩」，其三是「正授」。「正授」之前，必先「請戒」，用來表示對於
戒法和戒師的尊重、恭敬，又必須「懺摩」前安慰，藉以求得身口意三業清淨。
所以，正授的前一天，會預先請三師和尚臨壇爲受戒者開示受戒的意義，名稱
「請戒開導」（或稱「說戒開導」）。〔註10〕上午請戒完畢，當天晚上，由羯磨和
尚領導新戒子與佛前懺悔業障，期能於隔天正授時，順利求得清淨戒。

　　根據《三壇大戒佛事問答唱誦簡則》〔註11〕所列，初壇傳授沙彌（尼）
戒之儀式作法如下：

　　（一）請戒：1. 請引禮師；2. 請戒和尚（三師齊請）；3. 請戒開導。

　　（二）懺摩：1. 持咒淨壇；2. 請羯磨和尚；3. 和尚開導；4. 審五逆、
　　　　　　十惡之戒障；5. 懺悔；回向。

　　（三）正授：1. 請引禮師；2. 請戒和尚；3. 羯磨、教授阿闍黎；4. 請
　　　　　　戒開導；5. 請聖；6. 懺悔；7. 問遮難；8. 皈依；9. 結皈；10. 說
　　　　　　戒相；11. 傳五衣偈；12. 受五衣文；13. 搭五衣咒；14. 傳七衣
　　　　　　咒；15. 傳鉢偈；18.受鉢文；19. 裝鉢念咒；20. 傳臥具偈；21. 受
　　　　　　具文；22. 展具咒；23. 聽教囑；24. 回向。

3、越南傳戒狀況

　　越南的傳戒狀況也表示壇受戒是初壇沙彌戒、二壇比丘戒、三壇出家菩
薩戒。不過，三壇的儀式跟台灣不一樣，因爲受沙彌尼戒之後，還要兩年受
式叉摩那戒才能受比丘尼戒，所以在受戒時，越南還有式叉摩那壇。

　　依照《戒壇僧》，〔註12〕受戒者在傳戒一個月之前必要拜三千佛，目的讓
受戒者業障消除，始得清淨戒。受戒之前也要考試，包括口試與筆試，由教
會審核及格才能受戒。

　　一般，每次三壇大戒總有三天，第一天傳沙彌（沙彌尼）與式叉摩那戒，
第二天傳比丘（比丘尼）戒，第三天傳菩薩戒。僧尼分開立壇，後來式叉摩
那在尼戒壇求受比丘尼之後，當天之中還要到達僧戒壇求受戒相，且不能隔

〔註9〕　《傳戒正範》，續藏60。
〔註10〕　《薩婆多毘尼毘婆沙》卷一：「凡欲受戒，先與說法，引導開解，令於一切眾
　　　　生生起慈愍心，既得增上心，便得增上戒」（大正藏23，頁507a。）
〔註11〕　慈雲寺傳戒會，《三壇大戒佛事問答唱誦簡則》，高雄市，1992。
〔註12〕　善和和尚，《戒壇僧》，胡志明出版社，1999。（原本越南文：H.T Thích Thiện Hòa,
　　　　" Giới Đàn Tăng", NXB, TP Hồ Chí Minh, 1999）。

夜。求受戒相之後，新受戒的比丘尼們必須留在僧戒壇一起受菩薩戒。

　　傳戒儀式如下：1、請戒師登臨戒場；2、恭請安當職事；3、恭請戒師登壇；4、問遮難；5、傳戒；6、傳衣；7、受衣；8、受濾水囊；9、聽教囑；10、回向。

　　我們看到，不論在台灣還是在中國或越南，戒律雖然呈現出不同的風貌，然而其根本精神卻沒有改變，那就是化世導俗、護法安僧。每個國家與地區都將因其文化不同之背景而訂定其相應戒法之規章。

第三節　期　許

　　實踐佛法，無論如何，一定要以戒、定、慧三學爲重。因爲戒是定之根，定是慧之體，慧是定之用。持戒清淨心則安，心安則可定，定生則慧成。《六祖壇經》的〈定慧品〉記載：「即定之時，慧在定，即慧之時，定在慧。」〔註13〕無戒難生定，無定難生慧；無慧難生定，無定難生戒。無慧無定，戒難守，無慧無戒，定難靜，無戒無定，慧難生。戒、定、慧相輔相成，鼎立穩固三角關係，缺一既斜，無戒定慧，難行聖事。因此，想用智慧斷一切煩惱，達到解脫，不可不守戒律，不可以自己之意而以爲某些戒條已不合時宜，就把它刪掉。如果每個人都有這樣的想法，那麼未來佛教會怎麼樣？

　　研究原始佛教的戒律問題，筆者希望自己本身與讀者，對戒律能夠有更深一層地了解。戒律是僧伽生活的準繩的，是學佛者所要學的。因爲修行佛法者的目的是斷煩惱，得解脫，而戒律是解脫道的階梯，我們不遵守它，解脫道就走不通了。可知，戒律對修行者非常重要，所以世尊進入涅槃前，教示弟子們：「汝等比丘！於我滅後，當尊重、珍敬波羅提木叉，如闇遇明、貧人得寶，當知此則是汝等大師。若我住世，無異此也。」〔註14〕所以修行者對戒律非持守不可。

〔註13〕楊曾文　校寫，《六祖壇經》，宗教文化出版社，2001，頁135。
〔註14〕《遺教經論》，第一卷，大正藏26，頁283c。

參考文獻

一、古文獻

（一）經典部分

1. 佛陀耶舍共竺佛念譯《長阿含經》卷2，大正藏第01冊。
2. 佛陀耶舍共竺佛念譯《長阿含經》卷3，大正藏第01冊。
3. 佛陀耶舍共竺佛念譯《長阿含經》卷4，大正藏第01冊。
4. 佛陀耶舍共竺佛念譯《長阿含經》卷5，大正藏第01冊。
5. 佛陀耶舍共竺佛念譯《長阿含經》卷8，大正藏第01冊。
6. 佛陀耶舍共竺佛念譯《長阿含經》卷9，大正藏第01冊。
7. 瞿曇僧伽提婆譯《中阿含經》卷2，大正藏第01冊。
8. 瞿曇僧伽提婆譯《中阿含經》卷6，大正藏第01冊。
9. 瞿曇僧伽提婆譯《中阿含經》卷10，大正藏第01冊。
10. 瞿曇僧伽提婆譯《中阿含經》卷13，大正藏第01冊。
11. 瞿曇僧伽提婆譯《中阿含經》卷24，大正藏第01冊。
12. 瞿曇僧伽提婆譯《中阿含經》卷32，大正藏第01冊。
13. 瞿曇僧伽提婆譯《中阿含經》卷35，大正藏第01冊。
14. 瞿曇僧伽提婆譯《中阿含經》卷51，大正藏第01冊。
15. 瞿曇僧伽提婆譯《中阿含經》卷52，大正藏第01冊。
16. 瞿曇僧伽提婆譯《中阿含經》卷144，大正藏第01冊。
17. 求那跋陀羅譯《雜阿含經》卷14，大正藏第02冊。
18. 求那跋陀羅譯《雜阿含經》卷15，大正藏第02冊。

19. 求那跋陀羅譯《雜阿含經》卷 17，大正藏第 02 冊。

20. 求那跋陀羅譯《雜阿含經》卷 20，大正藏第 02 冊。

21. 求那跋陀羅譯《雜阿含經》卷 24，大正藏第 02 冊。

22. 求那跋陀羅譯《雜阿含經》卷 26，大正藏第 02 冊。

23. 求那跋陀羅譯《雜阿含經》卷 28，大正藏第 02 冊。

24. 求那跋陀羅譯《雜阿含經》卷 29，大正藏第 02 冊。

25. 求那跋陀羅譯《雜阿含經》卷 30，大正藏第 02 冊。

26. 瞿曇僧伽提婆譯《增壹阿含經》卷 4，大正藏第 02 冊。

27. 瞿曇僧伽提婆譯《增壹阿含經》卷 5，大正藏第 02 冊。

28. 瞿曇僧伽提婆譯《增壹阿含經》卷 20，大正藏第 02 冊。

29. 瞿曇僧伽提婆譯《增壹阿含經》卷 28，大正藏第 02 冊。

30. 瞿曇僧伽提婆譯《增壹阿含經》卷 30，大正藏第 02 冊。

31. 安法欽譯《阿育王傳》卷 4，大正藏第 50 冊。

32. 僧伽婆羅譯《阿育王經》卷 6，大正第 50 冊。

33. 玄奘譯《大般若經》卷 12，大正藏第 08 冊。

34. 求那跋陀羅譯《佛說十二頭陀經》，大正藏第 17 冊。

35. 釋道世集《諸經要集》卷 20，大正藏第 54 冊。

36. 智昇撰《開元釋教錄》卷 13，大正藏第 55 冊。

37. 玄奘譯《大唐西域記》卷 2，大正藏第 51 冊。

38. 義淨撰《南海寄歸內法傳》卷 2，大正藏第 54 冊。

（二）律典部分

1. 失譯《毘尼母經》八卷，大正藏第 24 冊。

2. 佛陀耶舍共竺佛念等譯《四分律》60 卷，大正藏第 22 冊。

3. 弗若多羅譯《十誦律》61 卷，大正藏第 22 冊。

4. 佛陀什共竺道生等譯《五分律》30 卷，大正藏第 23 冊。

5. 佛陀跋陀羅共法顯譯《摩訶僧祇律》40 卷，大正藏第 22 冊。

6. 佛陀耶舍譯《四分律比丘戒本》，1 卷，大正藏第 22 冊。

7. 佛陀耶舍譯《四分僧戒本》，1 卷，大正藏第 22 冊。

8. 求那跋摩譯《四分比丘尼羯磨法》，1 卷，大正藏第 22 冊。

9. 釋元照撰《四分律行事鈔資持記》，12 卷，大正藏第 40 冊。

10. 釋元照撰《釋四分律含注戒本疏科》，4 卷，續藏第 39 冊。

11. 釋道宣集《四分律刪補隨機羯磨》2 卷，大正藏第 40 冊。

12. 曇諦《羯磨》，1 卷，大正藏第 22 冊。

13. 釋道宣撰述《四分律刪繁補闕行事鈔》，4 卷，大正藏第 40 冊。

14. 釋弘贊輯《四分律名義標釋》卷 4，續藏第 44 冊。

15. 釋弘贊輯《四分律名義標釋》卷 11，續藏第 44 冊。

16. 釋弘贊輯《四分律名義標釋》卷 24，續藏第 44 冊。

17. 釋道宣《關中創立戒壇圖經》，1 卷，大正藏第 45 冊。

18. 義淨譯《根本說一切有部毘奈耶藥事》卷 1，大正藏第 24 冊。

19. 義淨譯《根本說一切有部毘奈耶雜事》卷 10，大正藏第 24 冊。

20. 義淨譯《根本說一切有部毘奈耶雜事》卷 19，大正藏第 24 冊。

21. 義淨譯《根本說一切有部毘奈耶雜事》卷 33，大正藏第 24 冊。

22. 義淨譯《根本說一切有部毘奈耶雜事》卷 40，大正藏第 24 冊。

23. 僧伽跋摩譯《薩婆多部毘尼摩得勒伽》卷 5，大正藏第 23 冊。

24. 僧伽跋摩譯《薩婆多部毘尼摩得勒伽》卷 6，大正藏第 23 冊。

25. 智旭彙釋《重治毘尼事義集要》卷 11，續藏第 40 冊。

26. 智旭彙釋《重治毘尼事義集要》卷 12，續藏第 40 冊。

27. 智旭彙釋《重治毘尼事義集要》卷 13，續藏第 40 冊。

28. 失譯《薩婆多毘尼毘婆沙》卷 1，大正藏第 23 冊。

29. 失譯《薩婆多毘尼毘婆沙》卷 2，大正藏第 23 冊。

30. 《律戒本疏》大正藏第 85 冊。

31. 義淨譯《根本薩婆多部律攝》卷 9，大正藏第 24 冊。

32. 普潤大師編《翻譯名義集》卷 7，大正藏第 54 冊。

33. 普潤大師編《翻譯名義集》卷 8，大正藏第 54 冊。

34. 《翻梵語》卷 3，大正藏第 54 冊。

35. 讀體彙集《毘尼日用切要》，續藏第 60 冊。

36. 失譯《大比丘三千威儀》，卷下，大正藏第 24 冊。

37. 讀體撰《傳戒正範》，三卷，續藏第 60 冊。

38. 志磐，《佛祖統紀》卷 36，大正藏第 49 冊。

（三）論典部分

1. 玄奘譯《說一切有部發智大毘婆沙論》卷 116，大正藏第 27 冊。

2. 玄奘譯《大毘婆沙論》卷 126，大正藏第 27 冊。

3. 鳩摩羅什譯《大智度論》卷 3，大正藏第 25 冊。

4. 鳩摩羅什譯《大智度論》卷 33，大正藏第 25 冊。

5. 玄奘譯《瑜伽師地論》卷 13，大正藏第 30 冊。

6. 玄奘譯《瑜伽師地論》卷 25，大正藏第 30 冊。

7. 玄奘譯《瑜伽師地論》卷 81，大正藏第 30 冊。

8. 玄奘譯《瑜伽師地論》卷 85，大正藏第 30 冊。

9. 玄奘譯《瑜伽師地論》卷 99，大正藏第 30 冊。

10. 玄奘譯《瑜伽師地論》卷 100，大正藏第 30 冊。

11. 世友菩薩造《異部宗輪論》，大正藏第 49 冊。

12. 法寶撰《俱舍論疏》卷 1，大正藏第 41 冊。

13. 玄奘譯《阿毘達磨集異門足論》卷 7，大正藏第 26 冊。

二、學術專書

（一）中文專書

1. 印順法師，《原始佛教聖典之集成》，台北：正聞出版社，1971。

2. 印順法師，《說一切有部爲主的論書與論師之研究》，台北：正聞出版社，1992。

3. 印順法師，《戒律學論集》，台北：正聞出版社，1994。

4. 印順法師，《初期大乘佛教之起源與開展》，台北：正聞出版社，1992。

5. 印順法師，《印度佛教思想史》，台北：正聞出版社，1993。

6. 印順法師，《教制教典與教學》，新竹：正聞出版社，1990。

7. 釋聖嚴，《戒律學綱要》，台北：法鼓文化出版，1999。

8. 釋聖嚴，《佛教制度與生活》，台北：東初出版社，1990。

9. 釋聖嚴，《律制生活》，台北：法鼓文化出版，1996。

10. 釋智諭，《四分律拾要鈔》，西蓮淨苑出版社，1987。

11. 釋從信，《戒律學疑難》，圓明出版，1995。

12. 釋昭慧，《律學今詮》，新竹：正聞出版社，2004。

13. 釋能融，《律制、清規及其現代意義之探究》，台北：法鼓文化，2003。

14. 釋惠敏《戒律與禪法》，台北：法鼓文化，1999。

15. 楊郁文著，《阿含要略》，法鼓文化，1993。

16. 黃俊威，《早期部派佛教阿毘達磨思想起源的研究》，初稿，1999。

17. 張曼濤主編，《律宗概述及其成立與發展》，台北：大乘文化出版社，1978。

18. 張曼濤主編，《律宗思想論集》，台北：大乘文化出版社，1978。

19. 林崇安著，《印度佛教的探討》，慧炬出版社，1995。

20. 于凌波著,《釋迦牟尼與原始佛教》,東大圖書公司出版社,1993。

21. 佛瑩法師,《毘尼日用切要解》,淨律寺出版社,2008。

22. 慈雲寺傳戒會,《三壇大戒佛事問答唱誦簡則》,高雄市,1992。

23. 楊曾文 校寫,《六祖壇經》,宗教文化出版社,2001。

24. 勞政武著,《佛教戒律學》,宗教文化出版社,1999。

25. 勞政武著,《佛律與國法》,老古文化,2001,修訂版。

26. 慧廣法師著,《懺悔的理論與方法》,高雄:法喜出版社,初版,1989。

27. 佐藤達玄著(釋見憨、鐘修三、歐先足、林證昭譯),《戒律在中國佛教的發展》,嘉義:香光書鄉,1997。

28. 太虛大師著,《整理僧伽制度論》,中壢市:圓光寺印經會,1988。

29. 水野弘元著(如實譯),《原始佛教的特質》,載於藍古富主編【世界佛教名著譯叢】卷1,台北:華宇出版社,1988。

30. 水野弘元著(許洋主譯),《印度的佛教》,台北:法爾出版社,1988。

31. 弘一大師等著,《戒律學要略》,台北:世界佛教出版社,1995。

32. 妙因法師,《律學》,台北:天華出版事業股份有限公司,1987。

(二)英文專書

1. Bechert, Heinz The Law of the Buddhist Sangha: An Early Juridical System in Indian Tradition,東京:法華文化研究所,1992。

2. Bhagvat, Durga N. *Early Buddhist Jurisprudence*(*Theravada Vinaya-Law*), India: Cosmo Publications, 1939.

3. I. B. Horner, *Book of the Discipline*(Vinaya-pitaka), Oxford, 1996.

4. Narada, *Buddha and His Teachings,* Malaysia, Buddhist Missionary Society, 1988.

(三)越南文專書

1. Thích Thiện Siêu, *Cương Yếu Giới Luật*(《戒律綱要》), Nxb Tôn Giáo, HN, 2002.

2. Thích Phước Sơn, *Luật Học Tinh Yếu*(《律學精要》), Nxb Phương Đông, HCM, 2006.

3. Thích Phước Sơn, *Một Số Vấn Đề Giới Luật*(《戒律的一些問題》), Nxb Phương Đông, HCM, 2006.

4. Thích Thanh Kiểm, *Luật Học Đại Cương*(《律學大綱》), Thành Hội Phật Giáo, Tp. HCM, 1992.

5. Thích Trí Thủ, *Yết Ma Yếu Chỉ*(《羯磨要旨》), Nxb Tp. HCM, 2003.

6. Thích Trí Thủ, *Toàn Tập Tâm Như Trí Thủ*(《心如智首全集》), Nxb Tp. HCM,

2001.

7. Thích Thiện Hòa, *Giới Đàn Tăng*（《戒壇僧》）, Nxb Tp. HCM, 1999.

（四）論文與期刊

1. 釋壽樂撰《佛教戒律與環保問題》，法光佛教文化研究所畢業論文，8 月 2003 年。

2. 丁國慶（釋源閣）撰《原始佛教戒學之初探以「小小戒可捨」爲中心》，華梵大學東方人文思想研究所碩士畢業論文，12 月 2007 年。

3. 阮氏秋月撰《女眾出家在部派佛教中的地位——以十誦律受戒事爲中心》，華梵大學東方人文思想研究所碩士畢業論文，5 月 2004 年。

4. 釋清德著，《印順法師戒律與教制觀之研究》，中華佛學研究所，1992。

5. 釋能融，〈早期佛教僧眾教育略談〉，《中華佛學研究學報》第四期（3 月 2000 年）。

6. 釋昭慧，〈弘一大師著《四分律比丘戒相表記》在律學上之地位與特色〉，《玄奘佛學研究學報》第十期（11 月 2008）。

（五）工具書

1. 荻原雲來編纂，《漢譯對照梵和大辭典》，台北：新文豐出版公司，1988。

2. 《佛光大辭典》（光碟、第三版），高雄：財團法人佛光山文教基金會出版，2003。

3. Monier-Williams, *A Sanskrit-English Dictionary*, Oxford, Revised edition Delhi, 1964）.

4. Robert E. Buswell, Jr. , *Encyclopedia of Buddhism*, the United States of America, 2003.

附錄　各部律的「摩呾理迦」對照

律名 數目	《毘尼母經》 （238）	《十誦律》 （318）	《毘尼摩得勒迦》 （312）	《僧祇律》 （209）
1	受具足	受具足戒	受具足戒	受具足
2	得受具	應與受具足戒	應與受具足戒	不名受具足
3	不得受具	不應與受具足戒	不應與受具	支滿（可受具足）
4	可得受具	得具足戒	得具足戒	不清淨（不得受 其足）
5	不（可）得受具	不得具足戒	不得具足戒	羯磨
6	業（羯磨）	二種羯磨	羯磨	羯磨事
7	應止羯磨	羯磨事	羯磨事	折伏羯磨
8	不應止羯磨	遮羯磨	羯磨處	不共語羯磨
9	擯出羯磨	不遮羯磨	非處羯磨	擯出羯磨
10	聽入僧羯磨	出羯磨	擯羯磨	發喜羯磨
11	呵責羯磨	捨羯磨	捨羯磨	舉羯磨
12	諫法	苦切事	苦切羯磨	別住
13	緣事	出罪事	出罪羯磨事	摩那埵
14	調伏	因緣事	不止羯磨	出罪
15	舍摩陀	語治事	止羯磨	應不應羯磨
16	捨戒	還戒	捨戒	隨順行捨
17	不捨戒	不捨戒	非捨戒	他邏吒
18	戒羸	戒羸	戒羸	異住
19	戒羸事	戒羸不出	戒羸非捨戒	與波羅夷學悔

20	說戒法	除滅事	所作事	覓罪相羯磨
21	不說戒	學	學	舉他
22	宿食大界內食	諍事	諍	治罪
23	共宿食殘宿食	正取事	攝諍事（滅諍）	驅出
24	殘食法	滅事	諍事不滅	異住
25	菓	除滅事	諍滅事	僧斷事
26	池菓	說	說	田地法
27	畜缽法	不說	不說	僧伽藍法
28	畜衣法	獨住法	受	營事法
29	應說	癡羯磨	狂人羯磨	床褥法
30	非法說	不癡羯磨	不狂羯磨	恭敬法
31	不應說	不消供養	墮信施	布薩法
32	失性羯磨	不現前羯磨	不現前羯磨	羯磨法
33	捨	非羯磨	（非）羯磨	與欲法
34	施所墮	善	懺罪	說清淨法
35	羯磨	如法出罪	驅出羯磨	安居法
36	非羯磨	白	白	自恣法
37	毘尼	白羯磨	白羯磨	迦絺那衣法
38	入僧法	白二羯磨	白二羯磨	非迦絺那衣法
39	白	白四羯磨	白四羯磨	捨迦絺那衣法
40	白羯磨	苦切羯磨	苦切羯磨	衣法
41	白二羯磨	依止羯磨	折伏羯磨	看病比丘法
42	白四羯磨	驅出羯磨	不見擯羯磨	藥法
43	別住	下意羯磨	捨擯羯磨	和上阿闍梨共住弟子依止弟子法
44	本事	不見擯羯磨	惡邪不除擯羯磨	沙彌法
45	摩那埵	不作擯羯磨	別住	缽法
46	阿浮呵那	惡邪不除擯羯磨	本日治	粥法
47	犯	別住羯磨	摩那埵	餅法
48	不犯	摩那埵羯磨	阿浮呵那	苿法
49	輕犯	本日治羯磨	別住等四功德	麨法
50	重犯	出罪羯磨	覓罪	漿法
51	殘	別住等四功德	戒聚	蘇毘羅漿法

52	無殘	覓罪相羯磨	犯聚	毘尼法
53	麤惡	阿跋提	不犯聚	障礙不障礙法
54	濁重	無阿跋提	輕罪	比丘尼法
54	非麤惡濁重	輕阿跋提	重罪	內宿內煮自煮
56	須羯磨	重阿跋提	有餘罪	受生肉
57	不須羯磨	殘阿跋提	無餘罪	受生穀
58	集犯	無殘阿跋提	邊罪	自取更受
59	諫法	惡罪	麤罪	皮淨
60	憶念	非惡罪	罪聚	火淨
61	諫時	可治罪	出罪	重物
62	受諫	不可治罪	憶罪	無常物
63	止語	攝罪	鬥諍	癡羯磨
64	止說戒	攝無罪	止鬥諍	見不欲
65	止自恣	語	求出罪	破信施
66	波羅提木义	憶念	遮布薩	革屣法
67	布薩	說事羯磨	遮自恣	屐法
68	自恣	薩耶羅羯磨	內宿食	浴法
69	內宿	誣謗	內熟	香屑法
70	內熟	誣謗發	自熟	杖絡囊法
71	自手作	誣謗滅	捉食	蒜法
72	自取	求聽	（不）受食	覆缽法
73	殘食法	與聽	惡捉	衣紐緤結法
74	根食	用聽	受	腰帶法
75	受迦絺那衣	遮波羅提木叉	不受	帶結法
76	不受	遮自恣	不捨	乘法
77	捨迦絺那衣	內宿	水食	共床臥法
78	不捨	內熟	捨	共坐法
79	可分物	自熟	受迦絺那	共器食法
80	不可分物	惡捉	不受迦絺那	机法
81	重衣物	不受	捨迦絺那	爲殺
82	糞掃衣	惡捉受	不捨迦絺那	肉（蒜）
83	亡比丘衣物	初日受	輕物	皮法

84	養生具	從是出	重物	揩腳物
85	非養生具	食木果	可分物	眼藥
86	與得取	池物	不可分物	眼藥筒
87	不與不得取	受	人物	眼藥籌法
88	應畜物	不受	非人物	傘蓋法
89	不應畜物	捨	攝物	扇法
90	剃髮法	不捨	不攝物	拂法
91	淨肉	可分物	不從他受	刀治
92	故作受用	不可分物	死比丘衣	灌筒法
93	合毘尼	輕物	成衣	剃髮法
94	不合毘尼	重物	糞掃衣	作具（剃具等）
95	人養生具	屬物	灌鼻	破僧
96	非人養生具	不屬物	灌下部	和合僧
97	食果（淨法）	手受物	刀	五百比丘集法藏
98	五百結集	不手受物	剃毛	七百集法藏
99	七百結集	人物	剃髮	略說毘尼
100	毘尼緣	非人物	噉	毀呰
101	大廣說	因緣衣	淨	伎樂
102	和合	死衣	食	香
103	不和合	糞掃衣	作衣	華
104	盡形受藥	灌鼻	果食	鏡法
105	寺中應可作	刀治	非人食	擔法
106	寺中應畜物	活帝治	五百集毘尼	抄繫衣
107	應入林	剃毛	七百集滅毘尼	上樹
108	有瘡聽	剃髮	毘尼因緣	火法
109	大小行處	故用	摩訶漚波提舍	銅盂法
110	房房中所作事	果竄	迦盧漚波提舍	迴向法
111	應二指作法	人用物	等因	眾生法
112	共作法	非人用物	時雜	樹法
113	略問	五百人集毘尼	園林中淨	樵木法
114	應受不應受	七百人集毘尼	山林中淨	華法
115	處所	毘尼攝	堂淨	果法

116	方	黑印	國土淨	種殖
117	隨國應作	大印	邊方淨	聽一年
118	受迦絺那衣利	合藥	方淨	罪法
119	漿法	和合法	衣淨	非罪法
120	夏安居法	僧坊淨法	酢漿淨	治罪法
121	自恣法	林淨法	自恣	滅
122	與自恣欲	房舍淨	與自恣欲	滅事
123	取自恣欲	時淨	取自恣欲	調伏
124	波羅提木叉法	方淨法	說自恣欲	調伏事
125	取布薩欲	國土淨法	布薩	聽法
126	物	衣淨法	與清淨	油法
127	諫	自恣法	受清淨	粉法
128	可分不可分	與自恣法	說清淨	刷法
129	破僧	受自恣法	布薩與欲	梳法
130	房舍	說自恣法	受欲	簪法
131	敷具	布薩法	說欲	塔法
132	敷具處所	與清淨法	清淨	塔事
133	營事	受清淨法	欲清淨	塔龕法
134	相恭敬法	說清淨法	與欲清淨	塔園法
135	蘇毘羅漿	欲法	受欲清淨	塔池法
136	散	與欲法	說欲清淨	枝提
137	香	受欲法	偷婆	供養具
138	雜香澡豆	說欲法	偷婆物	收供養具法
139	藥	清淨法	偷婆舍	難法
140	漿	與清淨法	偷婆無盡功德	上座布薩
141	不中飲酒	欲清淨法	供養偷婆	第二上座布薩
142	屐	與欲清淨法	莊嚴偷婆	一切僧布薩
143	革屣	受欲清淨法	偷婆香華瓔珞	上座食
144	皮	說欲清淨法	有食	第二上座食
145	應畜不應畜	起塔法	粥	一切僧食
146	杖	塔地	佉陀尼	和上教共行弟子
147	絡囊	龕塔法	含消	共行弟子事和上

148	食蒜	塔物無盡	蒲闍尼	阿闍梨教依止弟子
149	剃刀	供養塔法	缽	依止弟子事阿闍梨
150	藏刀處	莊嚴塔法	衣	床敷
151	乘	華香瓔珞法	尼師壇	春末月治房
152	金扇	堅法	鍼	夏安居治房
153	拂	堅堅法	鍼筒	安居竟治房
154	扇	粥法	依止	客比丘治房
155	蓋	噉法	受依止	舊住比丘治房
156	鏡	含消法	與依止	一切盡治房
157	眼藥	食法	捨依止	廁屋大便
158	眼藥箅	缽法	和上	小便法
159	莊飾	衣法	弟子	齒木法
160	歌舞	尼師壇法	供養和上	衣席
161	花鬘瓔珞	鍼法	阿闍黎	簾隔障
162	香	鍼筒法	近住弟子	房舍
163	坐	水瓶法	和上阿闍黎共行弟子近住弟子	涕唾
164	臥具	常用水瓶法	沙彌	缽龕
165	禪帶	和上法	籌量	粥法
166	帶	共行弟子法	臥具	立住法
167	衣鉤紐	阿闍黎法	營知事	經行法
168	擘抄衣	近行弟子法	次第	坐
169	稚弩	和上阿闍黎共行弟子近行弟子法	蘇毘羅漿	臥法
170	地法	沙彌法	屑	客比丘法
171	樹	依止法	藥	舊比丘法
172	鬥諍言訟	與依止法	漿	洗腳法
173	破（僧）	受依止法	皮	拭腳法
174	和合	捨依止法	革屣	淨水
175	去	地法	揩腳物	飲水
176	去上座	僧坊法	杖	溫室
177	非時入聚落	臥具法	絡囊	浴法

178	非時集	治塔僧坊法	蒜	淨廚
179	非時上座集法	治塔僧坊人法	剃刀	衣法
180	法會	恭敬法	剃刀房	阿練若比丘
181	法會上座	澡豆法	戶鑰	聚落比丘
182	說法者	漿法	戶鎖	禮足
183	說者眾上座	藥法	扇柄	相問訊
184	語法	蘇毘羅漿法	傘	相喚
185	不語法	皮革法	乘	入刹利眾
186	養徒眾法	革屣法	扇	入婆羅門眾
187	入大眾法	支足法	拂	入居士眾
188	眾主法	機法	鏡	入外道眾
189	眾中說法上座法	杖法	香華瓔珞	入賢聖眾
190	說戒	杖囊法	歌舞倡伎	著內衣法
191	布薩	噉蒜法	眼女膳那	著中衣法
192	受安居時籌量法	剃刀法	著安膳那物	著入聚落衣法
193	受安居法	剃刀鞘法	臥	白衣家護衣
194	安居中上座法	戶鉤法	坐臥經行	前沙門
195	安居竟事	乘法	禪帶	後沙門
196	眾	蓋法	紐	借人迎食
197	入僧法	扇法	腰繩	與人迎食
198	入僧中坐法	拂法	彈	乞食法
199	上座法	鏡法	反抄著衣	食時相待
200	中座法	治眼法	地	然燈法
201	下座法	治眼籌法	樹	行禪杖法
202	一切僧所應行法	盛眼籌物法	地物	擲丸法
203	浴室法	華香瓔珞法	林樹	持革屣
204	入浴室洗法	歌舞伎樂法	諍	尼師壇
205	浴室上座所作法	臥法	諍壞僧	警咳法
206	共行弟子共宿弟子奉事和尚阿闍梨法	坐法	恭敬	嚏法
207	和尚阿闍梨畜弟子法	禪杖法	下意	欠呿頻申法

208	沙彌法	襌帶法	種種不共住	把搔
209	前行比丘法	帶法	闈賴吒	放下風
210	後行比丘法	衣帶法	實覓罪	
211	爲檀越師	抄繫衣法	波羅夷學戒	
212	入檀越舍	跳擲法	眾僧上座	
213	入坐法	地法	林上座	
214	入家中上座法	林	樹界	
215	語言法	事	堂前	
216	道行中息	破僧	房	
217	失依止	上中下座相看	臥具	
218	捨法	擯比丘行法	戶扂	
219	經行	種種不共住行法	戶撣	
220	經行舍	闈賴吒比丘行法	空坊	
221	然火	實覓罪相比丘行法	鉢	
222	小便處	波羅夷與學沙彌行法	衣	
223	洗足器	僧上座法	尼師壇	
224	熏鉢爐	僧坊上座法	鍼	
225	虛空	別房上座法	鍼房	
226	出氣	林法（阿藍）	粥	
227	掃地法	別房法	水瓶	
228	食粥法	房舍法	澡罐	
229	上廁法	臥具法	瓶蓋	
230	廁籌法	戶法	水	
231	上廁用水法	扃法	飲水器	
232	嚼楊枝法	空僧坊法	食蒲闍尼	
233	涕唾法	鉢法	食時	
234	擿齒法	衣法	食	
235	去耳垢法	尼師壇法	受食	
236	刮舌法	鍼法	乞食	
237	小便法	鍼筒法	請食	
238	行法非行法	淨水瓶法	阿練若比丘	

239		常用水瓶法	阿練若上座	
240		粥法	聚落	
241		食法	聚落中上座	
242		食處法	客比丘	
243		與食法	客上座	
244		乞食法	行	
245		乞食人法	行上座	
246		乞食持來法	洗足	
247		阿蘭若法	洗足上座	
248		阿蘭若上座法	集	
249		近聚落住法	集上座	
250		近聚落住上座法	說法	
251		洗足盆法	說法上座	
252		洗足上座法	非時	
253		客比丘法	非時僧集	
254		客比丘上座法	非時僧集上座	
255		欲行比丘法	唄	
256		欲行比丘上座法	不唄	
257		非時（行）法	求安居	
258		非時會法	安居	
259		非時會上座法	安居上座	
260		會坐法	安居竟	
261		會坐上座法	眾	
262		說法人法	入眾	
263		說法人上座法	安居中	
264		說法法	安居中上座	
265		不說法法	布薩	
266		安居法	說戒	
267		安居中法	說戒者	
268		安居上座法	說戒上座	
269		安居竟法	上座	
270		受眾法	中座	

271		往眾會法	下座	
272		受眾法	浴室	
273		受眾上座法	洗浴	
274		說波羅提木叉法	浴室上座	
275		說波羅提木叉人法	和上	
276		僧會法	共行弟子	
277		上座法	阿闍黎	
278		中座法	近住弟子	
279		下座法	沙彌	
280		上中下座法	治罪	
281		浴室法	後行比丘	
282		浴室洗法	入家	
283		浴室上座法	入白衣舍	
284		和上法	入家坐	
285		共行弟子法	白衣家上座	
286		阿闍黎法	共語	
287		近行弟子法	消息	
288		沙彌法	空中	
289		出力法	迦絺那	
290		隨後比丘法	經行	
291		常入出家比丘法	漉水囊	
292		至家法	下風	
293		住家法	入廁	
294		住家上座法	廁邊	
295		息法	廁屏	
296		漉水囊法	廁上座	
297		經行法	洗	
298		虛空法	大行已洗手處	
299		便利法	洗處	
300		近廁法	小便	
301		廁板法	小便處	
302		廁上座法	小便屏	

303		拭法	小便上座	
304		洗處法	籌草	
305		近洗處法	唾	
306		洗處板法	器	
307		洗處上座法	齒木	
308		小便處法	擿齒	
309		近小便處法	刮舌	
310		小便處板法	挑耳	
311		小便處上座法	威儀（不威儀）	
312		唾法	三聚	
313		唾器法		
314		鉢支法		
315		齒木法		
316		擿齒法		
317		刮舌法		
318		擿耳法